# 移民政策と
# 多文化コミュニティへの
# 道のり　APFSの外国人住民支援活動の軌跡

吉成勝男・水上徹男[編著]
NPO法人APFS[編集協力]

現代人文社

## ◎はじめに

　移民政策、と聞いた時、目にした時、何を思い浮かべるだろうか。遠い国の出来事だろうか。あるいは身近な人とのかかわりだろうか。本書では様々な地域から来た人達のこと、日本の地域社会の身近な世界で起きている移民問題を扱っている。

　移民政策を考えるとき、自分の国から出国する人と新天地に入国する人がいる場合、いずれの移民政策もある。前者には出稼ぎなどで海外に出る場合の母国による送り出しに関する政策が含まれる。例えば、海外からの送金が、その国の経済活動の大きな比重を占めるフィリピンなどでは、送り出した人々の保護に関する政策が重要になっている。海外からの送金に頼らない場合には、一般的に外国から入国する人たちに向けた規制がその政策的対応となるため、それぞれの国に独自の移民政策がある。日本でも入国管理政策があり、入国に関する条件が定められている。しかし移民にかかわる政策は、それだけではなくもう１つの側面がある。日本を例にしても在留管理制度があり、入国してからの滞在に関する規制も定められている。このように移民にかかわる政策は、入り口の部分と入国後の滞在に関する二面性がある。この２つの領域は、相互に連関しており、外部からその国に入国、滞在する人たちに向けて、様々な条件を付けたり、その地位を社会的に保障したりすることになる。

　移民政策として発展した多文化主義政策にも二面性がある。カナダやオーストラリアは1970年代に永住権などに関するポイント・システムを導入して、人種やエスニシティで区別することを回避した。また、国内に居住する様々な移住者に向けた制度的対応を展開して行った。現代は移民国家だけでなく、移民や難民の増加や多様化が、大きな社会的関心を集めるようになってきている。

　日本でも移民にかかわる政策が重要な課題になってきているが、本書は政策や制度について学術的に議論したものではない。むしろ、移民問題にかかわる事例、このような事情に関係した人たちの活動、あるいは当事者たちの経験を取り上げて、机上の論議や構想ではなく、実践活動としてかかわった

記録であり、その活動の中で政策提言も行ってきた。

＊

日本では1980年代半ば以降から「外国人労働者」の受け入れについて、政府機関や経済団体などが活発な議論を繰り返してきた。受け入れに関して、開国か、鎖国か、という議論もあった。日本政府は「移民政策はとらない」と宣言しているが、外国人の入国や滞在についての規制や条件は提示してきている。例えば、従来から「専門・技術的な能力や外国人ならではの能力に着目した人事の登用は……可能な限り受け入れる」（第6次雇用対策基本計画、1988年6月17日に閣議決定）とする一方で、「いわゆる単純労働者の受け入れについては、……十分慎重に対応する」としている。

1990年6月には改正された出入国管理及び難民認定法の施行により、南米からの日系人に在留資格「定住者」を認めたため、不足する工場労働者の補充となった。また技能実習生を多く受け入れて、農林、水産分野で事実上の就労をさせてきたことの問題も、メディアや研究者から指摘されている。他方で高齢者の介護についても社会的ニーズが高まり、EPAによる介護士の確保などの政策的対応も一部で導入された。

2016年5月には、自民党政務調査会労働力確保に関する特命委員会は「共生時代」に向けた外国人労働者受け入れの基本的考え方を公表し、外国人労働者の受け入れについて「何が専門的・技術的分野であるかについては、社会の変化にも配慮しつつ柔軟に検討する」とした。翌年の2017年からは「介護」の在留資格を新設し、不足する介護現場に外国人を雇用することになった。近年、外国人の受け入れに関する規制や条件が変化してきた。本年6月15日には「経済財政運営と改革基本方針2018」を閣議決定し、この中で「新たな外国人の受け入れ」にふれている。中小・零細企業の人手不足が深刻化していることから「従来の専門的・技術的分野における外国人人材に限定せず、一定の専門性・技能を有し即戦力となる外国人人材を幅広く受け入れていく」として、これまでの方針を転換した。

グローバリゼーションの進行、運輸通信技術の発達により、人の国際移動

がますます容易になり、移民にかかわる事項は、今後さらに重要な課題になるだろう。専門技術者の導入は、日本だけではなく様々な国々が移民政策の一環として取り組んできた。いまや頭脳流出の問題は途上国だけでなく、先進国でも関心の的になってきている。しかし、国際的な人の移動は専門技術者を含めた正規の移動だけに限定されない。先述の2つの領域からみても、入国の際に正規でないケースや入国後に正規でなくなるケースがある。例えば、許可された滞在期限を超えて留まっているケースである。このような非正規の滞在者は、どこの国にも一定数存在する。

＊

　本書で取り上げたAPFS（Asian People's Friendship Society）は、1990年代初めからこれまで一貫して「移民受け入れの前に非正規滞在外国人の正規化」を掲げて外国人住民の支援活動を行ってきた。30年余におよぶ軌跡は、海外からの居住者が増加したことによるエスニック人口の多様化と結びついた1980年代中期以降の日本の社会変動を反映させるものであった。時代の変化とともに社会のニーズも変わり、その要請に応じた市民団体が移民政策に関する提言だけでなく、多様な個別の取組みを行ってきた。外国人住民の支援とは、必ずしもホスト社会の日本人が優位な立場で、弱者としての外国人を支援するという意味ではない。非正規滞在者は社会的な保障を受けられず、教育、医療、労働の場面はもとより、基本的な人権の侵害に直面する。日本では在留資格がないために、家族が分断されてしまったいくつものケースが報告されている。しかしながら、外国からやって来て、社会、経済、政治的に弱い立場に陥ったとしても、その多くは日本社会に貢献したい、あるいは日本人の役に立ちたい、と考えている。バングラデシュから訪れた多くの人々が帰国したが、様々な人と人との絆が国を越えて継続している。

　これまでの実践活動を通じて、APFSは多文化家族の支援や自立支援事業を行い、帰還移民や二国間でのビジネスを行う人々によるトランスナショナルなネットワークにかかわり、NPOと大学の連携を展開、それぞれの場面での社会的結束の可能性などを検討してきた。本書の執筆者のほとんどは

APFSに関わった人達であるが、関連する領域の先生方にも一部執筆をお願いした。本書の刊行が、多文化コミュニティ形成の一助になることを祈っている。

2018年9月

編者　吉成勝男

水上徹男

**目次** ▌移民政策と多文化コミュニティへの
道のり ■APFSの外国人住民支援活動の軌跡

はじめに　ii

# 第 1 部

# 外国人の増加と
# 関連した社会の変化

第 1 章　日本の入国管理の時代と非正規滞在外国人の支援
問題解決型相談と在留特別許可をめぐって……………吉成勝男・水上徹男　2

第 2 章　支援活動の変遷および大学とのコラボレーションと市民懇談会
多文化家族の支援と大学とのコラボレーション
………………………………………吉成勝男・水上徹男・加藤丈太郎　21

第 3 章　APFSの相談活動の変遷とその意義………吉田真由美　44

第 4 章　非正規滞在者における家族統合の重要性……加藤丈太郎　59

第 5 章　多文化共生社会と自治会の役割
高島平ACTと高島平三丁目自治会の連携………………宮坂幸正　72

第 6 章　高島平ACTと自治会の連携
日本人住民と外国人住民との調整役………………………吉成勝男　88

第 7 章　在留特別許可をめぐる入管・裁判所と「法治国家」
タイ国籍少年の強制退去事件………………………………児玉晃一　95

第 8 章　財団・社会福祉法人・大学の三位一体で運営する
集中学習支援教室………………………………………………浅川達人　105

第 9 章　多文化共生と日本社会の課題
ニューカマー外国人急増期から30年の変化を再考する………渡戸一郎　116

第 **2** 部

# トランスナショナルな
# ネットワークと
# 国際移動

**第10章** バングラデシュ出身者の出入国の動向とコミュニティの形成
……………………………………………………………………… 水上徹男 130

**第11章** 帰還バングラデシュ人の現在①
市場主義と出入国管理政策の変転を生きて ……………… 野呂芳明 146

**第12章** 帰還バングラデシュ人の現在②………………………… 久保田仁 163

**第13章** ある「不法滞在外国人」の日本での生活と労働
元非正規滞在外国人労働者のインタビュー調査から ……………… 大野光子 174

**第14章** 外国人住民の支援と日本語教育………………………… 中山由佳 189

**第15章** インドネシアから日本への看護師および介護士の移動
…………………………………………………… サリスチョワティ・イリアント 202

**第16章** フィリピンにおける日本への看護師および介護士の
送り出しにおける課題……………………… アイビー・ミラバレス 210

第**3**部

# 外国人住民の
# 福祉・教育・自立支援事業

第**17**章　外国人女性の自立と介護労働の役割
在日フィリピン女性介護職を通して……………………………… 井上文二　224

第**18**章　外国人女性の自立と福祉的課題………………… 南野奈津子　235

第**19**章　学校空間と「非正規滞在」・「家族滞在」の現状 ‥ 福本修　247

第**20**章　就労支援講座から見る日本における外国人労働者の実態
……………………………………………………………………… 荒久美子　259

第**21**章　移民、難民、そしてビザなし人の医療 ………… 山村淳平　272

第**22**章　多文化家族の自立に向けた包括的支援事業に参加して❶
日本社会で信頼される介護士とは……………… 後藤ジエニイ　283

第**23**章　多文化家族の自立に向けた包括的支援事業に参加して❷
介護士としてのスキルアップを目指して
……………………………………………………… 高田・シンシア・カルバイ　289

第**24**章　私が日本の国籍を取得するまで ……………… 服部美果　296

解題　日本で外国人が国籍を取得するまでに立ちふさがる壁
……………………………………………………………………… 吉成勝男　303

## コラム

不寛容な中央政府、寛大な地方自治体 ················· 山村淳平 17

法務省前「人間の鎖行動」 ····························· 三浦萌華 71

被収容者への差し入れ──東京入国管理局の例 ········· 三浦萌華 103

APFS──無力な人々の助け舟 ·························· マスド・カリム 140

タイ人の涙とほほえみ ································· 山村淳平 219

イラン人母子の支援をしてみて ························· 渡辺明子 258

東京入国管理局前「座り込み行動」 ····················· 三浦萌華 281

日本での介護研修の経験 ····················· クリスティーナ・アシア 294

**資料** APFS30年のあゆみ(年表) ························· 309
むすびにかえて ········································· 324

第**1**部

外国人の増加と
関連した社会の変化

## 第1章

# 日本の入国管理の時代と
# 非正規滞在外国人の支援

問題解決型相談と在留特別許可をめぐって

### 吉成勝男
APFS理事・相談役

### 水上徹男
立教大学社会学部教授

## 1．東京での餓死事件と1980年代の外国人人口の増加

　「バングラデシュの若い男性が飢餓で死亡」というニュースが、1987年11月に報道された。この男性はコンピュータを学ぶ目的で日本語学校に入学する直前であったが、飢餓による栄養失調で東京近郊の埼玉県志木市で死亡したことが判明した（朝日新聞1987）。出張で立ち寄った彼の兄が、衰弱して話すこともできない状態の弟を見つけて、病院に運んだが脱水症状と栄養失調で翌朝息を引き取った（Wilson 1987）。当時誰もが裕福な日本社会が外国人労働者の流入をもたらしていると考えており、餓死者など想像もできなかった時の出来事である。1980年代半ば以降日本は「バブル景気」と言われるほど好景気を迎えて、近隣のアジア諸国を中心に海外からの出稼ぎ労働者を引き付けて、日本の大都市における急激な外国人の増加が、日本社会の中で注目されるようになっていた。実際1980年代は庇護希望者や難民を含めた国際的な人の移動がそれまで以上に活発化しており、日本が移住者の受け入れ国として内外に認識されるようになった。

　都市自治体によっては、外国人住民のニーズに沿った複数の言語で生活相談に応じる外国人相談窓口を設けたり、多言語による広報誌等を発行するようになった。1980年代後半から豊島区や新宿区などでも増加する中国や韓国出身者を中心としたニューカマーへの新たな対応が進められた。内なる国際化政策として、外国語によるガイドブックの発行や外国語の相談窓口が開設されました。また、これらの地域では多くの日本語学校が設立され、語学学校に通う就学生も増加していた。1980年代後半になると在留期限を超過する

**2**　第1部　外国人の増加と関連した社会の変化

などした非正規滞在外国人による就労が顕著となり、その対策の一環として1990年6月に入管法が改定された。この時「単純労働者」の制限を明確にして、「不法就労者」を雇用した雇用主に対する罰則規定（不法就労助長罪）も設けられた。同時に、ブラジルなどの中南米からの日系人に「定住者」としての在留資格が与えられ、単純作業にも就けるように受け入れたため、その後中南米出身の日系人が増加することになった。入管法が改定され、入管当局や警察による取締まりが強化された。さらに摘発されれば懲役刑となるとのうわさが広がり、当時東京入国管理局があった大手町の庁舎に多くの非正規外国人が帰国の手続のために出頭した。この頃から、日本で入国管理に関する政策が注目されるようになった。

　外国からのニューカマーの増大は、日本社会にさまざまな変化をもたらした。全国各地でニューカマーの生活や言語、定住を支援するための市民団体が設立された（水上1996：194-195参照）。たとえば、1986年4月に日本キリスト教婦人矯風会が、新宿に女性の家HELPを設立し、日本の生活での困難を克服するため女性や子どものシェルター施設を開いた。横浜では1987年5月にカラバオの会が設立され、外国人労働者や外国人住民の人権保護にあたった。山形県最上地区では、「最上地方国際結婚交流会」もできた。このような外国人住民と関わる市民団体が、1980年代後半から1990年代初期にかけて、日本全国に創設された（水上 1996：33-34；Mizukami 2010）。

　東京などの大都市圏では、内なる国際化政策が展開されて、メディアや研究者も取り上げた。しかし他方で、公共サービスが行き届かない、あるいは社会保障制度などにアクセスできない人々も増加して、さまざまな支援団体が、その隙間を埋める活動を展開することになった。1990年6月に入管法が改定された後も非正規滞在のままで就労する外国人は増え続けて、1993年にピークの30万人弱を記録するに至る。バブル景気、国際政策の展開という時代を迎えている中で、非正規という社会保障を受けることができず、人権をも保障されない、非常に立場の弱い状態で生活をしている人々も増えていた。冒頭で紹介したように、餓死する人まで存在していた。本稿では外国人住民支援のため創設されたAPFSの活動の変遷を時代毎に紹介する。

## 2．APFSの創設と相談事業

1987年12月にはバングラデシュ─ジャパン・ピープルズ・フレンドシッ

プ・ソサエティ（Bangladesh – Japan People's Friendship Society）が数名の日本人と約20名の外国人によって設立された。その前年の板橋区内の銭湯で、日本人青年とバングラデシュ青年による出会いがきっかけとなっている。意気投合した２人は、バングラデシュ青年の四畳半一間のアパートでカレーを食べながら互いの身の上話をした。そのうちに、それぞれの友人を招いてカレーパーティなどを催した。ほぼ時を同じくして、冒頭のバングラデシュ青年の餓死事件が起きた。この事件は、日本人、バングラデシュ人双方の青年たちに大きな衝撃を与えた。誰がということではなく、互いに助け合うボランティア団体を設立しようと活動が始まった。当時APFSの構成員のほとんどがバングラデシュ人であったが、構成員の出身国の幅が広がり、1988年２月にエイシアン・ピープル・フレンドシップ・ソサエティー（Asian People's Friendship Society, 以下APFS）に名称を変更した。APFSの事務所は板橋区大山に開設された。設立当初からAPFSは解決型相談を主としながら、板橋区や北区のアジア系の新規住民を中心とした交流、相互扶助活動なども行っていった。アジア諸国から訪れた若者がこの地区に集中した理由は、安価な木造アパートの存在や、多くの中小零細企業への就職機会であり、板橋区大山駅周辺にパキスタン人、上板橋周辺や北区東十条・滝野川辺りにバングラデシュ人が集住する傾向があった（吉成 1993）。東京の他の地区と比べて有利な住宅事情や鉄道ターミナルに近い、池袋駅周辺に日本語学校が展開していたこともあげられる。

　設立直後から、生活や健康相談の他、日本語学校や専門学校をめぐるトラブル（多くは学校の側に問題があった）、賃金未払いや労災など就労上の問題、そして入国管理局の不当な人権侵害に関する相談が相次ぎ、相互援助や交流の進展以外に活動が徐々に広がった。設立以来、相談業務を日常的な活動としており、現在も続いている。相談件数については、1988年297件、1989年247件、1990年789件、1991年800件であり、来談者の約７割がバングラデシュ出身者であった（吉成 1993：62）。実際バングラデシュ出身の労働者の多くが金属加工、印刷、出版、ゴム製造など事故に繋がりやすい仕事に就いていた（Mahmood 1994, 514）。職場での骨折、指の切断、死亡事故など重大な事態が報告されたが、事故の原因は安全対策の説明が外国人に十分されておらず、就業状態も不適切な環境や不充分な安全システムがあげられる（Mizukami 1998）。

　1990年代の日本のバブル経済の終焉および経済不況の始まり以降、小規模

企業では外国人労働者の解雇が増加した。1990年代初期までは、職場での事故発生から1～2年後に相談が行われていた。その後、職場での事故の対応に関する情報も浸透してきて、事故直後や退院後直ちに相談に来るケースが増えていった。多くのケースにおいて、APFSのメンバーが相談を受け、会社と交渉し、事故の補償や慰謝料および労災保険の請求手続などをした。また1990年頃からニューカマーの結婚に関する相談が増加していく（Mizukami 2010）。日本人と婚姻をした外国人が自動的に在留資格を取得するわけではない。特に在留資格のない非正規滞在外国人が日本で結婚しても、在留資格を取得するまでに多くの困難が立ちふさがる。

相談件数は1992年の700件から、非正規滞在外国人数が30万人近くになった1993年にはピークに達した。相談内容は、依然として給与未払いと労働災害が中心であった。起業する外国人住民も増加し、貿易業や食品会社を設立した人たちもいた。雇用者と一緒に非正規滞在の外国人が事務所にやって来て、技能実習生の区分で雇えないかという相談もあった（Mizukami 1998：362）。相談内容は多様かつ複雑となっていった。「外国籍住民の要求や抱える問題の幅が広くなり、より生活に密着した関心の高まりが示され、相談内容も結婚や子供の教育、社会保障という家族関連の事項が重要になった」（水上 1996：37）。海外から来たニューカマーの定住化が進展し、国際結婚とそれに伴う子どもの教育など家族に関する相談が急増した。結婚相談は1990年に2件だったが、1991年は4件、1992年には46件、1993年は85件に増加した。電話相談を含めると800件を超えている（APFS 1994a）。急激な増加に対応するため1993年7月24日と25日の両日、国際結婚ホットラインを開設した。この2日間で日本人も含む167件の電話相談があった（谷 1994；筑波・APFS 1995）。その後も相談は数日間続いたうえ、電話以外にも1993年には約85名が国際結婚の相談でAPFS事務所を訪れた。婚姻の要件を備えていることを証明する書類は各国の法令で異なるため、APFSは法務局や各国の大使館などから婚姻に必要とされる書類についての情報を収集した。1995年には在留特別許可を得るために必要な書類や手続に関する情報、40カ国以上の公式結婚登録に関する資料を集めた『国際結婚の基礎知識』をAPFSの企画で出版、この本は2001年に改訂された。ニューカマーとしてのエスニック・マイノリティのみならず、国際結婚した日本人の相談もあった（水上 1996：52）。これ以外に1993年2月と12月に無料健康診断を実施、この時以来、無料健康診断は2017年まで毎年行われた。

## 3．行動と運動の新たな局面

　相談事業に加えて外国人住民の生活実態調査も数回実施し、政策提言を地方自治体に提出した。1990年4月以来、APFSは、外国人労働者相互の意見交換および問題や課題を討議するため「移住労働者のメーデー」（移住労働者の集い）を開催してきた。1992年4月29日に、「外国人労働者人権宣言」を第3回APFSのメーデー前夜祭の場で報告した。同年12月21日に、APFSの4人の日本人と7人の外国人が約900名の署名を集めて外国人労働者の権利宣言を提出して、外国人労働者の不平等な扱いに関して政府の担当者と協議した（APFS 1994b）。「移住労働者の集い」は2018年の6月3日にも開催され、第19回目となっている。1993年からは「地域で多文化共生社会を考える」をテーマとしたシンポジウムも何度か開催した。また非正規滞在外国人の支援活動を中心としながら多様な形態で滞在する外国人住民に対する人権擁護活動が評価されて、1994年12月9日には東京弁護士会より「人権賞」が授与された。

　日本に流入するニューカマーの増加は、受入れ側の地域の変化につながっており、APFSの活動や役割も変化してきた。解決型相談事業を基本としながら、それ以外の様々な活動にも分野を広げていった。例えば、外国人住民を対象としたボランティア育成講座、パーティー、バングラデシュ人の民俗バンドによるコンサートや旅行などである。加えて事務所が置かれている商店街で開催される盆踊りなどへの出店や商店街と連携した街づくりシンポジウムなどを実施した（Mizukami 1998）。1980年代後半、外国から訪れたニューカマーは近い将来国へ帰る短期滞在労働者とみなされる傾向があった。しかしながら、ある人たちは母国に帰り、それ以外の人たちは第三国に移住したり、滞在期間を延ばすなど、様々なパターンがあった。とくに滞在の長期化によって出稼ぎ労働者と見なされた人々が、日本社会に定住・定着する生活者となっていった。

## 4．居住権獲得のための一斉行動

　定住化が進んでいっても、非正規のまま滞在をしている人々の生活は不安定で、いつ入国管理局に摘発・収容されるかも知れない状態で暮らしている。

**6**　第1部　外国人の増加と関連した社会の変化

第19回移住労働者の集い（2018年6月3日、板橋区立グリーンホール）

このような問題に向き合う中で、1999年9月1日に社会に大きな注目を浴びる出来事があった。この日に、東京入国管理局前に法務大臣の裁量で認められる在留特別許可を求めて約30人の非正規滞在外国人が集まった。その中には、単身世帯を含む7家族21人の外国人住民が含まれており、非正規滞在者によるはじめての一斉行動となった。この時、病気や学校があるために出頭できなかった4名を除き、17名が東京北区の入国管理局第二庁舎（当時）に出頭した。当事者である外国人は、非正規滞在者として摘発・収容される危険を自ら晒しての行動となった。新聞、テレビの報道において、「不法移民」が東京入国管理局でデモを行う様子が伝えられた。新聞記事の「もう帰る国はない」、「捨て石覚悟で訴え」（朝日新聞 1999）というタイトルもあった。ニュースで大きく取り上げられたが、この第1回目の行動の後も第二次、第三次の一斉行動が続いた。これらの一連の行動は単にマスコミに取り上げられただけでなく、その他の外国人支援団体や移民研究にかかわる研究者らを中心に支援の輪が広がった。国内だけでなく、海外の著名な研究者らの支援のメッセージも寄せられている（駒井他 2000 参照）。この一斉行動は、日本社会にさまざまな影響を与えることになった。

　APFSは創設当初から非正規滞在外国人を支援してきたが、設立から10年を経過して外国人自身が自ら立ち上がり、自らの権利を勝ち取っていく新たな行動が大きく注目されることになった。実際、当時は20万人を超える在留

資格を持たない外国人が存在し、多くが深刻な社会的困難に直面しており、当事者自身の行動と市民との連携による解決策が求められる状況であった、と考えられる。日本での滞在が非正規であっても、家族を形成して子どもができると、子どもたちは日本の学校で学ぶことになる。国際結婚を含めて婚姻にも多様なケースがあるが、日本で育って親の母国語ができない子どもが増加してきた。滞在の長期化は家族を含めた日本での生活基盤の形成につながる筈だが、非正規滞在外国人は、常に入国管理局の摘発ひいては送還などの恐怖に苛まれて暮らしている。APFSのメンバーの中にも多くの非正規滞在外国人がいたため、居住に関する法的権利獲得の活動は、常に重要課題であった。APFSの役員は東京圏に集まっているが、中には隣接地域から通ってくるものもいる。しかし、相談者は東京圏を超えて事務所を訪れており、APFSは直接行動を主とした在留特別許可の専門団体として知られるようになって、東京から離れた地域からも支援を求めて相談に来る人々が増加していく。言い換えれば、APFSの非正規滞在外国人の人権擁護と拡大、居住権獲得に関する継続的な行動が、日本で将来的な滞在に不安を抱える人々の間で知られるようになっていった。

## 5．リスクを抱えての出頭

　この時の一斉行動は、法的な滞在資格のない非正規滞在外国人が入国管理局に出頭するため、当事者側からは収容、あるいは送還されるかも知れないという危機感を持って行われた。「この出頭行動を準備し、支えたのはAPFSであったが、出頭当事者の揺るぎない決断、緊張と恐怖を克服する忍耐力を抜きにしては実現不可能であっただろう」（吉成 2007: 159）。三次にわたった一斉行動とそれぞれの結果について簡単にまとめると次のようになる。第一次一斉行動を行ったグループの構成は、イラン人４家族（うち２家族は日本で娘を出産）、日本で一人娘を出産したビルマ人（ミャンマー人）１家族、それに単身イラン人男性（労働災害で負傷）１人、単身バングラディッシュ人（交通事故で負傷）１人であった（詳細はAPFS編 2002参照）。単身世帯２名を含む７家族で計21名の出頭は、日本生まれの子ども２人を除き、いずれも認められた在留期間を過ぎていた（**表1**参照）。これらの人たちの多くは1990年代初頭から超過滞在となっており、その時点で数年、なかには10年も在留期間を更新しないままの状態で日本に滞在し続けていた。このとき、村田敏、児

**表1　第一次一斉出頭（1999年9月1日）**

| 事例 | 家族構成 | 年齢 | 超過滞在 | 出身国 | 許可 |
|------|----------|------|----------|--------|------|
| A | 父 | 39歳 | 1990年1月 | イラン | 2000年2月9日 |
|   | 母 | 35歳 | 1991年2月 | イラン | 2000年2月9日 |
|   | 祖母 | 68歳 | 1991年2月 | イラン | 2000年2月9日 |
|   | 娘 | 13歳 | 1991年2月 | イラン | 2000年2月9日 |
|   | 娘 | 4歳 | 日本生まれ | 日本 | 2000年2月9日 |
| B | 父 | 38歳 | 1990年8月 | イラン | 2000年2月9日 |
|   | 母 | 35歳 | 1991年7月 | イラン | 2000年2月9日 |
|   | 娘 | 16歳 | 1991年7月 | イラン | 2000年2月9日 |
|   | 娘 | 9歳 | 1991年7月 | イラン | 2000年2月9日 |
| C | 父 | 40歳 | 1992年1月 | イラン | 2000年2月14日 |
|   | 母 | 30歳 | 1992年3月 | イラン | 2000年2月14日 |
|   | 娘 | 12歳 | 1992年3月 | イラン | 2000年2月14日 |
|   | 娘 | 5歳 | 日本生まれ | 日本 | 2000年2月14日 |
| D | 父 | 39歳 | 1991年12月 | イラン | 2000年2月2日 |
|   | 母 | 37歳 | 1991年12月 | イラン | 2000年2月2日 |
|   | 息子 | 15歳 | 1991年12月 | イラン | 2000年2月2日 |

| 事例 | 家族構成 | 年齢 | 超過滞在 | 出身国 | 不許可 |
|------|----------|------|----------|--------|--------|
| E | 単身男性 | 34歳 | 1991年12月 | イラン | 2000年2月9日 |
| F | 単身男性 | 28歳 | 1994年5月 | バングラデシュ | 2000年2月9日 |
| G | 父 | 43歳 | 1990年10月 | ミャンマー | 2000年2月2日 |
|   | 母 | 34歳 | 1994年11月 | ミャンマー | 2000年2月2日 |
|   | 娘 | 2歳 | 日本生まれ | 日本 | 2000年2月2日 |

＊山口（2002：96-106）基に作成。年齢は当時。

玉晃一、松下明夫（2013年逝去）、山田正記各弁護士とAPFSの日本人と外国籍スタッフ8人が付き添った。「入国管理局側は大会議室を用意し、出頭した全員と付添いの弁護士やAPFSのスタッフを招き入れ、大塚統括入国警備官（当時）が、今後の手続の流れなどについて、15分ほど説明をした。大会議室後方には20名程の警備官が待機しており、説明が終了したのちに、各家族に分かれて違反調査が行われた」（APFS 1999）。違反調査を終えた家族全員が大会議室に戻り、その後は在宅で今後取り調べを行うことになった。「当

第1章　日本の入国管理の時代と非正規滞在外国人の支援　**9**

初、収容されることを恐れて、全員に下着と歯ブラシは持参するようにと伝えていたが、杞憂に終わった」（APFS 1999）。

9月6日、単身で出頭したバングラデシュ出身者とAPFS代表の吉成（当時）に入国管理局から呼び出しがあった。バングラデシュ男性について「調査第一部門（普通は第四部門）で今後聴取を行うことが知らされ、その後彼の身元保証人となっている吉成代表が2時間あまり、聴取を受けた。そこで仮放免を早急に行いたいので、診断書を添えて仮放免申請書を提出するようにとの指示があった」（APFS 1999）。一斉出頭から半月もたたないうちに、入国管理局から相次いで出頭者宅に電話があった。ミャンマー国籍の家族に9月17日、イラン国籍の家族には9月22日、27日、28日、29日に出頭するよう連絡が入った。APFSのこれまでの経験では、在留特別許可を求めて出頭し

## 表2　第二次一斉出頭（1999年12月27日）

| 事例 | 家族構成 | 年齢 | 超過滞在 | 出身国 | 許可 |
|---|---|---|---|---|---|
| A | 父 | 36歳 | 1990年6月 | イラン | 2000年6月30日 |
| | 母 | 33歳 | 1991年4月 | イラン | 2000年6月30日 |
| | 息子 | 13歳 | 1991年4月 | イラン | 2000年6月30日 |
| | 娘 | 6歳 | 日本生まれ | 日本 | 2000年6月30日 |

| 事例 | 家族構成 | 年齢 | 超過滞在 | 出身国 | 不許可 |
|---|---|---|---|---|---|
| B | 父 | 36歳 | 1990年8月 | イラン | 2000年6月30日 |
| | 母 | 33歳 | 1991年7月 | イラン | 2000年6月30日 |
| | 娘 | 11歳 | 1991年7月 | イラン | 2000年6月30日 |
| | 娘 | 3歳 | 日本生まれ | 日本 | 2000年6月30日 |
| C | 父 | 35歳 | 1992年2月 | イラン | 2000年6月30日 |
| | 母 | 34歳 | 1992年3月 | イラン | 2000年6月30日 |
| | 娘 | 11歳 | 1992年3月 | イラン | 2000年6月30日 |
| D | 父 | 39歳 | 1991年1月 | イラン | 2000年6月30日 |
| | 母 | 38歳 | 1991年12月 | イラン | 2000年6月30日 |
| | 息子 | 1歳 | 日本生まれ | 日本 | 2000年6月30日 |
| E | 父 | 34歳 | 1991年5月 | イラン | 2000年6月30日 |
| | 母 | 31歳 | 1991年5月 | イラン | 2000年6月30日 |
| | 娘 | 4歳 | 日本生まれ | 日本 | 2000年6月30日 |

＊　山口（2002：96-106）基に作成。年齢は当時。

**表3　第三次一斉出頭（2000年7月12-13日）**

| 事例 | 家族構成 | 年齢 | 超過滞在 | 出身国 | 許可 |
|------|---------|------|---------|--------|------|
| A | 父 | 48歳 | 1986年9月 | フィリピン | 2002年4月18日 |
|   | 母 | 39歳 | 1988年3月 | フィリピン | 2002年4月18日 |
|   | 息子 | 15歳 | 1990年8月 | フィリピン | 2002年4月18日 |
|   | 息子 | 11歳 | 日本生まれ | 日本 | 2002年4月18日 |
| B | 父 | 53歳 | 1991年3月 | ペルー | 2002年3月11日 |
|   | 母 | 35歳 | 1991年8月 | ペルー | 2002年3月11日 |
|   | 娘 | 12歳 | 1991年8月 | ペルー | 2002年3月11日 |
|   | 息子 | 5歳 | 日本生まれ | 日本 | 2002年3月11日 |
| C | 父 | 56歳 | 1990年11月 | ミャンマー | 2002年3月29日 |
|   | 母 | 53歳 | 1990年11月 | ミャンマー | 2002年3月29日 |
|   | 娘 | 18歳 | 1990年11月 | ミャンマー | 2002年3月29日 |
| D | 父 | 38歳 | 1991年7月 | イラン | 2002年3月29日 |
|   | 母 | 33歳 | 1992年1月 | イラン | 2002年3月29日 |
|   | 娘 | 14歳 | 1992年1月 | イラン | 2002年3月29日 |
|   | 息子 | 5歳 | 日本生まれ | 日本 | 2002年3月29日 |
|   | 娘 | 0歳 | 日本生まれ | 日本 | 2002年3月29日 |
| E | 父 | 39歳 | 1991年10月 | イラン | 2002年3月7日 |
|   | 母 | 38歳 | 1991年10月 | イラン | 2002年3月7日 |
|   | 娘 | 15歳 | 1991年10月 | イラン | 2002年3月7日 |
|   | 息子 | 14歳 | 1991年10月 | イラン | 2002年3月7日 |
|   | 息子 | 10歳 | 1991年10月 | イラン | 2002年3月7日 |

| 事例 | 家族構成 | 年齢 | 超過滞在 | 出身国 | 不許可 |
|------|---------|------|---------|--------|--------|
| F | 母 | 37歳 | 1994年10月 | コロンビア | 2002年2月18日 |
|   | 息子 | 16歳 | 1995年5月 | コロンビア | 2002年2月18日 |
| G | 父 | 44歳 | 1992年9月 | 中国 | 2002年12月6日 |
|   | 娘 | 18歳 | 1992年3月 | 中国 | 2002年12月6日 |
|   |   |   |   | 許可（留学） | |
| H | 単身男性 | 40歳 | 1990年7月 | バングラデシュ | |

＊　山口（2002：96-106）を基に作成。年齢は当時。

た非正規滞在外国人が違反調査を受けるにあたっては、通常出頭から早い場合でも6カ月間程度はかかる。しかし、この時は出頭から数日、1カ月も満

たない期間に呼び出しを受けたため、入国管理局側が、早期「解決」、すなわち在留特別許可を不許可にするのではないかと、警戒していた。だが第一次一斉出頭者からは、2000年2月時点で、4家族16人が法務省から在留特別許可が認められた（**表1**参照）。他方、2つの単身世帯を含む5人の非正規滞在外国人については2000年2月に不許可の通知を受けることになった。

## 6．第二次と第三次一斉出頭行動

　この年の末、1999年12月27日に、2つ目のグループであるイラン人家族5組が一斉行動を起こした。この5家族はいずれも1990年代初頭から超過滞在しており、4つの家族には日本で生まれた子どもがいる。最長の人たちがほぼ10年、それ以外も10年近い滞在で、子どもを除くと当時30代だった。翌年、2000年6月に、この5家族のうち1つの家族だけが在留特別許可が認められたが、他の4家族は不許可となった（**表2**参照）。

　その後、半年以上を経た2000年7月12と13日に、3つ目のグループが一斉出頭行動を起こした。このグループ構成は、フィリピン、ペルー、ミャンマー、イラン、コロンビア、中国、そしてバングラデシュからなる8家族だった。その多くは1990年代初頭から滞在しているが、フィリピンからの1家族は1980年代中頃から、またコロンビアからの1家族が1990年代半ばからの超過滞在だった（**表3**参照）。2002年3月までに、もう3家族が在留許可を得た。3つ目のグループの中国人家族のケースでは、父親には在留が認められなかったものの、長女は「留学」で在留が許可された。2002年の7月の時点で8家族の内5家族に在留特別許可が認められたが、収容されたのちに送還された者も数名いた。

　三次にわたる一斉行動の結果として、多くに在留特別許可が認められたものの、認められなかったいくつかのケースが退去強制令書発付処分取り消し訴訟を起こした。一斉行動は一過性のものではなく、その後にも多様な状況の変化への対応を必要とする。たとえば、第2のグループに属するイラン人家族アミネさんのケースだが、最高裁判所まで上告、2006年10月に訴えが棄却された。裁判敗訴後も、長女が大学に合格したことなどを理由に、数回にわたって東京入国管理局に再審請願を提出したが、認められなかった。近年は家族のケースで両親が帰国することを条件として子どもにだけ在留特別許可を認める、あるいは日本人配偶者のケースで外国人妻あるいは夫がいった

ん帰国することで一定期間後に上陸特別許可による再入国を認めるなど家族の分断が一般的となった。「2007年2月に長女のみ在留特別許可が認められ、アミネさん夫妻と次女は4月下旬にイランへ帰国した」（吉成2007：160）。アミネさんの事案では、上告は棄却されたが、在特弁護団による特筆すべき活動もあった。「在留特別許可が認められなかった4家族、2個人の訴訟を無償で引き受け、アミネさんのケースでは、東京地方裁判所で勝訴判決を勝ち取っている」（吉成 2007：160）。

これら一斉行動が行われる以前に、APFSが支援をした多くの家族が法務省より在留特別許可を認められている。しかし、この在留特別許可に関しては基準がないとされており、APFSが取り組んだ事案の中でもかなりのばらつきがあった。あるメンバーは8カ月ほどで在留特別許可が認められ、他のメンバーは2年以上の時間がかかっている。保留状態となったまま、許可を得られていないケースもある（APFS 1994a：15）。これら一斉行動については、結果として出頭者間での異なる結果を生み、入国管理局の対応にも一貫性が認められない状況のままであった。しかしながら、これ以降明らかな状況の変化も認められる。社会的関心が高まったうえ、この行動に対しても、一部の社会学者らを中心に社会的意義を認める発言が寄せられた。またこれを機に、在留特別許可についての社会的な認識も広がり、入国管理局の対応も変化していった。在留特別許可件数も増加していくことになる。

## 7．ブラック・ボックスが開く？

APFSがいくつものケースを扱ってきた中で、法務省の裁決に一定の基準を見出すことは困難であった。また、何故そのような裁決に至ったかについての明確な理由説明や情報開示はない。在留特別許可を求めて出頭した側から見れば、ブラック・ボックスの中で法務大臣が恣意的に裁決を出しているのではないかとの印象である。三次にわたる一斉出頭行動の許可、不許可の事例だけをみて、何が決定的な基準になっているのか、を判断することはできない。しかしながら、APFSとしてはこれまでのケースから何らかの傾向を探ってきた。たとえば、出頭時に家族が既に10年以上日本に滞在し、小学校高学年あるいは中学校に通う子どもがいる、というような考慮すべき追加事項があれば、家族の在留を認めるのではないかなど（吉成 2002：23）。そのような状況下では、超過滞在家族の在留特別許可を不許可とする決定的な要

第1章　日本の入国管理の時代と非正規滞在外国人の支援　**13**

素は見当たらないため、10年の居住、中学生の子どもが家族にいるという要件が考えられた。子どもが小学生で、まだ中学校に入っていない場合、子どもが親の出身国に戻っても適応できる可能性が高いとみなされているようにも思えた。このようなことを根拠に在留特別許可の許否を行なっているのでは、と推測された。

　2004年9月には20年近くにわたって超過滞在をしてきたバングラデシュ人男性単身者8名（のちに7名）が在留特別許可を求めて一斉出頭した。この中には中規模のクリーニング工場で工場長を任されている者も含まれる。結果は、時代的に早すぎたという他はない。全員が収容され、裁決の翌日に国費送還された。裁判を受ける権利を侵害されたことを理由として国賠訴訟を起こしたが、これにも敗訴した。非正規のまま滞在している外国人の中には家族をもたない人たちもいるが、帰国しても母国で生活していくことは困難である。

　これらの一斉出頭の成果としては、在留特別許可に関する基準が政府から示されるようになったことがあげられる。「2004年8月より在留特別許可が認められた事例」をホームページ上で公表するようになった。2006年6月には、在留特別許可が認められなかった事例についても公表し、とかく不透明であった在留特別許可に目安が示された。さらに2006年10月には『在留特別許可に係るガイドライン』を公表し、「在留特別許可に関する基本事項や許可の諾否に係る考慮事項の積極要素や消極要素について」示している（吉成2007: 171-172）。入国管理局は、それ以前まで在留特別許可に「基準」はないとしてきたが、この時はじめてガイドライン（法務省は一貫してガイドラインは基準ではないとしてきている）が提示された。

　2006年に提示されたガイドラインは、2009年7月に改訂された。積極要素の中には子どもに関する次の記述がある。「当該外国人が、本邦の初等・中等教育機関（母国語による教育を行っている教育機関を除く。）に在学し相当期間本邦に在住している実子と同居し、当該実子を監護及び養育していること」（法務省入国管理局 2009）。また「在留特別許可方向」で検討する例として、次の事例があげられている。「当該外国人が、本邦で出生し10年以上にわたって本邦に在住している小中学校に在学している実子を同居した上で監護及び養育していて、不法残留である旨を地方入国管理官署に自ら申告し、かつ当該外国人親子が他の法令違反がないなどの在留の状況に特段の問題がないと認めら れること」（同上）。実際、日本で育った就学児童がいる外国籍家族は、

**14**　第1部　外国人の増加と関連した社会の変化

在留許可を得るにあたってプラス要因となる傾向があるが、他方で単身者や子どものいない家族には不利となる。ある程度の傾向は確かに適合するのだが、積極的、消極的な基準がすべてのケースに統一的に適用されているとは判断できないケースも存在する。これまでの活動の成果を確認しながらも、APFSとしては家族の分断を許してはいけない、「家族は一緒」キャンペーンを展開するなど、さらに幅広くより本質に迫る活動を進めることになる。

## 【参考文献】

・APFS 1995『APFS活動記録　No.3 1994』APFS。
・APFS 1994a『APFS活動記録　No.2 1993』APFS。
・APFS 1994b『シンポジウム報告集、いま地域における＜共生＞を考える』APFS。
・駒井洋、渡戸一郎、山脇啓造（編）2000『超過滞在外国人と在留特別許可　岐路に立つ日本の移民政策』明石書店。
・Mahmood, R. A. 1994. "Adaptation to New World: Experience of Bangladeshis in Japan." *International Migration,* 32(4)pp. 514-515.
・Mizukami, Tetsuo. 2010. "A New Epoch of Immigration for Japan: Directional Shift in Civic Organizational Support for Newcomer Settlement."In H. Vinken, Y. Nishimura, B.L.J. White, and M. Deguchi (eds.), *Civic Engagement in Contemporary Japan: Established and Emerging Repertoires,* pp.101-116. New York: Springer.
・Mizukami, Tetsuo. 1998. "Urban Residents' Movements and the Settlement of Foreigners in Japan: Activities of the Asian People's Friendship Society." *Asian Studies Review,* 22 (3): 357-371.
・水上徹男 1996「外国人居住者と支援活動　──APFSの事例を中心に──」ブルネンドラ・ジェイン，水上徹男（著）『グラスルーツの国際交流』pp.33-58. ハーベスト社。
・谷佳重 1994「国際結婚とその問題点」APFS『シンポジウム報告集、いま地域における〈共生〉を考える』pp. 24-27。
・筑波君枝 1995『国際結婚の基礎知識──出会いから在留特別許可まで』明石書店。
・山口智之 2002「資料■在留特別許可取得一斉行動　出頭者プロフィール」APFS（編）『子どもたちにアムネスティを──在留特別許可取得一斉行動の記録』pp. 96-106.現代人文社。
・吉成勝男 2007「在留特別許可とAP.F.S. 在留特別許可一斉出頭を振り返って」渡戸一郎・鈴木江理子・APFS（編）『在留特別許可と日本の移民政策 「移民選別時代」の到来』pp. 159-173. 明石書店。
・吉成勝男 1993「国際都市TOKYO──バングラデシュ人とともに」長谷安朗、三宅博之編『バングラデシュの海外出稼ぎ労働者』pp.61-90. 明石書店。

［新聞］
・『朝日新聞』1999年9月2日、「もう帰る国はない、捨て石覚悟で訴え、不法滞在21人が出頭、『在留許可』を求める」。
・『朝日新聞』1987年11月17日、「バングラデシュ青年が死んだ」p.5。

［Websites］
・APFS. 1999.「在留特別許可取得一斉行動」（速報）、No.1、1999年9月13日.［閲覧:2018年7月30日］http://www.jca.apc.org/apfs/zaitoku/zai_soku01.html
・Wilson, P. 1987. Life is just out of reach for a starving student." *Herald*, 1st December1987.［Load-Date: 19 September 2003］.

**（よしなり・かつお+みずかみ・てつお）**

# 不寛容な中央政府、寛大な地方自治体

山村淳平

## ●追放された外国人登録証明書

　かつて外国人登録証明書というのがあった（写真上）。移民・難民など
の外国人の申請があれば、ビザの有無にかかわらず、だれにでも地方自
治体は外国人登録証明書を発行していた。それによって、自治体による
行政サービスがうけられた。ビザ（在留資格）なし移民・難民であっても、
母子健康手帳を手にいれることができ、場合によっては検診や予防接種
などの無料医療券ももらえた。そのかわり、地方税をはらわなければな
らなかった。

　ところが、ビザなし移民・難民でも自身を証明できた、その外国人登
録証明書が発行されなくなった。2012年から、在留カード制度がはじ
まったのである。在留カードの発行元は法務省入国管理局（入管）であ
る（写真下）。法務省は、厳格な入国審査・取りしまり・強制収容・強制
送還をくりかえしながら、並行してビザなし移民・難民を日本に存在し
ない人にしたのである。

　在留カード制度開始後に、どんなことがおきたのだろうか。いくつか
例をあげる。横浜市では、母子健康手帳があたえられなくなり、妊婦検
診や乳幼児の予防接種が無料でうけられなくなってしまった。さらに、
横浜市の病院が患者を入管や警察に通報する出来事もおきてきた。横浜
市は、入管による追放方針にしたがっているかのようである。

## ●埼玉県川口市および蕨市のクルド難民

　だが、べつの現象もみられる。ビザなし移民・難民にたいして、わず
かながらも行政サービスを実施する自治体があらわれている。さらに、
選挙の票につがらなくても、市議会議員が移民・難民に関心をもちはじ
めた。

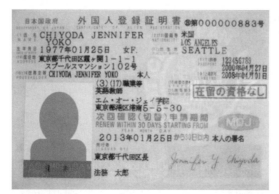

外国人登録証明書
発行者は自治体の長である。

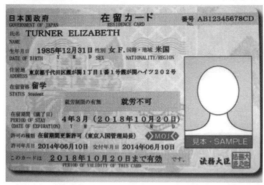

在留カード
発行者は法務大臣である。

法務省入国管理局のパンフレットより一部改変

　埼玉県の川口市や蕨市には、トルコから難民としてのがれてきた少数民族クルド人がたくさんくらしている。蕨市民公園では、毎年3月20日にクルド人が新年をいわうネブロス祭りをひらき、蕨市や川口市の人びとをたのしませてくれる。
　川口市の公園でも、クルド人による清掃が毎月おこなわれている。塾や習いごとでいそがしいのか、日本の子どもは公園でみかけない。そのかわり、クルドの子どもたちが元気な声ではしりまわっている。
　首都圏のところどころで、車を改造した簡易ケバブ料理店をみかけるようになり、日本にいながらにして、クルド料理を堪能できるようになった。20世紀末には想像もつかなかった光景である。

クルド人は子だくさんで、一家4人以上の子どもは、あたりまえである。妊娠すれば、母子健康手帳をもらえる。クルドの子どもたちは、少子高齢化がすすみつつある日本社会の将来の担い手となるであろう。日本の若者の人手不足になやむなか、建築業ではたらくクルド人は、貴重な存在となりつつある。

　ところが、日本政府はクルド人をかたくなに難民としてみとめていない。大半がビザなし難民のため、彼/彼女らは外国人収容所での拘束と収容所からの一時的な解放をくりかえしている。クルド人にビザをあたえない中央政府にたいし、川口市長は、

　　**「就労許可をえて、はたらいてもらい、納税してもらうのが、もっと**
　　**ものぞましい」**

という本音をもらしている。ロイター通信社の記者が川口市長に直接きいた話である。それは、おおくの自治体の長の代弁をしているのではないだろうか。外国人登録証明書を発行し、ビザなし移民・難民から地方税をとっていた地方自治体は、中央政府にすくなからず不満をいだいているようだ。

## ●群馬県館林市のロヒンギャ難民

　群馬県館林市もまた、ビルマ（ミャンマー）からの少数民族ロヒンギャをうけいれている。ロヒンギャが設立したモスクでは、館林国際交流協会が清掃やゴミすての説明をおこない、交流がはじめられた。来日してまもないロヒンギャの子どもたちは、日本語の授業を特別にうけられるようになった。

　ビザありクルド人のマモさんは、建築関係の会社を経営し、首都圏の解体作業などをうけおっている。ビザありロヒンギャのアウンさんもまた、中古車販売の社長さんとして世界をかけめぐる。ビザさえあれば、苦労しながらも移民・難民はその道をきりひらいてゆく。彼らは、日本にたくさん税金をおさめ、年間にすると、なんと400万円以上にもなるという。

　ドイツでは、ビザなし人でも収容させず、そのままはたらかせ、彼/彼女らから税金をとり、その子どもたちをもドイツ社会に役立てようと

**埼玉県蕨市民公園におけるクルド人のネブロス祭り**

2015年3月22日筆者撮影

している。ある大学の教授からきいた話である。じつに合理的である。

● ビザさえあれば

　日系ブラジル人があつまる群馬県大泉町では、カーニバルを観光の目玉にしている。おなじように、蕨市のネブロス祭りや館林市のロヒンギャ祭りを、観光産業にとりいれてはどうだろうか。彼/彼女らは、建築・輸出・観光・料理・文化などのあらゆる産業に貢献するだろう。彼/彼女らは、その能力を十分にそなえている。ただ、その場を発揮する機会（ビザ）がないだけである。

　地方自治体や住民は、税収不足・少子高齢化・地場産業衰退などをひしひしとかんじとっているにちがいない。その活路を、移民・難民にみいだせるのではないだろうか。すでに、そのきざしはみられている。

(やまむら・じゅんぺい)

## 第2章

# 支援活動の変遷および大学とのコラボレーションと市民懇談会

多文化家族の支援と大学とのコラボレーション

**吉成勝男**
APFS理事・相談役

**水上徹男**
立教大学社会学部教授

**加藤丈太郎**
APFS前代表理事

## 1. 多文化家族の支援

　APFSは設立当初から外国人住民の相談を受け、解決型の活動を実施してきたため、その時代毎の外国人住民の問題に直接向き合うことになる。このような状況の中で、APFSは相談業務を継続しながらも、2010年代になって新たな活動をはじめることになった。1つは大学の授業とのコラボレーションであり、もう1つが多文化家族の支援である。21世紀を迎えての顕著な事例の1つとして、多文化家族の貧困化があげられる。国際結婚の家族においてもその出身地は多様であり、日本国籍の人と外国籍の住民の結婚、同じ外国籍同士から異なる外国籍同士の結婚による多文化家族形成もある。ここでは、家族に外国籍のルーツを持つ人が含まれる多文化家族の貧困に着目して、継続的かつ包括的な支援を目的とした。包括的な支援活動を実施するにあたり、具体的な検討事項として、生活相談や言語支援、子どもの学習支援や進学相談、就職活動支援などがあげられる。日本語によるコミュニケーションが十分でないために、様々な生活上の困難に直面しているケースも多い。APFSが中心となって、「多文化家族の自立に向けた包括的支援」事業を展開することになった。この事業は独立行政法人福祉医療機構（WAM）から助成を受けて、多くの方々の協力を得て進めた。WAM自体が「地域における互助や共助、支え合いがあらためて重要となり、NPO法人などによる民

間の福祉活動に対する期待が高まっています」と表明しており、地域社会におけるNGOの取組みの重要さが認識されている。APFSは2014年度、2015年度と続けて助成を受けて、1年目に多文化家族の自立に向けた支援を行い、2年目はそれまでの事業を見直して、継続事業と新規に開拓した事業による「外国人住民の自立に向けた包括的支援事業」として幅広い領域にわたる取組みを計画した。これらの事業は、APFSと特定非営利活動法人ASIAN COMMUNITY TAKASHIMADAIRA（高島平ACT）が共同で取り組み、それに各方面からの専門家が加わって実施した。

(第1節／吉成勝男・水上徹男／加藤丈太郎)

## 2. 事業に至る経緯

### (1) 日本の中の貧困問題

1990年代以降、日本社会の格差や貧困について語られることが多くなった。とくに2008年のリーマンショックにより主に非正規で働く人々が職や住居を失ったことから、これらの人々を救済するためにNPO団体や労働組合が「派遣村」を開設したことで貧困が注目されることになった。

「働き方の多様性」という名のもとでアルバイトやパートタイムなどで働く非正規労働者の増加は、貧困や格差をめぐる問題について度々社会的な議論を巻き起こしてきた。経済大国と言われた日本で、多くの貧困層が確実に形成されてきた。「ワーキングプア」という言葉も使われるようになり、とくに就労する若年層の貧困は深刻な社会問題となった。

女性の貧困化はより厳しい。平成23年版の男女共同参画白書では、女性の貧困率がどの年齢階層においても男性を上回っていることが公表されている。女性の自立や社会構造が複雑化する中で、DVや離婚などによる母子家族が増加傾向にある。母子家族の貧困化は、多くが家族内の稼ぎ手が1人であること、低賃金、女性であることによる差別的な雇用形態などが要因としてあげられる。社会保障制度も母子家族にとって十分とは言えない。2015年12月に内閣府が「相対的貧困率等に関する調査分析結果」を公表している。この中で、2009年に総務省が行った「全国消費実態調査」で相対的な貧困率が10.1％であったが、2012年に厚生労働省が実施した「国民生活基礎調査」では16.1％に上昇していることが記述されている。「世帯類型別でみると、両

**22** 第1部　外国人の増加と関連した社会の変化

調査とも、単身世帯や大人１人と子ども世帯で相対的貧困率が高い」と指摘されている。こうして日本にも貧困が存在し、継続的に固定化されつつあることが認識された。

### (2) 外国人女性と貧困

　それでは日本で暮らす外国人にとって貧困はどのように影響しているのだろうか。厚生労働省によれば2017年10月末現在で、外国人労働者数は127万8千人を超える。このうち政府が積極的に導入を進めている専門的・技術的分野に従事する労働者は、わずか19％に過ぎない。外国人労働者として働いている80％近くが、日本人の配偶者等など身分にもとづく在留資格や留学生の資格外活動として１週28時間のアルバイトの就労である。この中には技能実習生も含まれる。外国人労働者の多くは、事業所規模30人未満の製造業やサービス業などで働いている。これといったスキルも持たず、キャリア形成を望めない中での就労を余儀なくされている。

　非正規雇用で支払われる賃金はそれほど高くはない。先の総務省の調査によれば、大人１人と子どもの世帯の相対的貧困率は50％を超えている。そして国際結婚を経験したのち、離婚を通してひとり親家庭になった外国人女性の困難は想像に難くない。子どもの教育、日本語でのコミュニケーションでの不安、母国文化の子どもへの継承などの問題に加えて、日々の生活費や母国への送金など経済的な問題に直面することになる。

（第２節／吉成勝男・水上徹男）

## 3．支援事業の構想

　日本社会全体に広がっていく格差と貧困の連鎖。これをどこで断ち切ればよいのだろうか。APFSには、様々な困難を抱えた外国人住民が訪れる。これら外国人住民が抱える問題の要因が、貧困に起因するとみられるケースも少なくない。APFSでは相談者に協力会員となってもらい、組織活動の一翼を担うよう求めている。しかし、経済的な問題から会費が納入できない人たちが増加している。外国人の貧困化が身近な問題として立ち現れ、その解決を迫られるようになった。

　非正規滞在の場合、もっと悲惨な現実が待ち受けている。摘発後に仮放免

が認められたものの就労ができないため、自らが属するコミュニティの援助を受けながら生活をしている人もいる。さらに、ひとり親家庭であることから、フルタイムで仕事ができない女性など事情はそれぞれ異なるが経済的に困窮していること、特別なスキルをもっていないことなど共通している。一つ直面する困難を解決しても、根本的な問題は何も変わらずそのままである。こうした現実的な問いかけに答えを出そうと試みたのが、多文化家族の包括的な支援事業である。以下は事業の概要である。

## (1) 2014年度事業

　「多文化家族の自立に向けた包括的支援」事業は、基本的に３つのプログラムで構成される。１つは貧困の中にある多文化家族を対象とした法律、福祉などの相談事業であり、APFSや連携団体の弁護士や社会福祉士など専門家スタッフが、相談業務を担当した。２つ目は日本語の習得であり、３つめは、外国人女性がキャリア形成できるように、技術を身につけることを目的に計画した。相談活動でも一定の成果があったが、外国人女性のスキル向上を実践的に展開した、研修講座への派遣があり、日本語の学習支援を受けながら受講する「介護職員初任者研修」に本事業から５人の外国人女性が参加、2015年２月７日の卒業式では４名が卒業証書を受領するに至った。

### 1) 生活・福祉相談活動

　多文化貧困家族の生活・福祉相談の事業は、2014年６月より毎週金曜日を基本に実施した。APFSとその連携先である特定非営利活動法人ASIAN COMMUNITY TAKASHIMADAIRA（以下、高島平ACT）の相談員が担当した。１カ月に一度、弁護士並びに社会福祉士などの専門家が同席、相談について専門的なアドバイスを行った。鷹番法律事務所の佐治史規弁護士、社会福祉士は昭和女子大学の南野奈津子専任講師（当時、現在東洋大学教授）が対応してきた。相談開始当初は想定していたよりも件数が少なかったが、事業が進むにつれてエスニック・ネットワークなどとの連携ができたことから、問い合わせや電話による相談が飛躍的に増加した。2014年12月には、他の助成団体の協力で「外国人人権ホットライン」を実施、本事業との相乗効果が生まれた。相談内容は、生活、社会保障に関するものが最も多く、生活保護を受給している多文化家族からの相談も含まれる。今後の生活の不安や子どもの養育や進学の問題、母国に残してきた家族の呼び寄せなど家族の再統合に関連する相談もあった。いずれの相談も切実であり、緊急の対応を要する

ものも少なくなかった。また、就職に関する相談も寄せられた。日本語会話は可能であるものの、漢字の読み書きができないために「ホームヘルパー2級」（現在では介護職員初任者研修の資格に変更）の資格を有していながら、介護関係の職場に就職できないなどの相談も寄せられた。多文化家族の貧困化を反映したものが多く、本事業の構想時に想定していた通りであった。相談活動により救済された外国人住民や家族も数多く、一定の成果を上げたものと判断できる。

## 2)　職業訓練と初級日本語支援活動

　多文化家族の貧困の要因には、日本語能力が十分でないことや専門的なキャリアを有していないことなどがある。非正規雇用という条件では、さらに制約があり、仕事に就けたとしても、低賃金かつ過酷な条件となることが多い。本活動では、かつての「ホームヘルパー2級」、現在では「介護職員初任者研修」と言われる資格取得をめざした。職業訓練は、外国人の介護士の育成に定評のある埼玉県川口市の「アイ・ヘルパースクール」に業務委託をする形で行われた。受講者の募集はAPFSがウェブサイトを開き、チラシ等でも公募した。海外からの応募を含む多くの応募者の中から、面接により5人の女性を選考した。フィリピン人3名、スリランカ人1名、バングラデシュ人1名であり、いずれの女性も日本人か、自身と同国籍の男性と婚姻をしおり、30代、40代、50代だった。この5人は、毎週1回高島平ACTの日本語教師が中心に行う初級日本語支援を受けた。彼女らは、日本語会話は可能だが、日本語の読解力が不足しているため、介護等に使用される文字が判読できない。「褥瘡」などの専門用語を介護施設で使用しているテキストを参考にしながら、日本語教師が読み方や意味などを説明していった。とくに漢字を自由に読みこなすことは困難であり、70回の授業時間で言語の壁の克服は難しかったが、日本語教師は手作りの教材を作成するなど授業に工夫を凝らし、参加者の関心を引き付けた。介護のテキストを参考に授業を進めたことが効果的に機能して、かなり難しい漢字を読みこなせるようになった。

　職業訓練は、2014年8月30日から毎週土曜日に実施された。介護職員初任者研修の資格になってから日本語による卒業試験があり、ホームヘルパー2級のときよりも資格取得が難しくなっていた。バングラデシュ女性1名は職業訓練が始まって間もなく職業訓練を受けていることが理由の職場のいじめがあり、アイ・ヘルパースクールに通学することが困難となった。5人のうち4名が、介護職員初任者研修の資格を取得したことは、この事業の成果

だった。また、プロジェクトについては、2015年2月22日に「多文化家族の自立に向けた包括的支援」の公開報告会を行った。外国出身者を積極的に受け入れ、研修を実施していたアイ・ヘルパースクールの当時の校長・井上文二氏が基調講演を行い、海外から介護人材を受け入れる方向の中で、在日外国人が日本社会の内外に向かう国際交流におけるさらなる貢献の可能性を示した。

## (2) 2015年度事業

2015年度の事業は外国人住民の生活支援のなかでも、就労支援や情報提供を対象とした。前者は資格取得支援やそれにかかわる研修などであり、支援講座を取り入れた。アイ・ヘルパースクール（当時ヨウコーケアカレッジ）における介護職員初任者研修を中心にフォローアップ研修会を行った。情報提供としては就労支援・デジタルディバイドによるコンピュータの使用に関する新たな講座の開設による事業展開を実施した。APFSに相談に訪れる外国人住民も包括的な支援が必要と思われるケースが急増している。職業に関するスキルを持たない、言語の壁やパソコン等を操作できないことから適切な情報を取得できないなどの問題も生じている。本事業では職業的なスキルを身に付けることや、日本語能力を向上させて、職を得て社会の一員として自立するまで包括的な支援をしていくことを目指した。キャリア形成としては介護職員初任者研修の資格取得、さらに上級の資格である介護福祉士の資格も取得できるよう支援することとした。顕著な情報格差（デジタルディバイド）に対しては、パソコンの操作能力の向上や情報を選別する力がつくよう多方面から外国人の就労支援につなげることを計画した。実際の事業展開としては、次の6つのプログラムで構成された。①介護職員初任者研修の資格取得援助、②介護職員初任者研修修了者を対象としたフォローアップ研修会、③国家資格である介護福祉士の資格取得支援講座、④就労支援講座、⑤情報格差（デジタルディバイド）解消のための講座、⑥国際シンポジウム、である。支援を通しての資格取得だけでなく、一部ではあるが福祉現場での就労実績もあり、様々な社会貢献を確認することができた。

### 1) 介護職員初任者研修

本プログラムは外国人女性を対象として、介護の資格取得により就職機会の拡大を目指した。とくに経済的な自立が難しい外国人住民の労働条件や収入面での上昇、すなわち資格取得によるキャリア形成である。当時のアイ・

ヘルパースクールを業務委託先として2015年8月から2016年2月にかけて行った。公募により選出された5名の参加者が、介護職員初任者研修の講座を受け、全員が2016年2月に試験に合格、資格取得した。

## 2) 介護職員初任者研修資格取得者を対象としたフォローアップ研修会

フォローアップ研修会は、介護の資格である介護職員初任者研修の資格を取得した外国人住民に対して日本語能力の向上支援、取得した資格を活用できる知識などを伝えることを目的とするプログラムで、2016年2月から3月にかけて実施された。介護職員初任者研修を修了した外国人女性を対象として、介護技術や福祉に関する知識の向上や介護に関する日本語能力の向上を目的にしている。公募による選考結果は、5名のフィリピン国籍の女性となった。受講者全員が介護職員初任者研修を修了しており、資格を取得したのちに3人が介護施設で就労しており、現場での経験を伴う実践的な研修会となった。

## 3) 国家資格である介護福祉士の資格取得支援講座

介護福祉士は介護職の国家資格であり、資格を取得することで雇用機会の拡大が見込まれる。外国人住民の介護職員初任者研修の資格までの取得はあるが、この資格はなかなか資格取得ができない。外国人による国家資格の取得を目指し、受講者の中から介護に携わる外国人住民のロールモデルの輩出を探った。本講座では公的資格である介護職員初任者研修の資格を取得し、実際に介護職場で働いているが、より高い職位、責任のある仕事を考えている外国人女性を対象とし、2015年9月開講、2016年3月末までにすべての日程を終了した。フィリピン国籍を有する女性5名が参加したが、いずれの人も事業所や介護施設で就労しており、それぞれの経験を共有する機会にもなった。

## 4) 情報格差（デジタルディバイド）解消のための講座

情報化時代において、格差は年々広がるばかりである。特に有用な情報の取得についてパソコン等の情報端末に接する機会のない外国人住民も少なくない。高度で専門的なIT技術を持った外国人が多数来日しているが、高い専門的な知識を有する者ばかりではない。とりわけ本事業が対象としている「身分に基づく在留資格」で滞在している外国人女性（例えば、「日本人の配偶者等」や「永住者の配偶者等」など）や開発途上国から来日して間もない外国人住民は、パソコンを駆使できる者は多くはない。

本講座は、パソコンなどの機器に日頃触れることのない外国人住民や、い

わば情報弱者の側に寄り添ったプログラムである。パソコンの起動、Word
による文字入力と印刷、Excelを使った表作成や計算、インターネットでの
情報検索などを学んだ。この講座は全10回にわたって開かれ10名の外国人住
民が参加した。パソコンのキーボードにあまり触れたことがない者もおり、
最初は戸惑いを隠せなかったが、慣れるにしたがってインターネットによる
情報検索なども行えるようになった。

### 5) 就労支援講座

　外国人が日本で就労をするに当たって、日本独特の雇用制度や慣習に戸惑
うことも多い。この講座は、労働問題の専門家を招いて、外国人住民に日本
の雇用システムや慣習、制度との特徴、労働者を守る法律に関する基礎知識
を提供するもので、外国人住民の就労機会を拡大することで社会の一員とし
ての自立を目的とする。2015年11月から2016年3月にかけての講座には、参
加者は毎回約10名であり、さまざまな職場での問題や悩みに関係した質問が
あった。またエントリーシートの作成方法など、就職活動に係るものも扱っ
た。

### 6) 国際シンポジウム

　2016年3月5日に国際シンポジウム「介護人材送り出しにおける課題と外
国人住民支援――フィリピンとインドネシアの経験に学ぶ―」(立教大学池袋
キャンパス)を開催した。第1部は「介護人材送り出しにおける課題―フィ
リピンとインドネシアにおける経験から――」の講演会で、それぞれの国か
ら専門家を招聘して、フィリピンとインドネシアにおける日本への介護人材
送り出しにおける課題をお話しいただいた(この2人の講演内容は本書第2部
第15章、第16章で掲載)。第2部において、「介護人材受け入れにおいて、外国
人住民が果たすべき役割とは」という題のパネルディスカッションを行った。
パネリスト:井上文二氏(当時ヨウコーケアカレッジ長)、川村千鶴子氏(当時
大東文化大学環境創造学部教授)、南野奈津子氏(当時昭和女子大学人間社会学部
専任講師)、野呂芳明氏(立教大学社会学部教授)、コーディネーター:水上徹
男氏(本事業の実行委員長、立教大学社会学部教授)、コメンテーター:アイ
ビー・ミラバレス(Ivy Miravalles)氏とサリスチョワティ・イリアント
(Sulistyowati Irianto)氏である。このプログラムの主催はAPFS、共催高島平
ACTだったが、他に協賛として立教大学グローバル都市研究所、立教大学
平和コミュニティ研究機構、後援に豊島区、日本社会福祉士会、東京都社会
福祉協議会が参与した。

外国人住民への支援は、その活動を通して高齢化が進む日本社会での高齢者への援助にもつながり、それ以外に外国人住民と関係する日本の一般市民への支援とも関係している。APFSではこれまで法律相談には弁護士、福祉相談には福祉の専門家に加えて、社会学の専門家もかかわってきた。APFSは草の根活動を展開してきたが、その活動を活かした交流の機会を生みだし、様々な支援や援助とともに活動が広がってきている。本事業の報告でも様々な成果が示されたが、同時にいろいろな課題が残されているという認識も深まった。

（第3節／吉成勝男・水上徹男・加藤丈太郎）

## 4．プロジェクト型授業とのコラボレーション

　APFSはこれまで、様々な形で大学と連携をしてきた。設立間もない頃から、大学の教員や学生が外国人住民の支援について情報収集に来たり、スタッフがゲストスピーカーとして招かれる機会も多かった。シンポジウムの開催、外国人住民の生活実態調査で協力することもあった。これまでの活動を支援する研究者もあり、何らかの繋がりが継続している。

　2014年度からは、大学院の授業におけるAPFSと大学院科目の連携がはじまった。これは立教大学社会学研究科のプロジェクト型授業であり、基礎文献の購読や調査法等の学習だけでなく、実地調査も行う。授業の目的としては「グローバルな人の移動が進展するなかでエスニック・コミュニティがいかに変貌し、ホスト社会へ影響を与えるかなどを調べることである。それに関連して一定期間の外国滞在後に帰国した人々のトランスナショナルに展開するネットワーク形成のあり方についてもデータ収集している。本プロジェクトの授業および研究期間は当初の計画では2014年度から2016年度にかけての3年間で、各年度とも実地調査の実施そのものが授業内容になっている」（水上 シラバス 2015）。とくに1980年代後半に日本国内で急増したバングラデシュ出身者でその後帰国した人たちを対象に、日本とバングラデシュのかかわりを個人史的視点と同時期における両国の社会状況・制度的変化の視点から、聞き取り調査を中心に明らかにするため、実地調査をバングラデシュで行った。このプロジェクトにおける現地での情報収集については、APFSがこれまでのネットワークを活かして進めてきた。2000年代になって、APFS

帰還バングラデシュ人実態調査にあたってダッカで行われた記者会見（2014年9月14日）

へのバングラデシュ出身の相談者は極端に減少しはじめ、プロジェクト授業との連携をする際には、多くの中心メンバーが既に帰国していた。これは自主的な帰国もあるが、摘発され強制的に送還された者も多かった。現在APFSはフィリピン、ビルマ（ミャンマー）、アフリカ系の外国人からの相談が多くなってきたが、元APFSメンバーとの絆はいまだ強固に続いている。

　産学協働や市民団体と大学や研究者が連携する事業はいくつもあるが、外国人住民支援団体と大学が緊密に連携して、授業の一環としてプロジェクトを推進するという事例は稀であろう。すでに介護や看護の分野、また都市のインフラ整備に係る事業などで外国人住民が働いており、今後もさらに外国人労働者増加の可能性が高い。そのような状況で、外国人住民とともに歩んできたAPFSのような団体と国際的な調査にかかわる大学のプロジェクトとの連携が果たす役割などを考えながら、今後に繋げていきたい。この大学院のプロジェクトは、アクティブ・ラーニングや大学院生と教員がともに調査に係るというだけでなく、大学教育とNGOやNPOとの連携の在り方に関するプロトタイプの提示という目標もあった。現時点ではそこまでの成果には至っていないかも知れないが、NPOによる情報提供の重要性を認識すると同時に、プロジェクト担当教員からはNPOの外国人住民支援に関する調査

帰還バングラデシュのインタビュー（2015年9月10日、ダッカのホテルにて）

研究だけではない実質的な社会貢献を目指しての連携として継続している。

### (1) バングラデシュでの調査

　2014年度はAPFS訪問調査のほか、日本からの帰還者へのインタビュー調査のため2014年9月14日から9月18日まで、大学院生1名を含めた5名でダッカ市を訪問した。本プロジェクト型授業としての最初の海外調査となった。かつて外国人労働者として日本に滞在した経験をもつビクラムプール地方出身の帰還移民10名に、5名ずつの集団でのヒアリング調査を実施した。他にIOM（International Organization for Migration）のダッカ事務所を訪問し、バングラデシュにおける移住の現状や課題等についてヒアリングを実施した。また、ダッカでは本プロジェクト研究の遂行に関して、記者会見を行っている。2015年は9月7日から11日までの日程でバングラデシュに滞在した。プロジェクト参加の大学院生、担当教員（兼任講師のAPFSスタッフを含む）の訪問時に、かつてAPFSのメンバーだったマスド・カリム氏が中心になって、毎回現地での通訳やコーディネートとして協力している。インタビュー調査に関してもAPFSに係った人たちが中心に連絡をとって、インフォーマントとなったり、その他のインフォーマントを探すなど、以前のネットワークを活用してプロジェクトを進めてきた。

　2015年度はダッカ市内でのインタビューに加えて、日本に出稼ぎ労働者を数多く送り出したビクラムプールを訪問した。現在はムンシゴンジ（Munshiganj）県だが、通称としてビクラムプールの地名が使用されている。日本で仕事の経験がある人々が多く、その中でも大きな家屋を所有している

調査活動を見学のために訪れたピクラムプールの人々（2015年9月9日）

方の庭でのインタビューとなった。同地区出身者が10名以上集まり、集合インタビューという形式をとった。聞き取りは日本語で実施した。大半の人たちは帰国後10年以上が経つが、コミュニケーションの問題はなかった。集団だったため、バングラデシュ人同士で、隣の人と「あれは何だったっけ？」という会話をしながらの回答もあった。

　2回のバングラデシュにおけるインタビューで共通していることは、ほとんどの帰還者が日本での生活や仕事を肯定的に捉えていることである。多くの人々が日本を懐かしみ、インタビューした全員が、日本に行きたい、あるいは帰りたいと答えていた。「APFSは設立以来、バングラデシュ人からの労働相談が多く寄せられていた。賃金不払い、労働災害、不当な解雇、残業代の未払いなどである。小・零細企業が多かったことから、事業主の遵法意識は低く、要求を認めさせるまでに多くの時間を費やした。なかには事業主から暴力を振るわれるケースなども少なからずあり、心身ともに疲労するバングラデシュ人が多くみられた。だが帰還移民のインタビューでは、こうした話や事業主に対する批判は一切出てくることはなかった。日本での生活を称賛し、事業主とはきわめて良好な関係を築き上げていることを自慢する話が多かった」（吉成 2016：17）。実際「1980年代後半から90年代前半にかけて

多い年には年間で800件近くの相談があり、そのほとんどが事業主との深刻なトラブルであった」（同書：17-18）。さらには、入管されて強制送還で帰国したいくつものケースが含まれている。それにもかかわらず、日本に対しての否定的なコメントはほとんど聞かれなかった。現在の生活と比べると日本で生活していた時代の方が収入が多く、日本で就労した方が現在より豊かな生活ができると考えていることも影響しているだろう。また、何人かは1990年代前後に日本で生活し、彼ら自身が20代の青春時代を日本で過ごしていたことも影響しているだろう。

## (2) **2016年度以降のプロジェクト**

　プロジェクト3年目にあたる2016年度は、インタビュー調査としては日本で暮らす在日バングラデシュ人とスカイプによるインタビューとなった。当初は8月から9月にかけて、バングラデシュでの現地調査を計画していたが、2016年7月1日（現地時間）にダッカの外交関係施設などが集まるグルシャン地区のレストランを、武装した7人が襲撃したテロ事件があり、本プロジェクトのダッカ調査が2016年度は中止となった。この事件では民間人20人、犯人6人、警察官2人が死亡、そのなかに日本人7名も含まれていた。国内での何件かのインタビューの他、2016年11月に2回のスカイプによるインタビューを、帰還したバングラデシュ人を対象に行った。11月11日と11月25日にそれぞれ3名による6名のインタビューとなり、帰還後の生活について伺った。

　インタビュー調査以外にも、2015年度に現地のコンサルタントに委託して50人の日本からの帰還者を対象とした質問票調査も実施している。2014年度から2016年度にかけて行った調査結果については、まだ分析中のものもあるが、いくつかは本書のなかで紹介している。2017年度は、APFSとの連携の下、フィリピンでの現地調査を行った。2016年度の現地調査の中止などの影響でバングラデシュの調査も継続中だが、APFSのバングラデシュ出身者の後に、主要なメンバーを構成しているフィリピン出身者が帰還してからの生活などを対象に調査した。フィリピン調査の報告については、次回に取り上げる予定である。

　これまでの連携をもとに、新たなプログラムが拓けることになるだろう。実際、活動実績のあるNPOとのコラボレーションは、大学院生を含んだ大学側、団体側の双方にとって、「計画段階では予想していなかった新しい気

づきや発見がたくさんあり、一つの形として実証できた」（木下 2017: 120）。
さまざまな研究の可能性や今後のバングラデシュと日本の関係、フィリピン
と日本の関係など、新しい視点を生成するような展開になってきたことも成
果の1つだろう。

## 5．在留特別許可に係る市民懇談会

### (1) 市民懇談会の発足

　APFSが30年にわたり、非正規滞在者の労働・在留・生活支援や居住権獲
得のための行動などさまざまな活動を進める中で、社会状況や政府の対応も
変化してきた。その活動と社会状況の節目の1つが、滞在の正規化に向けて
の活動に関する20世紀の締め括りのような形で行われた一斉出頭であった。
日本政府の対応をみても、入管法の改正などを含めて、いくつかの転機があ
るが、2006年の「在留特別許可に係るガイドライン」の公表も大きな変化の
1つであった。しかしながらその後に、このガイドラインについて、疑問が
生ずる事態が起きている。2014年末まで退去強制令書を発付された非正規滞
在者が、発付後に「再審情願」（法務省入国管理局に生活環境や状況の変化などを
理由として再度の審査を求める行為）を行い、複数の事例で在留が認められて
きたが、2015年以降、「再審情願」による在留がほとんど認められていない。
また、「在留特別許可」の許可件数も減少傾向を示している。これは、非正
規滞在者の減少が大きく影響している。「在留特別許可に係るガイドライン」
は公表されるようになったが、基準については理解が難しい面がある。ある
家族については、両親と子どもがともに在留特別許可を認められて、別の家
族では子どもの在留特別許可が何らかの形で認められても、親は認められな
かった。類似したケースの中でも、異なる結果が生じている。ガイドライン
運用の実態については必ずしも透明性が認められず、明確な基準がないよう
に見える。法務省入国管理局は一貫して「ガイドラインは基準ではない」と
断言しているが。APFSがかかわってきたケースでも法務省一入国管理局から、
家族を分断するような裁決が出されてきた。とくに子どもの滞在を認めなが
ら、親は母国に帰国させるという親子を分離させる裁決が顕著にみられる。
　再審請願と在留特別許可、ガイドラインの解釈、家族の分断などの状況を
鑑みて、APFSでは、非正規滞在者をめぐる訴訟に取り組んでいる弁護士、
非正規滞在者を支えている「支援する会」の方々、大学の教員などを集めて、

**34**　第1部　外国人の増加と関連した社会の変化

在留特別許可やガイドラインの検討を目的とした「在留特別許可に関する意見交換会」を行った。

　第1回（2016年9月1日）の集まりには。APFSスタッフの他、外国人住民支援団体スタッフ、3人の弁護士と研究者ら計13人が出席した。弁護士より「裁判例の傾向」が紹介されて、「在留特別許可を認めない処分」を不服とする取消訴訟は多くあるが、勝訴例は少ないことなどの報告があった。しかし、2001年以降、いわゆる比例原則を根拠に勝訴した判例もある。また、「法律やガイドラインは、本来普遍性を持つべきであり、そうでないと国民国家のなかでの生活が成り立たたなくなる危惧がある」、「日本は国際人権条約に加盟していながら、人権条約に反しているのではないか。子どもの最善の利益を考えるべきなのに裁判所の判断はこれに則していない」などの指摘があった。この時の議論を受けて、第2回（2016年10月5日）は、在留特別許可を求めている当事者のいくつかの事例を取り上げて「在留特別許可に係るガイドライン」の「普遍性」などについて検討、「第7次出入国管理政策懇談会」へ「在留特別許可」に係る提言を提出すること、が提案された。さらに、ヨーロッパ人権裁判所における事例の検討、国連自由権規約委員会が来日して審査を行う際に、非正規滞在者の現状を伝えてみてはどうかという意見もあった。第3回（2016年12月9日）では、「在留特別許可に係るガイドライン」に沿って、「積極要素」、「消極要素」などについて話し合った。この時、「意見交換会」の名称を「在留特別許可に係る市民懇談会」として活動を継続、出入国管理政策懇談会等への具体的な提言を目指すことなどが確認された。

### (2)　報告事項と家族生活の尊重

　「在留特別許可に係る市民懇談会」としては最初、また意見交換会の継続としては第4回の会合が2017年1月17日に開催された。この時、専門家からさらなる情報収集をすることを決めた。また、本懇談会のメンバーである松島義徳氏（ドゥーラさん家族を支援する会代表）及びAPFSが支援をしているフィリピン出身の非正規滞在家族に関する情報が共有された。その後は研究会のような形式で、講演者を招聘したり、公開講演会に参加するなど、在留特別許可や移民政策に関係したイベントとかかわりながら、「在留特別許可に係る市民懇談会」（以下、市民懇談会）を定期的に開いた。市民懇談会の主な会合場所は、APFS事務所が位置する板橋区大山町に近い区の施設、板橋区立文化会館の会議室となった。第5回（2017年3月7日）までに決定した公開講

第2章　支援活動の変遷および大学とのコラボレーションと市民懇談会　**35**

演会「諸外国の在留特別許可・アムネスティの現在」を2017年3月29日に立教大学池袋キャンパス太刀川記念館で行った。講師は近藤敦氏（名城大学法学部教授）であり、立教大学平和・コミュニティ研究機構が共催している。

第6回（2017年4月20日）の会合では、市民懇談会メンバーである児玉晃一氏からの報告があり、ヨーロッパの事情を共有できた。例えば、欧州人権条約に批准しているEU各国の裁判所の上部組織として欧州人権裁判所の存在があり、これは国内で最高裁までの判決を受けてもなお欧州人権条約に反すると思われる場合に個人からの申し立てができる機関となっている。また、欧州人権条約8条では「家族生活の尊重」に焦点が当てられている（詳しくは、第1部第7章参照）。実際、在留が認められたケースにおいて「家族生活の尊重」を取り上げている。

第7回（5月31日）、第8回（7月13日）、第9回（8月29日）、第10回（10月12日）と会合を重ねる中で、在留特別許可にかかわる議論を継続するだけでなく、関連する事例やヒアリング、メーデーのイベントなど様々な報告があった。たとえば、市民懇談会メンバーである港町診療所・医師山村淳平氏らが連合総合労働局長であり第7次出入国管理政策懇談会のメンバーでもある村上陽子氏から2017年4月12日に行った聞き取りを報告、またAPFSが十数年ぶりに開催した第18回移住労働者のメーデーについての報告もあった。1990年に第1回のメーデーを実施したころに比べると、参加した外国人の年齢層が高くなっており、労働者というよりも経営者になっている人々も少なくなかった。市民懇談会第8回会合には、本懇談会メンバーである元県立高校教師福本修氏による「学校空間と『家族滞在』、『非正規帯』者」の報告と山村淳平氏のベトナム調査の報告があった。この調査では日本で技能実習生として働いていたが、労災によりベトナムに帰国したケースの聞き取りと、2017年3月25日東日本入国管理センター内で亡くなったベトナム人の遺族訪問を実施している。また、この市民懇談会のアウトプットとして、出入国管理政策懇談会への政策提言とAPFS創設30周年の出版企画に合わせて、活動の経緯や内容を紹介することを確認した。

市民懇談会の第11回（201年11月29日）と第12回（2018年1月11日）の会合において、出版企画の話や「在留特別許可に係る提言」内容を確認した。同時に市民懇談会のメンバーが開催に係った、立教大学平和コミュニティ研究機構主催の2つの講演会に何人かのメンバーが出席している。1つは「ヨーロッパにおける社会的結束性の理解」（2017年11月16日）であり、講師はオットー・

フォン・ゲーリケ大学のヤン・デルハイ（Jan Delhey）教授で、ヨーロッパ圏を中心とした社会的結束性の比較研究の結果を報告した。次が「アジアにおける移住システムと移住者の増加」（2017年11月21日）であり、香港中文大学のエリック・フォン（Eric FONG）教授が、東アジア圏の人の移動について実施した大規模調査の結果などを紹介した。いずれも移住者の問題を扱っており、市民懇談会内に留まることなく、様々な形で内外に向けた情報提供や共有を目指してきた。

　この懇談会の当初から政策提言に至るまで、主要な課題の1つとして、再認識したのは「家族生活の尊重」であった。一方でヨーロッパにおけるいくつもの犯罪歴がありながら家族での滞在が保証される判例があり、他方ではそれまでの日常生活を家族で暮らしてきた人々が突然分断される身近な状況がある。APFSでは現在でも分断を許さないとして「『家族一緒に！』」キャンペーンを実施しているが、本懇談会でもその報告があった。非正規在留家族の滞在許可に向けたキックオフのミーティングとして、2017年9月10日、当事者らに欧州人権裁判所の判例を分かり易く説明し、意気消沈している当事者らとともにキャンペーンを繰り広げた。家族の支援についての難しさも指摘された。1999年の一斉出頭は「家族」のためというのが目的だったが、その家族の中には単身世帯も含まれていた。2007年に単身者8名（のちに7名）が在留特別許可を求めて入局管理局に出頭したが、結局裁決の翌日に国費で送還されている。7名は送還される直前に、退去強制令書発付処分取消訴訟を起こすために、これまで支援してきた弁護士やAPFSのスタッフとの面会を求めたが拒否されている。憲法32条は「何人も裁判所において裁判を受ける権利を奪われない」として裁判を受ける権利を保障している。何人もの中には非正規滞在外国人も含まれるはずだが、7人の権利は守られていなかったことになる。

## (3)　「在留特別許可に係る提言」の提出とその後の活動

　「在留特別許可に係る提言」は、第7次出入国管理政策懇談会の最終日である2月19日に同会の委員を務めている村上陽子連合総合労働局長に連合本部で手渡した。市民懇談会の水上徹男氏（市民懇座長）、吉成勝男氏（同副座長）、山村淳平氏（同委員、港町診療所医師）の3名が参加した。連合の古賀友晴労働法制対策局部長から、法務省入国管理局が「在留特別許可に係るガイドライン」を作成した際の連合の果たした積極的な役割について話があった。そ

の後2018年3月16日に参議院議員会館の石橋通宏議員事務所で渡辺秘書も同席して、法務省入国管理局の根岸功審判課長らに政策提言を提出した。提言の内容は以下の通りである。

---

在留特別許可に係る提言

在留特別許可に係る市民懇談会
水上徹男（座長、立教大学教授）、吉成勝男（副座長、APFS相談役）、野呂芳明（立教大学教授）、児玉晃一（弁護士）、山村淳平（港町診療所医師）、吉田真由美（APFS代表代理）、趙憲来（APFS）、福本修（APFS）、中山由佳（早稲田大学・明治大学・津田塾大学講師）、渡辺明子（イラン人母子を支える会代表）、松島義徳（ドゥーラさん家族を支援する会代表）

在留特別許可に係る提言

**1．はじめに**

　在留特別許可に係る市民懇談会（略称　在特市民懇）は、在留特別許可の運用に疑問を持つ市民団体、弁護士、研究者などが集い設立された。やむを得ない事情で在留を求める非正規滞在外国人（不法残留外国人など）に対する在留特別許可の運用が、必ずしも一定のルールに沿った適用とは認めがたいという問題意識に基づいている。

　在留特別許可の許否を判断するものとして公表された「在留特別許可に係るガイドライン」は、具体的に積極要素及び消極要素を明示しているにもかかわらず、その許否に一貫性が認められない。本団体は、2016年9月から意見交換会、外部の専門家を招いたヒアリングやシンポジウムなどを開催してきた。

　1年を超える議論の中で、在留特別許可の許否に係る疑問は深まり、憲法、各種の国際条約、欧州における人権裁判所の動向などと照合しても、明らかに国際的な基準に準じていない。また家族の分離など看過できない事態がある。そのため将来的に在留外国人が増加する中で、一定

---

**38**　第1部　外国人の増加と関連した社会の変化

在特市民懇談会の政策提言を連合村上陽子総合労働局長（左中央）に手渡した（2018年2月9日）

　の割合の非正規滞在者が増えることが見込まれるという現実を前に、市民の立場から政策提言を行うこととした。
　この政策提言は、今後の出入国管理政策を自由な立場から議論している第7次出入国管理政策懇談会に行う。これまで様々な市民団体や弁護士団体などが同様の提言を政府に対して行ってきたが、あまり取り上げられることはなく、政策に反映されなかった。しかし第7次出入国管理政策懇談会には各分野の専門家が参加しており、市民の声を聞き取り、国の出入国管理政策に影響を与え得るものと認識できる。

## ２．非正規滞在外国人の状況

　1990年以降、非正規滞在外国人は急増する。1988年に非正規で滞在する外国人は6万人程度であったが、1990年に初めて10万人を超えた。1993年には30万人近くとなり、日本で就労する外国人労働者の半数を占めるに至った。非正規滞在となった外国人を、日本の一部の産業界は過酷な労働に従事させたり、低賃金で雇用したりしてきた。政府も非正規滞在外国人を受け容れない方針をとってきた。例えば、2004年に「不法滞在外国人半減化政策」を5か年計画で推し進めた。実際に非正規滞在外国人数は減少したものの、摘発・送還だけではなかった。同じ5年間

に在留特別許可件数も増加し、約5万件に達しており、非正規滞在者数の減少に寄与していた。こうして2014年まで減少し続けていた非正規滞在外国人数は、その後増加傾向に転じている。現在では64,758人（2017年7月1日）の非正規滞在外国人が暮らしている。

　安全や就労の場を求め日本にきた一部の非正規滞在外国人は、定住化傾向を示してきた。日本で家族を形成し、または母国から家族を呼び寄せるなど、日本で生活基盤を形成している非正規滞在外国人も少なくない。しかし現行の日本の法制度では、両親が正規の滞在資格を有さない中で生まれた子どもは在留資格の取得ができないため、非正規の滞在を余儀なくされる。これらの子どもたちの中にはすでに高等学校や大学に在籍している者も含まれる。

　さらに日本で家族を形成しないまま長期間にわたって非正規のまま滞在する単身者も存在する。なかには日本で青年期の大半を過ごし、ひっそりと隠れて20年、30年もの期間滞在してきた者もいる。しかし、非正規滞在を理由に退去強制となって、長年暮らした生活の場から突然引き離されるという事態が、これまで何件も起きてきた。

　2012年7月から中・長期滞在外国人に対して住民基本台帳法を適用することになったが、非正規滞在外国人は適用外とされた。この時廃止された外国人登録法は、すべての外国人に登録の義務を課しており、非正規滞在外国人であっても、外国人登録証明書を交付していた。その事実は、地域住民として暮らす非正規滞在外国人が確実に存在することを意味する。

　海外に目を転じると、アメリカ合衆国やいくつかのヨーロッパの国々で、移民・難民を排斥する動きが増している。他方、民主主義の原則、人道主義に基づき移民・難民、そして非正規滞在者の人権を守ろうとする動きもある。2015年に移民排斥運動で注目されたフランスでは、在留特別許可に関しては立法化されている。また、移民排斥として報道されているアメリカ合衆国などでも、非正規滞在者の合法化措置をめぐる世論が分かれている。


## 3．提言

　将来的に外国人人口は増加するだろう。実際に政府は、技能実習生や介護職の在留資格を新設するなど「移民政策」を導入せずに移民受け入

れを進めている。私たち在特市民懇では、いまこの時期だからこそ、国際人権規約、子どもの権利条約などの国際条約を参考にしつつ、いわゆる比例原則の観点も取り入れながら、普遍的な基準に基づく在留特別許可を進めるべきである、という立場で下記の提言をする。

一　在留特別許可の許否判断にあたって、日本も批准している国際人権条約（自由権規約、社会権規約、子どもの権利条約など）に記載されている事項を十分に尊重したうえで行う。とくに家族生活の尊重、子どもの最善の利益を考慮する。

二　改定された「在留特別許可に係るガイドライン」について、これまで法務省入国管理局は「在留特別許可の許否に係る基準」ではない、としてきた。そのため、実際に積極要素が多く存在しているにもかかわらず、在留特別許可が認められない裁量も少なくない。ガイドラインには普遍的な性格を付与して、だれもが納得できる運用を求める。また認めない場合には当該外国人に合理的な説明を文書でするべきである。

三　移住地において生活基盤を形成した外国人にとって、退去強制は著しく苦痛を与え、その生命を奪うことにもなりかねない。退去強制によって外国人が受ける不利益や苦痛と、他方で退去強制をしないことにより国家が被る不利益とを比較し、外国人に不利益が多くなる場合には退去強制を行なうべきではない。

四　退去強制令書が発付されている外国人が、状況の変化や審査の過程で見落としがあったことなどを根拠として再審情願を行ってきている。しかし再審情願は法律上明記されておらず、応答の義務すらないとされてきた。行政不服審査法も難民認定申請以外は適用除外とされている。すでに再審情願は、非正規滞在外国人を救済する制度として定着しており、再審を開始するか否かについて回答もしてきている。再審情願についても、法的な制度として位置づけるべきである。

　その後、第13回の市民懇談会（2018年3月1日）で政策提言の提出に関する報告を行い、一区切りとした。また、2018年5月25日に立教大学池袋キャンパスで、「在留特別許可に係る市民懇談会による公開報告」および基調講演「欧州における外国人家族の保護と日本の在留特別許可比較」を開催（主催は立

教大学平和・コミュニティ研究機構）し、市民懇談会の報告を座長の水上徹男氏が担当した。基調講演の講師は児玉晃一氏であり、ヨーロッパでは移住者の家族の結びつきを認める対応がとられる事情を取り上げ、欧州人権裁判所の判例報告などを紹介した。この欧州人権裁判所では「家族生活の尊重」に焦点が当てられて、「国家の利益よりも家族生活を重視する」という方向性が示されたケースもある。参加者から様々な意見が出され、活発な質疑応答の後、本懇談会の副座長である吉成勝男氏から、日本国内で非正規滞在者が直面する問題と関連して、現行の在留特別許可についてあらためて問題提起がなされた。

　APFSは非正規滞在者を中心とした外国人住民とともに、30年以上の活動を実施してきた。在留特別許可取得のサポートや多文化家族の貧困に対する支援活動は、将来の見通しが立たず苦しんでいる家族や個人の存在に直面して、問題解決を目指した行動の一貫である。その中には長い年月大変な思いで暮らしている人々が含まれる。活動自体はさまざまなボランティアに支えられているが、そのボランティアを含めた支援者にも多くの外国人住民が含まれる。

　APFS自体は営利を目的とした事業活動について積極的な支援はしていないが、外国人住民として日本の零細企業などでの就業を経験した後に、独立して事業主となった人たちも増えている。事業で成功した人達が現在APFSの支援の担い手として係るようになった。他方で先述した、多文化家族の貧困問題が顕著になっている。時間の経過の中で社会状況が変化して、APFSを取り巻く人たちにも変化があったが、バングラデシュやフィリピンとの絆は続いている。実際APFSは外国人労働者と言われた人々のライフサイクルにかかわり、ともに過ごしてきた経験があるだけでなく、創設当初の志をそのままに活動を継続してきた。提言の中でも述べたが、今後外国人住民の増加が見込まれ、一定数の非正規滞在者の存在があり、その数も増加する可能性がある。非正規で滞在することの困難さについては、本書でもいくつかの事例を取り上げた。今回の提言の提出後も多様な問題提起があり、相談や支援活動を続けながら、新たな課題の整理を行っている。

（第4節〜第5節／吉成勝男・水上徹男）

【参考文献】

・APFS 2015『多文化家族の自立に向けた包括的支援事業 報告書』APFS。
・APFS 2016『外国人住民の自立に向けた包括的支援事業 報告書』APFS。
・立教大学社会学研究科プロジェクト研究A 2014年度報告書 2015『グローバルな人の移動と交流——日本とバングラデシュ間の事例——』（生井英考、木下康仁、水上徹男、野呂芳明、吉成勝男）、立教大学社会学研究科。
・立教大学社会学研究科プロジェクト研究A 2016年度報告書 2017『グローバルな人の移動と交流——日本とからの帰還バングラデシュ人の実態調査——』（野呂芳明、木下康仁、吉成勝男、中山由佳）、立教大学社会学研究科。
・立教大学社会学研究科プロジェクト研究A 2017年度報告書 2018『グローバルな人の移動と交流——日本とからの帰還フィリピン人の実態調査——』（野呂芳明、水上徹男、太田麻希子、中山由佳、吉成勝男）、立教大学社会学研究科。
・吉成勝男 2016「大学と外国人住民支援団体との連携による移民政策の提言に向けて——国際的な人の移動と交流／日本とバングラデシュの事例に参加して——」立教大学社会学研究科プロジェクト研究A 2015年度報告書 2016『グローバルな人の移動と交流——日本とからの帰還バングラデシュ人の実態調査——』立教大学社会学研究科. pp. 14-17。

**（よしなり・かつお＋みずかみ・てつお＋かとう・じょうたろう）**

```
第3章
```

# APFSの相談活動の変遷
# とその意義

### 吉田真由美
APFS代表理事

## 1．はじめに

　1987年の団体設立以来、APFSでは在住外国人の様々な相談事に対応してきた。それは単に解決機関先を指南するだけの「交通整理型相談」ではなく、解決まで寄り添う「解決型相談」を常に意識してきた。また、在住外国人が日本社会で十分自立し、困難にぶち当たっても自分や自身が属するコミュニティで解決できる力を持つことを目指し、一方的に日本人の支援者が外国人の相談者を助けるというかたちではなく、あくまでも支援者と相談者が一緒に解決までを目指すというやり方、そして問題が解決した相談者にはたとえば同国人の相談者との相談の際に通訳や翻訳をお願いするなど、元相談者が今度は支援者になっていくという「相互扶助」を実践してきた。

　この章では、2017年12月に30周年を迎えたAPFSがこれまで歩んできた相談活動の変遷を、労働相談と在留相談に分けて見ていく。その後、APFSで典型的な相談である2ケースを見ながら、これらのケースが象徴する在住外国人、特にAPFSの相談者の多くを占める、非正規滞在者（いわゆる不法滞在者）の問題を具体的に見てみようと思う。最後にAPFSの相談活動の意義を考えていく。

## 2．相談活動の変遷

　APFSの設立当初の相談内容は大半が労働問題であった。在住外国人の労働者としての権利を守るのが当初の役割だったと言える。しかし、当然ながら日本での定住化が進んでいく中で、相談も労働者としてから生活者として

の問題へと変化し、日本での家族形成などを経て、在留関連・生活に密着した相談も増えていく。そういった相談傾向の変化に合わせ、APFSでの相談活動ものちに在留関連に集中していくようになった。

　筆者は2002年からAPFSにかかわり、当初はボランティアとして参加し、その後専従スタッフとなり2010年からは副代表として、主に在留等の相談活動に携わってきた。今回APFSの設立当初からの相談活動の変遷をまとめる上で、筆者が参加する2002年以前の相談活動及び担当しない労働相談に関してはAPFSの活動記録と設立者の吉成相談役からの話を参考にした。

## (1)　労働相談

### 1)　バブル経済下で

　当初の相談者はAPFSを共同で設立したバングラデシュ出身者やパキスタン、イラン出身の男性単身者が大半であった。当時、これらの出身国者は短期で来日する場合は査証免除であったため（その後バングラデシュとパキスタンは1989年1月以降、イランは1992年4月以降、査証免除措置を停止している）、出稼ぎ目的で日本に来た者も多かった。彼らは既に日本で働いていた同郷の友人や家族たちを頼りにして住居や職場を得た。また同国人のブローカーが介在しているケースも多くあった。職場は当時3Kと呼ばれるような建設現場や家屋の解体、産業廃棄物処理場などで、非正規滞在者でも働き口を見つけることができた。彼らからの相談は、そうした職場での労働災害(以下、労災)や不当解雇、賃金未払いなどの労働相談が主であった。労災は鉄工所や金属加工工場などでの手指の切断、挫傷などが多い。「労災」補償の制度を知らず、災害発生後数年たってからの相談が当初は多かったが、のちに「労災」補償制度についての知識や労働者としての権利意識が浸透してきたため、事故直後や退院後などに早めに相談するケースが増えていった。

　工場などで災害が発生しても多くの雇用主は当然加入しなければいけない労災に保険未加入であるため、治療費を会社が払ってそれで終わりというケースが多かった。いわゆる労災隠しである。事業主には労災保険の加入義務があるため、本人が労働基準監督署に労災申請をすれば、治療費、休業補償、障害が残った場合には障害補償が支払われる。死亡事故の場合には、遺族年金が支払われる。非正規滞在者であっても労災の補償制度は問題なく適用される。

　悪質な会社は事故後にすぐ解雇するところもあった（APFS 1994：3~6）。

設立当初のAPFSバスツアーの様子

労災申請していない会社には労災申請するよう交渉するが、それに応じないことも多く、その場合、労働基準監督署に直接申請し労災を適用させる。会社側に重大な過失（安全配慮義務など）がある場合は、裁判で損害賠償請求を行うこともあった。ただしこの裁判で争われる逸失利益（労災がなければ本来得られたはずの利益）に関しては、非正規滞在者はそのうち本国に帰されると判断され、3年間は日本の賃金水準、それ以降は外国人本国の賃金水準と言うのが裁判所の通例となっており、必然的に日本人に比べ大した額にならない。この根拠のない3年ルールは2018年現在も変わっていない。

  2)　バブル経済崩壊後
　1990年頭のバブル経済崩壊後は不況となり、労働相談は賃金未払い、不当な解雇が多くなった。未払いは、それまでの相談では未払い期間が短く金額も少額であったが、このころになると未払い期間が長期化し、金額も100万円を超えることが増えてきた。また解雇も、会社自体の経営不振、倒産、夜逃げなどによるものも多いのが特徴となる。
　賃金未払いについては雇用主と交渉することになるが、一括での支払いが

46　第1部　外国人の増加と関連した社会の変化

困難である、支払い能力がまったくない、といったケースも少なくない。現在のような労働審判制度がないときである。支払督促や少額訴訟など支援団体でも対応可能な法制度を活用することになる。会社の倒産や雇用主が行方不明となった時には「未払い賃金立替払い制度」を利用した。夜逃げのケースなどでは、未払い額をこちらで算定しなければならないため会社中を探し回りタイムカードや書類を見つけて提出するなどの対応をした。この制度自体、外国人労働者が知る機会は皆無に等しく、請求権のある「退職から6か月」を過ぎてから相談に来るケースも多かった（APFS 1999：2～3）。

　2000年に入るころには、APFSでの相談は後述する在留相談が増え、労働相談は相談総数の半数程度となる（APFS 2003：1）。そのため2005年から千葉や群馬などに労働関連の出張相談を行ない、主にミャンマー国籍の労働者からの相談件数が増えていった。その後、団体交渉権を持ち安定的な労働相談をしていくために、2007年6月にはAPFS本体とは別に、労働組合としてAPFSユニオンが立ち上がった。これ以降、労働問題はAPFSユニオンで行い、労働問題以外の相談をAPFS本体が行うこととなった。2017年4月からAPFS本体でも労働相談を再開した。

### ⑵　在留相談

#### 1)　国際結婚

　設立当初は労働問題が主な相談内容だったAPFSも、90年代に入ると、労働者として日本に在住していた外国人が定住化し、日本で出会いその後結婚する国際結婚の相談が増えてくる。90年代前半は、ほとんどが在住外国人と日本人との結婚相談であり、まだ在住外国人同士の結婚は少ない。在住外国人の中でも非正規滞在者が相手であるケースが相談に訪れることが多く、非正規滞在者が日本人と婚姻する際の役所での手続、及び入国管理局（以下、入管）に出頭して在留を特別に許可される（在留特別許可、以下在特という）よう求める際の手続などの相談であった。当時日本の市区町村役場の窓口では「オーバーステイの外国人とは結婚できない」と言われることも多く、婚姻届を受理してもらえない、入管に出頭してから来るように言われた、等の相談が多かった。非正規滞在者でも必要書類をそろえれば婚姻届を出すことはできるはずだが、役所職員の知識不足、もしくは法務局への照会が面倒だからか、当事者のみで役所に赴くと門前払いに近い扱いをされることもあった。無事、婚姻届を受理され、その後入管に出頭して在特を求めた後も、何カ月

も入管からリアクションがなく、不安になってAPFSに相談に来る夫婦も多かった。出頭した場合、在特の審査手続（退去強制手続）には期限がなく、手続の末に在特が出ずに退去強制令書（以下、退令）が発付される可能性もあるため、手続が長期化するほど不安が増し相談に訪れたのである。国際結婚関連については、これまでなかったフィリピンやタイ、アフリカ諸国出身者からの相談が多くみられるようになった（APFS 1994：12）。

　90年代後半から2000年代頭になると、在住外国人同士、特に非正規滞在者と「定住者」や「永住者」の在留資格を持った正規滞在の外国人との結婚相談が増えてくる。また、国際結婚の離婚相談も増えた（APFS 2003：2〜3）。中にはAPFSが結婚の手続をサポートしたカップルが数年後に離婚の相談をしに来所することもあった。離婚のケースの場合、子どもがいる、もしくは婚姻期間が3年以上あれば、離婚理由にもよるが離婚後も在留資格変更（「日本人の配偶者等」から「定住者」）が認めれら、その後在留できるケースも多い。こうした手続を知らずに、離婚すれば在留資格の変更が認められないと思い日本人配偶者からのDV等に耐え結婚生活を継続するケース、一方的に離婚された後に入管に行くのを怖れ、なんの手続も取らず非正規滞在になってから相談に来るケースもあった。

### 2)　非正規滞在家族の出頭

　1999年から数度に渡りAPFSが非正規滞在外国人家族の在特一斉出頭行動を行うと、それ以後非正規滞在家族からの相談が急増する。非正規滞在の外国人同士が日本で出会うケース、もしくは本国で結婚していた夫婦のどちらか一方が先に来日し生活基盤を整え、その後もう一方が来日するケースもある。どちらにせよその後、子どもが生まれ家族全員非正規滞在者として日本に在住する。そうした家族はひっそりと生活するが、仕事場や自宅などで摘発を受け退去強制令書が発付されると、子どもを含め家族全員が強制送還の危機に陥る。こうした家族の子どもは日本で生まれ育っているため、多くは日本語しかできない。そのため親の本国に送還されれば本国言語を話せず、学校に行っても授業についていくことができず教育を受ける権利をはく奪されてしまう。このような子どもを持つ非正規滞在家族からの相談は、その後現在に至るまでAPFSの相談の半数以上を占めるようになる。

　相談者の出身国は大多数がフィリピンで、その他ミャンマー、イラン、バングラデシュなどである。2002年に一連の一斉出頭に対する裁決が出され、

**48**　第1部　外国人の増加と関連した社会の変化

出頭17家族中10家族に在特が認められた（APFS 2003：5）。日本に10年以上在留し、中学生以上の子どもがいる家族にはすべて在特が認められたことから、その後は一斉出頭ではなく、中学生以上の日本生まれの子どものいる非正規家族の個別出頭が多くなる。個別出頭であっても、日本生まれの子どもが中学生以上であればその家族全員に在留特別許可が認められる傾向が顕著となり、その傾向を聞きつけた非正規滞在外国人が出頭を希望して相談に来るケースが多くなった。

2006年には法務省から「在留特別許可に係るガイドライン」が出され、積極要素に「本邦の初等・中等教育機関に在学し相当期間本邦に在住している実子と同居し、当該実子を監護及び養育していること」が挙げられ、例として挙げられた内容から、日本の公教育を受けた10歳以上の子どもがいる家族は在特取得の可能性が高いと読み取れた。このガイドラインが出るや否や、10歳以上の子どもがいれば在特が取れると思いこんで相談に来る家族も多く、あくまでもガイドラインであって必ず取れるものではないことを説明するのに苦心した。しかしながら、必ずではないが、子どもが小学校高学年でも在特が認められたケースが少なからずあり、現場で支援している筆者たちも在特取得のハードルがだんだん低くなっている実感があった。

ガイドラインでは非正規滞在家族のみならず、非正規滞在の単身者にも希望を与えた。ガイドラインのその他の積極要素に「本邦での滞在期間が長期間に及び、本邦への定着性が認められること」が挙げられ、例示から、20年以上の在留歴があれば日本に定着しているとみられ在特の可能性があると読み取れた。この内容を聞きつけ20年以上在留の非正規滞在単身者からの問い合わせ、相談が増加した。APFSではこうした動きに対応し、非正規滞在の相談者の要望から2004年には単身者の一斉出頭を行った。

2004年から東京都と警視庁、入国管理局が「不法滞在者5年半減計画」を開始し摘発など取り締まりが厳しくなった。当団体にも相談件数の一時的な減少という影響が出た。実際、APFSの事務所付近に私服警官が張り込み、相談に来た非正規滞在外国人が外出した際に職務質問を行い、慌てて事務所に逃げ戻ってきた外国人を追って警官が事務所入り口まで来て恫喝し捕まえていく場面もあった。出頭のために相談に来た非正規滞在外国人に対し、こうした形で摘発を行うことは、非人道的な行為としてAPFSは抗議文を出した。その他サンクチュアリ（聖域）として知られる宗教施設付近や大使館付近、主要駅での摘発が増え、非正規滞在者は相談に来るために外出することを躊

第3章　APFSの相談活動の変遷とその意義　**49**

踏していた。

### 3) 再審情願

　上記半減計画が終わる2008年ころには、非正規滞在者は摘発送還・在特による合法化の両方の手段で実際半数近くとなり、当団体に出頭の相談に来るケースは減少していた。このころは既に出頭・摘発などを経て退去強制令書が発付されているケースの相談が大半であった。退去強制令書発付取消訴訟の裁判も敗訴で確定し、膠着状態のケースが弁護士からの紹介でAPFSに来ることも多くあった。そういったケースの支援として署名集めや再審情願があげられる。また、日本の方にも広くこの問題を知ってもらうために、当事者たちが行うパレードなども実施している。再審情願とは、退令が発付された時から大きく事情が変わったことを理由として再度審査するように入管側に願い出るものであるが、非正規滞在者はこれを最後の頼みの綱として希望をつないでいる。APFSでは2008年に一斉再審情願提出行動を行った。

　2010年から2011年にはAPFSが支援する非正規滞在者で再審情願後に在特を取得するケースがかなりあった。明らかに退令発付後、もしくは裁決後の状況変化で在特が許可されており、この傾向が定着するように感じられた。しかしながら2012年以降、再審情願での在特が認められた事例は激減する。2013年で再審情願での在特が認められた非正規滞在者はAPFSではたった1件（1名）であった。それ以後現在に至るまで在特取得状況は厳しいままである。新規に出頭した者のケースでは在特が認められてはいるが、長期間にわたって再審情願を出し続けているケースでは、すでに認められているものと同じような状況であるにもかかわらず、再審情願が認められないまま放置されている。

### 4) 分離される親子

　2014年頃から退去強制令書が発付された非正規滞在外国人家族に入管から親子分離の話がされるようになり、それに関する相談が増えた。退令が発付されたものの送還に応じていない非正規滞在者の多くは仮放免という立場であり、定期的に仮放免の更新のために入管に行く必要がある。その際に入管職員から、親が帰国すれば子どもについては在特を認める旨を提案されるのである。もちろん、帰国する親の代わりに日本で子どもを養育することができる家族や親せきなどがいることが条件となる。2016年10月にAPFSが議員

2012年に行った銀座パレードの様子

を通じて法務省入国管理局に申し入れした際、入国管理局審判課長から聞いたこの措置に関する入管側の見解はこうである。「子に関しては保護する者がいれば、状況を鑑み、在特を与えてもよい。子は送還されても勉学を続けるために日本に戻って来ればいい。それをショートカット（近道）するものがこの措置と認識している。」つまり、子どもについては勉強のために日本での在留を認める。原則退去強制であるが、特別にそれを省略する。その特別の条件が非正規滞在の親が帰国することである。一度帰国すれば基本的に5年、もしくは10年は上陸拒否期間となる。特別な理由があればその期間が過ぎる前に上陸特別許可が出て日本にくることはできるが、例外はあるものの許可される在留資格は「短期滞在」で、日本に居住するための在留資格ではない。子どもが日本で在住を続け将来的に居住系の在留資格を取ったとしても、日本の入管システムでは親を呼び寄せることは原則できない。よって日本に残された子どもは日本において二度と親と一緒に居住することはできない。

　この選択を迫るのは親子にとって非常に残酷である。親は子どもと離れることを受け入れられないが、子どもはある程度成長していけば自分の将来のことを考え、親に対して複雑な思いをもつ子も少なくない。こうした立場の

子どもたちだけを集め、親のいない場で自分の気持ちを話す「子どもだけミーティング」をAPFSが2017年10月に行ったが、その際、親はこれまで一生懸命に育ててくれたから親と離れることは考えられないと言う子もいれば、自分の将来を考えれば（親が帰国して）自分が自立して生活することも考えていると言う子もいた。親を恨んでいるとはっきり言う子もいた。10代の彼ら彼女らは反抗期・思春期であり、そもそも親子できちんと話し合うことが難しい時期である。その時期に重なって自分の将来を制限する在留問題が横たわってくる。子どもの気持ちを複雑にする要因は他にもある。16歳になると子どもも通常3カ月に一回（高校卒業後は毎月）、仮放免の更新のために学校を休んで入管に出頭しなければならない。入管職員も子どもには強くは言わないが、子どもは自分の置かれている状況を受け入れざるを得ない。学校の行事・部活などで居住地以外の都道府県に行く場合は自分で一時旅行許可を入管で取る必要がある。また、仮放免中は就労が禁止されているため高校生になり周囲の友人たちのようにアルバイトすらできない。海外への修学旅行にも行けない。これまで自分とは関係ないところにあった在留資格の問題について、突然当事者となるのである。このことをある子どもは「犯罪者になったようだった」と表現している。

　APFSでは家族が分離されず一緒に日本で在留できるようにサポートしているが、やはり子どもが大学や専門学校などに進学していくと、卒業しても就職できない状況を子どもに強いることもできず、当事者家族と話し合って親のみの帰国も最終的に受け入れるケースもある。APFSではこうした様々な段階・状況に応じて当事者に現状の正しい情報を提示し、一緒に考え決断していく。


## ３．相談事例

　筆者は主に在留の相談を担当している。これまで担当したケースの中で、典型的な2つのケースを紹介する。


### (1)　日本人の配偶者から非正規滞在者へ

#### 1)　タイ人女性Mさんのケース

　Mさんは日本人男性と結婚し「日本人の配偶者等」の在留資格で来日した。Mさんの日本での生活は過酷なものであった。日本人の夫は居住地を持たず

52　第1部　外国人の増加と関連した社会の変化

に車で移動し、ホテルを転々とする生活を強要した。子どもが生まれ就学期を迎えても学校に行かせなかった。Mさんと子どもに暴力をふるうこともあった。Mさんは意を決し子どもを連れてタイに逃げるが夫に探し出され日本に連れ戻された。こうした生活に疲弊し、子どもが8歳の時、子どもを置いて一人で逃げた。自分一人で子どもを育てることは難しいと考え子どもを置いて逃げる選択をしたが、その後後悔し続け、自活できるようになってからは子どもを探していた。タイ大使館などにも問い合わせ、逃げてから6年後に子どもが某県の児童養護施設にいることが分かった。その時のMさんの在留状況は「日本人の配偶者等」の在留期限が切れ、非正規滞在の状態になっていた。そのため児童相談所（以下、児相）からはその在留状況では子どもに会わせることはできないと言われた。この段階でAPFSに来所し相談を担当したのが筆者であった。

　まずは児相の職員と子どもの現状確認をし、Mさんの在留状況を改善するために入管への出頭を準備した。Mさんは日本人の夫から暴力などを受けそこから逃げ出したいわば被害者であり、その事実を書面にして入管に在留特別許可を求めた。出頭から1年3ヵ月後在留特別許可が出、在留資格「定住者」を得た。出頭後は児相に状況を話し子どもに面会することが許可された。児童養護施設での面会にもMさんからの要望で筆者も同席したが、当初子どもは母親に対し拒否反応を示した。子どもは母親に捨てられたと思い込んでいたためだ。この子は母親が逃げた後、父親にも遺棄され、駅に一人でいたところを保護され、児童養護施設で生活するようになったとのことであった。このような経験をした子どもが簡単に親を受け入れるわけはなく、その後Mさんの気持ちを伝えながら何回もの面会を重ねていった。Mさんが在特を取得してからも、子どもは引き続き養護施設で暮らしたが、少しずつMさんと打ち解けていった。現在、Mさん自身は「永住者」への申請を考えており、子どもは成人し、時々連絡を取り合いながら成長を見届けている。Mさんは在特を取ってからも在留資格や生活の相談、子どもの件など、ことあるごとにAPFSに相談に訪れる。Mさんはこれまで日本で辛い思いをしてきた。今後は日本社会で自立し幸せに暮らしていくと思う。その姿をそばで見られることが筆者にとっては非常にうれしいことである。

## 2)　Mさんのケースから見えてくること
日本人の配偶者である在住外国人が、離婚をすれば在留資格を失うと誤解

していることは多い。もちろんそういったケースもあるが、状況によっては離婚後も在留を認められる。しかし、離婚後に強制的に送還されることを怖れて離婚後の入管手続を行わずに超過滞在になってしまうケースが多い。超過滞在になる前に来所すれば、状況を聞いて、在留資格「日本人の配偶者等」から「定住者」に在留資格変更の申請をするアドバイスをすることができる。Mさんのケースはすでに超過滞在になっていたため出頭して在留特別許可を求める方法をアドバイスした。Mさんは夫からDVを受けていたし、居住地を持たずホテルで寝泊まりし、子どもが就学年齢になっても学校に行かせることができないなど、普通ではない生活を強要されていたことは明らかである。こうした状況から脱したくても、日本語ができないMさんは誰にも相談できず、タイに逃げても連れ戻された。こうした中で逃亡するという方法を選ばざるを得なかったことは理解できるし、その後在留資格の変更手続を取れなかったことも仕方がなかったと言えるだろう。その後、Mさんは離れ離れになった子どもを探し、子どもに会うためにも超過滞在者として生活していてはいけないと決心し、自ら出頭したのである。1年程度かかったが、在特が取れたのは当然といえるだろう。日本人との離婚後に在留資格の件で相談に来るケースは比較的多く、APFSへの典型的な相談ケースといえる。

　APFSは、Mさんが入管に出頭する際に不安を少しでも軽減するために同行支援をし、子どもの件で児相と連絡を取り、面会のお願いや施設への同行などの支援を行った。Mさんの場合は、在特を取った後も子どもの件で支援を続けた。施設での面会の同行は複数回におよび、施設の職員とも連絡を取っていた。在留問題だけでなく、在留外国人の様々な問題に対応しているAPFSならではの相談活動といえるだろう。

## (2) 在留特別許可を求める非正規滞在者家族

### 1) フィリピン国籍のA家族

　Aさん家族は、父親が20数年前から複数回にわたって偽造旅券を使用し日本に不法入国した。母親も夫を追って複数回の不法入国をした。Aさん夫婦にはフィリピンに病気の娘がおり、その治療費を稼ぐため日本に就労目的で非正規滞在していた。その後、日本に在留する間に息子が生まれたが、息子には先天的な障がいがあり、今度は息子のために治療費を稼がねばならなかった。父親は摘発を受けその後収容、母親と息子は仮放免となった。父親は1年後に仮放免された。家族全員に退去強制令書が発付され、裁判で争っ

たが最高裁までやり敗訴で確定した。最高裁棄却の後、父親が再収容された。
1年4カ月後に仮放免された。A家族は現在、父親の摘発からすでに10年以
上たっているが未だに在特は取れておらず、再審情願を繰り返し入管に提出
している。

　APFSがAさん家族に支援しているのは、父親が収容されている時は仮放
免の申請支援、そして再審情願の手伝いである。月に一度の仮放免の更新日
には不安軽減のために入管に同行している。

　この家族の主な在特理由は息子である。息子は日本で、障がいの治療や数
度の手術を受けながら、日本社会で育ち日本の公立学校で学んだ。国籍国で
あるフィリピンの言語であるタガログ語は話せない。英語も日本の公立学校
の授業レベルである。そのためフィリピンに送還されれば、学校にそのまま
編入することは難しく教育を受ける権利を奪われるという理由である。
APFSでは以前、フィリピンにおいて日本から送還された子どもたちの状況
を調査したことがある。日本で小学6年生であった子どもはフィリピンに送
還されて、タガログ語や英語ができないことから小学1年生から始めること
になった。弟が小学1年生であったことから、弟と一緒に弟と同じ年の子ど
も達と一緒に机を並べることになった。年下の同級生からいじめられたこと
もあり、明るかった性格も一変し無口で引っ込み思案になったということだ。
こうした調査から分かるように、Aさん家族の高校生になる息子もフィリピ
ンに送還されれば通常の高校にそのまま編入することは難しく、そのことが
息子の成長過程に悪影響を与えるだろう。小学生として編入することも本人
の自尊心を考えれば当然厳しく、おそらく教育は日本で受けていた分で終わ
りとなるであろう。そうなれば息子の将来は大きく制限される。こうしたこ
とから息子を理由に在特を求めている。

### 2)　Aさん家族のケースから見えてくるもの

　Aさん家族のような非正規滞在家族のケースはAPFSの最も多い典型的な
相談である。常に同時進行で30〜40ケースを支援している。退令が出て、裁
判も敗訴で確定し、収容と仮放免を繰り返しながらも、入管に再審情願を出
し続けている。収容は家族の場合、父親のみが対象になる。現在入管は子ど
もを原則収容しておらず、子どもの面倒を見るという意味で母親も収容して
いない。しかしながら、父親だけでも片親が収容されれば残された家族の精
神的なダメージは大きい。特に子どもは父親がなぜ収容されたか分からず

ショックを受けるケースが多い。仮放免が許可されてもまたいつ再収容があるかわからないため、家族は常に緊張状態が続く。再審情願は法的な手続ではないと入管では言われるが、これまでのところ必ず返答があるため事実上手続として存在していると言える。もちろん再審情願を出していても収容・送還の執行が止まるわけではないが、何かしらを提出していることが当事者たちの心のよりどころとなっている。以前はこうした再審を出している間に子どもが成長し、子どもが国籍国に帰れないということで在特が出るケースは多々あった。しかし最近（2018年7月現在）は厳しい状態が続く。在特が出るのは新規ケースか日本人の配偶者ケースか、というところで、再審情願を提出している非正規滞在家族は増えていく一方である。APFSではこうした現状を打破するために2016年から市民による在特懇談会（市民懇）を開催し、在特関連に詳しい弁護士や支援医師、多方面にわたる学者や実際非正規滞在家族を支援している市民の皆さんと定期的に懇談会を開いている。しかしながら特効薬といえるような方策はなかなか見つからない。滞留していく家族を前に、限られたことしかできないことは支援者としてふがいなく、胸が痛い。

## 4．APFSの相談活動の意義

### (1) 現在進行形の相談活動

　現在のAPFSの相談傾向を見ていきたい。まず新しい出身国者、特にネパール出身者からの相談が増えていることが挙げられる。彼ら彼女らの大半は留学生として来た者たちである。留学中に日本人や在住外国人と出会って結婚したいという相談や、難民申請の相談などで来所する。難民申請はこれまでもAPFSに相談はあったが、中心になる分野ではなかった。今は一定程度の難民相談があり、情報（難民条約上の難民性についてや日本での難民認定率の低さ、申請後の在留資格など）の提供などの支援をしている。最近の傾向としてもう一つ挙げられるのが、在留や労働などの問題はない「永住者」の在留資格を持つ外国人からの相談が増えていることである。自らが経営しているビジネスの相談や、年金など老後についての相談などもある。80年代後半から90年代に来日した在住外国人も今では50代、60代となり、相談内容も変化している。

　このように相談活動に変化がみられる一方で、従来と同じような労働相談、

日本人・在住外国人との結婚、非正規滞在者の在特取得などの相談も依然として多く存在する。近年、さすがに労災隠しは減少してきているが、非正規滞在の労働者の労災隠しをして摘発された事業主が、20年後に再び労災隠しをしていたことが発覚した。そこで働いていた外国人労働者が相談に訪れて判明した。在住外国人を雇う雇用主の意識は20年前とほとんど変わっていないのが現状である。また、非正規滞在者数は前述の半減計画から減少したが2015年からは再び増加に転じており、非正規となってしまう背景や経緯は異なるものの、非正規滞在者はグローバル化された現代社会の中で確実に生み出されている。

　非正規滞在者への在特の判断は恣意的なままであるし、在特自体、法務大臣の裁量であることは変わっていない。そのため非正規滞在者からの相談も絶えることがない。その他、結婚・離婚で生じる在留資格変更や他の在留関連決定（在留資格の更新や永住申請、日本への呼び寄せなど）も審査はいわばブラックボックスのままであり、彼ら／彼女らの問題は変わらず繰り返されている。

## (2)　APFSの相談活動の意義

　この章では、現在に至るまでのAPFSの相談内容の変遷と典型的な相談2ケースを具体的に見てきた。その上でAPFSの相談活動の意味について考えたい。

　APFSはこれまでの30年間、常に当事者の生の声を聞いてきた。相談内容は変遷していっても、在住外国人とともに歩んできた相談活動であったと言えるだろう。在住外国人の抱える問題は、社会情勢や政府の外国人政策などから、ある程度予測することは可能であろうが、直接当事者の声に耳を傾け、ともに問題解決をしていくことで見えてくるものは大きい。こうした現場からの声を土台にして政策提言ができるのは、APFSならではであり、これこそがAPFSの相談活動の強みであり意義だと考える。前項で見たように、現在でも20数年前と同じような相談で在住外国人がAPFSに訪れるのは、根本にある問題が解決していないためである。根本の、在住外国人を雇う雇用主の意識や、入管による審査の不透明性などを少しでも変えていくために、APFSは集積した相談から常に政策提言をし、在住外国人の声を行政や市民の皆さんに訴えていくべきである。

# 5. さいごに

　APFSは、今後も当事者である在住外国人とともに、「相互扶助」という設立以来の理念を忘れず、当事者の困難に耳を傾け対応していこうと思う。APFSはこうした丹念な相談活動から、在住外国人を取り巻く問題点をリアルタイムで浮き彫りにしていく。在住外国人の自立に向けた相談活動と、そこから見える問題を訴えていく提言活動、この両輪でAPFSの活動を続けていきたい。

【参考文献】
・APFS 1994『APFS活動記録NO. 2 1993年版』APFS
・APFS 1999『APFS活動の記録 1997,1998年版』APFS
・APFS 2000『APFS活動の記録NO.7 1999年版』APFS
・APFS 2002『2000年APFS活動の記録』APFS
・APFS 2003『APFS 2002年度活動報告』APFS
・「在留特別許可に係るガイドライン」法務省入国管理局（2017,12,20）「在留特別許可に係るガイドライン」http://www.moj.go.jp/content/000007321.pdf

（よしだ・まゆみ）

## 第4章

# 非正規滞在者における家族統合の重要性

### 加藤丈太郎
APFS前代表理事

## 1．APFSでの活動を開始するまで

　本書の出版にあたり、編者の水上徹男先生より「外国人を支援する際に支援する側は何を考えていたのか、その内面を書いて欲しい」とご要望をいただいた。そこで、本章ではこれまであまり描かれてこなかった支援者の内面を描く。非正規滞在という状況は時に、収容や送還により、家族を離散させる。筆者は、支援者として「家族統合」を信条として活動してきた。

　日本では1980年代後半から、外国人支援団体が活動を開始した。筆者は当時まだ小学生であった。外国人支援を開始した第1世代は、学生運動、労働運動、社会運動などの運動に身を投じてきた方が多い。外国人支援を通して、社会を変革するという強い信念を持って活動を続けてこられた。

　筆者は特定非営利活動法人ASIAN PEOPLE'S FRIENDSHIP SOCIETY（以下、APFS）において、2003年11月からボランティアを始め、2010年4月から2017年3月まで代表理事を務めた。3代目の代表に当たる。APFSに入るまでは、何らかの運動に身を投じることはなかった。幼少期がちょうどバブル経済絶頂に重なっており、何かに疑問を抱くこともさほどなく生活してきた。大学時代も、サークル、ゼミ、アルバイトに明け暮れ、大学が休みの時期には語学留学をするといった、ごく普通の学生であった。「放送学」というタイトルに惹かれて入ったゼミは、入ってみると内実は異なりミシェル・フーコー、アントニオ・ネグリといった現代思想を学ぶゼミであった。同級生に比べて明らかに読解力が足りない私も卒業論文をまとめなければならない。筆者に指導教官が授けてくれたのが『「在日」外国人』という書籍であった。そこには、100人の外国人の語りが詰まっていた。「銭湯でバング

ラデシュ人と日本人が交流し、団体を設立」というくだりが目に留まった。その団体こそが、後に活動をするAPFSであった。「なぜ、イスラム教徒が多いとされるバングラデシュ人が銭湯に行くのだろう。人前で裸になるのに抵抗はないのか。何か面白い話が聞けるかもしれない。」直観で訪問のアポイントをすぐに取った。事務所を訪ねると、バングラデシュ出身のボランティアがいた。彼に指の一部がないことに気づいた。プレス工場で就労時に機械に指を挟み、指の一部を失ってしまったと言う。「指の一部がないのはさぞかし、辛いだろう」と思った。しかし、彼はずっと笑みを絶やさず応対してくれた。「なぜ、彼は辛いかもしれない状況の中でこんなに笑顔でいられるのだろう。」と自らの中に問いが生まれた。卒業論文のために話を聞くつもりが、気がつけばAPFSでボランティアを始めることになった。

## 2．なぜ、非正規滞在者支援をする必要があるのか

　本書を手にされた方のほとんどは、APFSが非正規滞在者（俗に言う「不法滞在者」）の支援に力を入れているのをご存じであろう。支援をする中で、通行人、友人など属性を問わず、よく「なぜ、『不法滞在者』を支援する必要があるのか。法を犯しているのに」と問われた。支援を始めた当初は「○○さんが良い人だから、支援をしている」と答えることしかできなかった。しかし、このような答え方では誰も納得はしてくれない。問いに自信を持って答えられるようになるまでには、だいぶ年月を要した。

　「不法滞在者」という言葉と、APFSに実際にやって来る非正規滞在者の間には大きなギャップがある。非正規滞在者と交流を深める中で、ギャップはますます大きくなっていった。非正規滞在者と飲食をともにし、家にも遊びに行かせてもらった。バングラデシュ料理、フィリピン料理、ビルマ料理など、様々な料理を彼らと一緒に食べた。「不法滞在者」という言葉だけ聞くと、彼らが怖いように思えるかもしれない。しかし、実際の彼らは、お腹が空けばご飯が食べたい。一人では寂しいから誰かと話がしたい。母国の家族を大事にしたい。これらの感情を有する一人の人間であった。

　2003年「犯罪に強い社会のための行動計画」において、「世界一安全な国、日本の復活」が目指された。2003年時点で約22万人存在した非正規滞在者を、2008年までに11万人に縮減させることが目標に掲げられた。「不法滞在外国人」半減政策が取られたのだ。

2004年7月、APFSとともに、単身の長期滞在バングラデシュ人7名が東京入国管理局に出頭し、在留特別許可を求めたが、認められず、2015月1月には強制送還をされてしまった。当時、まだ大学院生であった自分は、7名が忽然と消えてしまったことにショックを受けた。彼らは何か悪いことをするために、日本にいるわけではなかった。生活の基盤がある日本で生活を続けたいだけであった。しかし、あっという間に送還されてしまった。ボランティアとしてAPFSの活動に関わるようになった中で、自らの非力と共に「怒り」という感情をこの時初めて覚えた。

　2006年4月、企業に就職し、人事部に配属され、主に新卒、若手社員向けの研修企画・運営に従事するようになった。当時、会社の業績は右肩上がりで少しでも多くの人材を育成するニーズがあった。しかし、筆者は若者を会社のための「戦力」として育てることに違和感を覚えていた。一方、APFSへは会社が休みのときにボランティアとして参加をしてきた。

　2006年9月24日、APFS主催で非正規滞在者による東京入国管理局へのデモ行進が行われた。ここで、自らの信条となる「家族統合」を考え始めるようになった。

## 3. 家族離散から家族統合へ──非正規滞在者家族の生きざまから学ぶ

### (1) 東京入管の摘発

　上述のデモ行進は東京入国管理局が終着点であった。9月24日は日曜日であった。東京入国管理局は品川駅からだいぶ離れた場所にあり、道路にもほとんど人はいない。なぜ、このコースでデモ行進をするのか、初めは理解が出来なかった。しかし、東京入国管理局に着くと、デモ行進の意味が理解できた。東京入国管理局の中には、多くの場合、非正規滞在者の男性（夫や父親）が収容されている。デモ行進参加者たちは被収容者に向かって、トランジスタメガホンを通じて、それぞれの言葉で激励を投げかけた。非正規滞在者が在留資格を取るためには、入国管理局と対峙しなければならない。東京入国管理局前での活動はまさにそれを体感するものである。だから、この場所でデモ行進をやっているのだと理解した。父親が中に収容されている子どもも言葉を発していた。子どもが小さいながらも自らが置かれている状況を理解していることに胸が痛んだ。

第4章　非正規滞在者における家族統合の重要性　**61**

非正規滞在者家族に対するAPFSスタッフの接し方はとても厳しかった。「あきらめるなら、帰りなさい。」ときつく迫っていた。当時、ボランティアとして事務所に出入りしていた筆者は「もう少し優しく言葉をかけられないものなのか」と思った。しかし、後にAPFSスタッフは、非正規滞在者家族があきらめずに自らの在留資格を獲得できるように、あえて厳しく迫っているのだということに気づいた。帰国を決断する家族がいる一方で、在留資格を求めている家族が強いのはこのようなやり取りを積み重ねてきているからなのだ。

　では、なぜ子どもたちは自らの状況を幼いながらも理解しているのか。2003年に「不法滞在外国人半減政策」が取られて以降、自宅への摘発が強化されたのだ。入国管理局の職員は早朝、非正規滞在者が暮らすアパートに押し入る。ドアが何度も叩かれ、東京入国管理局に父親が連れて行かれ、子どもは家族が置かれている状況が普通ではないことを知る。子どもの中には、摘発が来る日まで、自らが「日本人」であると思っていた子もいる。しかし、自らが「日本人」ではないこと、さらには、「非正規滞在者」である事実を心の準備もないまま、ある日突然、突きつけられたのだ。

　家族が収容所と自宅で分かれて暮らしているままでは、家族全員で十分な意思決定をするのは難しい。APFSスタッフの尽力もあり、収容されていた父親たちは「仮放免」によって外に出て来た。そして、彼らと共に在留資格を求める運動を形成することになった。運動を進めるに当たっては、本人が理解し進めることが重要だという認識の元、APFSスタッフで分担し、非正規滞在者家族が暮らす家を家庭訪問することになった。当時、積極的に活動に参画させてもらっていたボランティアの筆者も一部を分担した。この経験を通じ、後に筆者の活動における信条となる「家族統合」への意識が芽生え始めた。電車を乗り継ぎ、家を訪問することで、字面ではなく、リアリティをもって、非正規滞在者家族の姿を見ることが出来た。いくつかの家では泊めてもらい、夜通し今後どうするのか話した。そして、家族のつながりがとても強いことに気が付いた。親は子どもの将来を第一に考えていた。子どもは非正規滞在の状況下で自分を産んだ親を恨むどころか、大変な状況の中自分を育ててくれている親に感謝をしていた。

　収容によって夫婦・親子は長期間物理的に離れることを余儀なくされる。夫・父親は家族のために収容生活に耐え、仮放免を信じて待ち続けてきた。妻・母親は夫・父親不在の中、子どもを一人で守り育ててきた。だからこそ、

一家で一つ屋根の下で暮らすことが出来ることが彼らにとってはかけがえのないものとなり、家族としてのつながりが強くなっているのだ。筆者が同じ状況に置かれたらあきらめてしまうかもしれない。しかし、非正規滞在者家族は「家族統合」を求めて闘い続けていた。非正規滞在者の父親たちが発した「もう二度と家族をバラバラにさせない。」という言葉に筆者は強く感銘を受けた。人には誰しも家族を形成する権利がある。これは、日本政府が批准している自由権規約でも認められている。人を正規・非正規という物差しで見るだけはなく、家族としてつながっていたい部分にこそ、光を当てるべきなのではないかと思うようになった。非正規滞在者は困難な状況に置かれ、支援される側とみなされがちだ。しかし、彼らはとても強かった。支援現場において、ここまで密に当事者とつながれる経験はなかなかないだろう。筆者はいつしか「自らが見たのだからこそ、自らが支えていかなければ」と使命感を抱くようになった。「家族をバラバラにさせない」ためにも、「在留資格を何としても勝ち取らなければ」と気持ちがより入るようになった。

## ⑵ カミングアウトの壁

非正規滞在者支援を行う中で、乗り越えなければならない壁の一つが「カミングアウト」である。周りの人に非正規滞在の状況に置かれている旨を伝え、在留資格が取れるように応援して欲しいと訴えていく必要がある。なぜなら、問題の所在を周りに知らせていかなければ、非正規から正規への逆転など起こりえないからだ。一方で周りに支援を求めることは当事者の痛みにつながる。筆者はこのケースに限らず、カミングアウトを支援してきた。「自らが行っていることは正しいのだろうか。当事者を傷つけるだけになってしまわないだろうか。」と何度も自問した。しかし、問題の所在を伝えなければ、人の気持ちも動かない。

APFSでは非正規滞在者支援にあたり数々の署名活動を展開してきた。APFSに限らず様々な分野で何か状況を変えるための署名活動は存在する。署名活動を始めるにあたっては「然るべき方がどこまで見ているのか分からないのに、なぜやるのだろう。」と疑問が生じた。しかし、ともかくも署名活動を進める中で、署名活動とはより多くの支援者を増やす運動なのだということを理解した。実際、署名活動からつながった縁で、支援に参画して下さった方が何人もいる。筆者が想像していたよりも、街頭では訴え続ければ人は署名をしてくれるものだった。また、署名活動では、当事者も支援をし

てくれる人がいることを目の当たりにする。これには当事者も大いに勇気づけられた。

2009年6月13日にはAPFS主催で「Save Their Schooldays Concert－外国につながる子どもたちを応援するコンサート」を催した。APFS事務所そばの東京都板橋区のホールが会場であった。既にカミングアウトをしている非正規滞在の子どもの元には、多くの級友や部活動の仲間が駆けつけていた。他の非正規滞在の子どもたちは、子どもながらにその光景をうらやましいと感じたようだ。結果、多くの子どもたちが自らの状況を周りに伝えていく力になった。また、非正規滞在者の大人たちがコンサートを本当に楽しんでいるのが印象に残っている。非正規滞在の身だと自ずと何かを我慢し、また抑圧されていることもあるだろう。しかし、この日は抑圧から解放されていた。時に楽しいイベントを行うことが、当事者のエンパワメントにつながるのだと実感した。

運動の成果は実を結び、2009年12月を皮切りにAPFSで支援している非正規滞在家族に在留資格が認められ始めた。しかし、一方で一部の家族は入管から強制送還を強く迫られていた。「何のためにここまで頑張ってきたのか。ここであきらめてはいけない。」と、支援を強化した。あるケースでは署名を13,000筆にまで積み上げ、提出をした。結果、2010年7月に在留資格が認められた。その後の経験も踏まえ、署名を10,000筆以上集めたケースでは必ず何らかの進展があると信ずる。署名を、然るべき方が本当に見ているのか分からない。しかし、署名を集めるプロセスで、問題を多くの人に伝えていくことができる。そして、支援の輪が広がる。その支援の輪こそが、問題を解決する力につながっていくのだ。

ボランティアとして運動に携わる中で全てが順調にいったわけではなかった。運動は4年以上に及んだ。すぐには成果が出ない中で、時には運動が停滞し、筆者が呼びかけを担当していたミーティングにもほとんど誰も来てくれないということもあった。人の生死、一生がかかっているというプレッシャーから、ベッドから起き上がれなくなるくらい落ち込んだことも一度ではない。しかし、ボランティアとはいえ、責任がある。気を抜かずに、運動を形成し続けなければいけないのだと気持ちを奮い立たせた。筆者は当時20代半ばであった。非正規滞在者の周りにいる多くの方が信頼してくれたこと、また無鉄砲な筆者をコントロールしつつも、信頼してAPFSが多くを任せてくれたことに今でも感謝の気持ちでいっぱいである。そして、非正規滞在者

家族の存在が大きい。筆者を信頼して、一緒に活動をしてくれたことは奇跡である。筆者が非正規滞在者家族を支援したというよりは、非正規滞在者家族に「家族統合」の重要さを、身をもって教えてもらった経験であった。

## 4.「お願い」から「闘う」への変化──「家族統合」を守るために

　「家族統合」の重要さを噛みしめながら、2010年4月、筆者はAPFSの代表に就任した。NGOにボランティアではなく、仕事として関わるようになった。「運動」経験のない男子がNGOの実務家になるのは容易ではなかった。しかし、多くを悩みながらも、団体の創設者、スタッフ、理事、ボランティア、相談者、多くの方に支えられながら、外国人が抱える困難な状況を打破すべく7年間歩んできた。「家族統合」は筆者にとって重要な信条であり続けた。

### (1)　在留特別許可を求めて

　2010年7月を最後に在留特別許可が認められにくくなった。2009年、政権が自由民主党政権から民主党（当時）政権に代わり、在留特別許可においても一時は政治主導で判断がなされるようになったと映る。しかし、ほどなくして民主党政権も停滞し、官僚主導の判断に逆戻りをしたのではないかと推察する。ともかくも、目に見える形で在留特別許可という結果を得ることが出来なくなっていた。このような状況下で、いかに当事者と共に運動を形成し、成果を出していくのか、試行錯誤を重ねた。

　かつて日本人と婚姻した非正規滞在者のケースには多く在留特別許可が認められていた。在留特別許可はあくまでも法務大臣の裁量に委ねられている。在留特別許可件数が年間10,000件を超える年もあったが、2010年以降は件数も少なくなった。2003年から2008年にかけて行われた「不法滞在外国人半減政策」の目標も達成され、「不法滞在」が法務省入国管理局にとっては、さしたる問題ではなくなってしまったのだろうか。一方、APFSには在留特別許可が認められにくくなる中で、日本人ないし永住者と婚姻し、在留特別許可を求める非正規滞在者が増えていた。非正規滞在の状態では公的に働くことは認められていない。経済的困窮や、自分が働くべきなのに日本人または永住者の妻を代わりに働かせ、多くの負担をかけていることから来る精神的

第4章　非正規滞在者における家族統合の重要性　**65**

不安定など、長期にわたり在留特別許可が認められない状況は、夫婦の心身を徐々に蝕んでいた。

　また、2010年7月までに在留特別許可が認められた非正規滞在者家族がいた一方で、そうではない非正規滞在者家族もいた。子どもが大きくなる中で、将来を考える時期に差し掛かってきた。非正規滞在のまま先行きが見えないという状況は、子どもにとっても大人にとっても望ましいものではない。

## (2)　東京入管前「座り込み行動」

　状況を変えるために何かをする必要があった。外国人をめぐる世相はお世辞にも良いとは言えず、向かい風の中での活動であった。世相を嘆いていても何も始まらない。向かい風に立ち向かうためには、筆者自身が殻を打ち破る必要があった。筆者が殻を破るきっかけとなったのは、2013年5月20日から24日にAPFSが行なった東京入国管理局前での「座り込み行動」であった。非正規滞在者家族・夫婦と共に、東京入国管理局前の路上に座り込み、在留特別許可が真剣に取り組むべき課題であることを日本社会並びに入国管理局に訴えていった。元々はシャイな当事者が「ここにいるみんなのため、真剣にやっています。」と日にちを追うごとに声を張り上げて訴えていたのを今でも覚えている。筆者も当事者と共に「ビザをお願いします。」「お願いします。」と口々に訴えていた。当事者の多くは再審情願（退去強制令書発付後の状況変化を元に、「再」度の「審」査を「願」い出る手続き）を行なっており、無意識に「お願い」という言葉を使っていた。しかし、筆者は団体創設者から「お願いじゃダメだ！闘わなければならないんだ！」と叱咤激励を受けた。在留特別許可を与えられるのをお願いして待っているだけは、状況は変わらない。在留特別許可は自ら掴みにいかねばならないのだということに気づいた。「闘い」の意味をこれまで以上に考えるようになった。

## (3)　フィリピン人75名、一気強制送還

　2013年7月、法務省入国管理局は飛行機1台丸ごとをチャーターし、フィリピン人75名を一気に強制送還した。この件はニュースでも報道された。ニュースは日本に残った当事者の肩に重くのしかかった。「夫が同じようになってしまったら、自分は、子どもはどうなるの？」と不安に押しつぶされ、健康を害してしまった方もいる。一斉送還をそのまま所与のものとして受け止めるのではなく、その内実を明らかにしなければならないと考えた。筆者

**66**　第1部　外国人の増加と関連した社会の変化

は、75名の強制送還から約2週間後、フィリピンに単身渡航し、強制送還された方たちにインタビューを行った。「機内で手錠をかけられていた」こと、「日本に実の子を残してきている」こと、「フィリピンで外に出るのが怖くなってしまった」ことなどを聞き取った。強制送還をされた方も、このニュースに触れた方もズタズタに心が引き裂かれていた。人間の尊厳がいとも簡単に崩されてしまって良いのか、闘わなければならないのではないか。団体創設者の言葉の意味をかみ締められるようになった。

### (4)　地方議会への一斉陳情行動

　2014年8月には、APFSで支援している非正規滞在者が暮らす36の地方議会へ一斉に陳情行動を行なった。国が動かないなら、まず非正規滞在者が暮らす地元から動かしていこうという狙いがあった。非正規滞在者は2012年7月の入管法改定で住所こそ持てなくなったが、地域に顕著に定着をしていた。地方議員に非正規滞在者に直に接してもらうことで、彼らが地域で共に生きていく存在であることを理解してもらいたいと思った。この狙いはメディアの関心も引き、NHK「ニュース7」に取り上げられた。NHKのtwitterでも賛否両論、多様な意見が一晩のうちに寄せられた。

　最初に議会の委員会で陳情が取り上げられたのは、複数の当事者が暮らす、ある地方自治体であった。筆者はこの市に暮らす非正規滞在者と共に、議会を傍聴した。無所属の議員は、私たちの陳情内容に耳を傾け、賛成してくださった。陳情は採択には至らなかったものの、ある自由民主党の議員も「私の子どもの友人がオーバーステイだった。突然その子がいなくなったとき、自らの子どもにどのように説明すればいいか悩んだ。考えていかなければいけない問題だ。」と述べた。陳情は非正規滞在というテーマの難しさもあり、採択には至らなかったが、社会に一石を投じるものになった。

### (5)　「家族統合」の重要性を訴える

　その後、運動はわずかではあるが実を結び始め、夫婦のケースには複数、在留特別許可が認められた。一方、家族のケースについては「親が帰国すれば、子には在留を認める」という親子分離を強いる判断を法務省入国管理局がし始めてきた。筆者に残された課題は、「親子一緒に日本に住みたい」という家族の願いを叶えることであった。安全策を取るのであれば、法務省入国管理局の判断に従い、親を帰国させ、子だけでも在留特別許可を得るとい

地方議会への一斉陳情行動——議会事務局に陳情書を手渡すAPFS代表ら（板橋区役所、2014年8月18日）。

う選択もあり得るのかもしれない。しかし、親子分離という選択肢を前に苦悩する当事者親子を目の当たりにする中で、また「親も自分を育てるために、日本で頑張ってきた。だから、親にも日本にいて欲しい。」という子どもの声を受けて、「家族統合」の重要性を訴え続けることに決めた。

「家族みんなで日本に住みたい！」緊急行動、非正規滞在者の地元での「支援する会」の立ち上げ、「子どもの夢を育む100日間行動」と、運動を展開し続けた。特に「子どもの夢を育む100日間行動」では場当たり的に行動をするのではなく、子どもが当事者として運動に関わるように、子どもによる課題の洗い出しから始め、子ども自身が出したアイディアを元に行動を組み立てていった。結果、それまでのどの運動よりも、主体的に彼らが行動を起こすことにつながった。

単に個別のケースに対応するだけでなく、当事者が闘う力を引き出し、問題を顕在化し社会に問うていく中で、分厚く高い壁を徐々にずらしていく。そのようなトータルでの演出力が運動においては必要なのではないだろうか。

家族みんなで日本に住みたい！　銀座でデモ行進するAPFSメンバー（都内で。2015年4月29日）

## 5．ボトムアップで「家族統合」の実現を

　「不法滞在」と言う言葉を聞くと、そこで思考が停止し「不法滞在は犯罪だ。」と言う方が多い。しかし、彼らには地域に根差した住民としての姿がある。また、彼らを労働現場が必要とし、使ってきた側面もある。日本は労働力不足で外国人が入ってきているにもかかわらず、正面から受け止めようとしない。よって、古くは短期滞在（俗に言う観光ビザ）からオーバーステイ、最近では留学生の規定以上の時間での就労、技能実習生の逃亡といった問題が起きてしまう。

　筆者の力は本当に微々たるものであった。しかし、APFSを通じてボトムアップで運動を作り上げていく中で、「家族統合」の重要性を少しでも訴えることができていたらと願う。また、筆者自身が多くを運動を形成しながら感じ、学ばせていただいた。声を上げなければ、誰も気づかないし、問題は変わらない。APFSがこれからも当事者と共に、声を上げ続ける団体であることを願わずにはいられない。

【参考文献】

・江崎泰子・森口秀志編 1988『「在日」外国人──35ヵ国100人が語る「日本と私」』晶文社。

・加藤丈太郎 2015「外国人住民が制度の障壁を乗り越えるために──「個別支援」から「集団支援」へ」吉成勝男・水上徹男・野呂芳明編著『市民が提案するこれからの移民政策──NPO法人APFSの活動と世界の動向から』第5章、現代人文社、61-71頁。

・加藤丈太郎 2017「日本における非正規滞在者──APFSの活動を通して考える」移民政策研究第9号140-152頁。

（かとう・じょうたろう）

# 法務省前「人間の鎖行動」

### 三浦萌華

　2012年12月25日、世間がクリスマスでにぎわう中、APFSが支援する18家族2個人34名の非正規滞在外国人とその友人・支援者らが法務省前に集い、「人間の鎖行動」をおこなった。APFSのスタッフのほか、個別で在日外国人の自立支援をおこなっている方々を含め、総勢約70名が集まり、法務省の建物正面を覆った。

　この「人間の鎖行動」は、非正規滞在者たちが友人・支援者と互いに手をとり合いスピーチを行うことで、かれらが日本に必要な存在であることを法務省職員に示すことを目的として行われた。筆者がボランティアとしてAPFSに参与してから初めてのデモ活動であった。

　当日は予想以上の寒さで、スピーチ中は互いにつないだ手を温め合いながら、非正規滞在者34名が一人ずつ、それぞれの思いを法務省に向かって放った。

　「家族をばらばらにしないでください！　お願いします！」「怪我や病気をしてもビザがないから治療が受けられません。どうかビザをください！」「家族みんなと日本にいたい、一緒に暮らしたい！」（APFS HP「活動レポート」より）。

　大人から子どもまで、中には耐えられずに涙を流しながら、それぞれがいかに在留許可を必要としているかを訴え続けた。スピーチ終了後には、もう一度参加者全員で手をとり合い、かれら非正規滞在外国人と日本の友人・支援者とのつながりの強さを示した。

　この「人間の鎖行動」は午後2時から行われたが、開始後すぐに法務省職員2名が正面玄関に現れた。そして寒風に吹かれながら、コートも着ずに最後までかれらのスピーチに耳を傾けてくれた。最後に、かれら18家族2個人34名の非正規滞在外国人の在留特別許可を求める要望書をAPFSの当時の代表であった加藤丈太郎氏から法務省の方々に直接手渡し、この行動は終了した。（みうら・もえか/立教大学大学院社会学研究科研修生）

## 第5章

# 多文化共生社会と自治会の役割
### 高島平ACTと高島平三丁目自治会の連携


宮坂幸正
高島平三丁目自治会長


## 1. はじめに——相互理解と協力による地域活性化を 目指して

　高島平ACT（詳しくは6章）と三丁目自治会との出会いは、高島平ACT代表の吉成勝男氏が同NPOを設立した2011年12月である。

　高島平二丁目、三丁目地域は、高層のマンションが立ち並ぶ東京のベッドタウンとして日本住宅公団によって開発された。それまでは豊かな田園風景が広がる都内有数の穀倉地帯として徳丸が原と呼ばれていた。1969（昭44）年に着工され、3年を経て1972年に完成し入居が開始された。そして、新しく「高島平」と命名され、総戸数10,170戸、2万人以上が暮らす一大住宅都市が出現した。全く新しいコミュニティー社会が形成されたのである。

　そんな中1973年には地域住民がともに協力し合い、安全で明るく楽しい生活環境の向上に向けて高島平三丁目自治会が発足した。高島平二丁目は8,638世帯、29棟の高層賃貸住宅で、三丁目地域は2,938世帯、低層5階建てから中層、高層14階建てまで34棟の分譲住宅と賃貸住宅1棟の35棟で構成されている。当初は、若い世代、子育て世代が大多数を占めており、学校や保育園の増設や子育て環境整備が共通の問題として自治会で討議され行政にも働きかけてきた。

　それから45年を経て高島平の住環境は時代とともに大きく変化し、少子高齢化の大きな難題に直面している。この高島平で育った子どもたちは独立して高島平を離れ、高度成長期の企業戦士でもあった残った親たちは定年を迎える。今では居住者の共通の問題は、医療や福祉、年金などの高齢化特有の問題となりつつある。

**72**　第1部　外国人の増加と関連した社会の変化

図表1　訪日外国人数直近10年間の推移

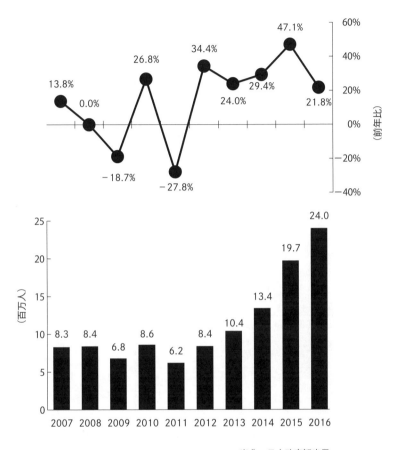

出典：日本政府観光局

　高島平ACTが創立された2011年の訪日外国人の年間総数は620万人で、東日本大震災の影響もあり、過去5年間で最低を記録した。一方、出国した日本人は約1,700万人となり、初めて1000万人を超えた1990年から21年で55％の増を記録した。当時の政府もこの大きな差に驚愕し、「観光立国日本」への構想が本格的に始動することになる。

　今現在、訪日外国人の年間総数は2,500万人に達し、2011年の4倍と急増している。これと平行して日本在住外国人の人数も2011年の200万人に対し、2017年には250万人達し25％増加している。高齢化と人口の減少する日本で、

**図表2　訪日外客数（2016年12月、JNTO推計値）**

| 国・地域 | Country/Area | 総数　Total | | | 総数　Total | | |
|---|---|---|---|---|---|---|---|
| | | 2015年12月 | 2016年12月 | 伸率(%) | 2015年1月～12月 | 2016年1月～12月 | 伸率(%) |
| 総数 | GrandTotal | 1,773,130 | 2,050,600 | 15.6 | 19,737,409 | 24,039,000 | 21.8 |
| 韓国 | SouthKorea | 415,656 | 494,400 | 18.9 | 4,002,095 | 5,090,300 | 27.2 |
| 中国 | China | 347,034 | 427,500 | 23.2 | 4,993,689 | 6,373,000 | 27.6 |
| 台湾 | Taiwan | 265,811 | 278,700 | 4.8 | 3,677,075 | 4,167,400 | 13.3 |
| 香港 | HongKong | 157,425 | 189,800 | 20.6 | 1,524,292 | 1,839,200 | 20.7 |
| タイ | Thailand | 93,478 | 96,400 | 3.1 | 796,731 | 901,400 | 13.1 |
| シンガポール | Singapore | 67,001 | 75,900 | 13.3 | 308,783 | 361,800 | 17.2 |
| マレーシア | Malaysia | 50,264 | 63,300 | 25.9 | 305,447 | 394,200 | 29.1 |
| インドネシア | Indonesia | 29,312 | 40,900 | 39.5 | 205,083 | 271,000 | 32.1 |
| フィリピン | Philippines | 32,679 | 41,300 | 26.4 | 268,361 | 347,800 | 29.6 |
| ベトナム | Vietnam | 10,344 | 13,100 | 26.6 | 185,395 | 233,800 | 26.1 |
| インド | India | 6,685 | 7,500 | 12.2 | 103,084 | 123,000 | 19.3 |
| 豪州 | Australia | 49,359 | 51,500 | 4.3 | 376,075 | 445,200 | 18.4 |
| 米国 | U.S.A. | 89,912 | 105,000 | 16.8 | 1,033,258 | 1,242,700 | 20.3 |
| カナダ | Canada | 21,970 | 24,600 | 12.0 | 231,390 | 273,100 | 18.0 |
| 英国 | UnitedKingdom | 19,410 | 20,800 | 7.2 | 258,488 | 292,500 | 13.2 |
| フランス | France | 14,255 | 15,500 | 8.7 | 214,228 | 253,400 | 18.3 |
| ドイツ | Germany | 10,173 | 10,700 | 5.2 | 162,580 | 183,300 | 12.7 |
| イタリア | Italy | 8,402 | 8,400 | 0.0 | 103,198 | 119,300 | 15.6 |
| ロシア | Russia | 3,913 | 4,400 | 12.4 | 54,365 | 54,800 | 0.8 |
| スペイン | Spain | 4,871 | 5,700 | 17.0 | 77,186 | 91,800 | 18.9 |
| その他 | Others | 75,176 | 75,200 | 0.0 | 856,606 | 980,000 | 14.4 |

出典：日本政府観光局

　訪日外国人の急増とともに在住外国人は増加している。この在住外国人に対する住環境の整備は急務な問題であった。そこに着目した高島平ACTの理念は、まさに現代日本の抱える大きな問題に対する実践的な解決策を示している。そこで、私たち三丁目自治会では、高島平ACTとともに今後この地域で増えていく在住外国人の実態を把握して、より良い多文化共生社会の礎となるキーポイントを考察することにした。

## 2．現在の状況を把握しよう

### (1) 国際交流の日本の現状とは

　訪日外国人の推移はグラフで見るように2011年を境に増加に転じている。これは東日本大震災の影響もあるが、これ以前の政府の政策が「観光立国日本」としての方針を打ち出さなかったために入出国の規制緩和もされず、世界統計では620万人で40位以下であった。そこで政府は、大震災の復興と「観光立国日本」をテーマに掲げ、規制緩和とインフラの整備に力を入れ、訪日外国人の数は5年間で飛躍的に改善した。2016年度は2,400万人で4倍に増加し、世界統計でも16位に順位を上げて2017年度は2,500万人で10位以内も目の前となって来ている。しかしながら、1位のフランスは年間訪問者8,260万人で格段の差がある。訪日外国人の増加のためには、今後日本でも2020年のオリンピック開催に向け、外国人のためのインフラ、言語、住環境のさら

**図表３　東京都と板橋区の在住外国人の推移**

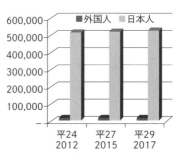

出典：高島平新聞社調査資料より

**図表４　東京都と板橋区の在住外国人世帯数の推移**

東京都

|  | 2012(平24)年 | 2015(平27)年 | 2017(平29)年 | % |
|---|---|---|---|---|
| 混在世帯 | 80,233 | 85,536 | 87,171 | 8.6 |
| 外国人世帯 | 210,435 | 241,507 | 275,995 | 131.2 |
| 日本人世帯 | 6,348,591 | 6,552,241 | 6,630,981 | 4.4 |

板橋区

|  | 2012(平24)年 | 2015(平27)年 | 2017(平29)年 | % |
|---|---|---|---|---|
| 混在世帯 | 3,560 | 3,846 | 3,916 | 10.0 |
| 外国人世帯 | 8,710 | 10,563 | 13,054 | 149.9 |
| 日本人世帯 | 267,859 | 276,923 | 281,078 | 4.9 |

出典：高島平新聞社調査資料より

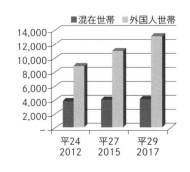
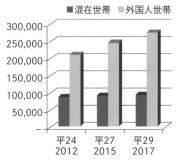

出典：高島平新聞社調査資料より

なる整備が急がれる。

### (2) 東京都と板橋区の在住外国人の推移

　東京都の総人口の推移は、2012（平24）年と現在とを比較して3.0％の伸び率で1,353万人、東京都の外国人居住者は全体の3.6％で486,346人、総人口の伸び率2.4％に対して23.1％と急激な増加を示している。これは政府の外国人に対する規制緩和による影響で、外国人居住者にとっては、日本が以前より住み易い状況になって来たためと思われる。

　板橋区の総人口の推移は、2012（平24）年と現在とを比較して3.7％の伸び率で557,309人、そして日本人居住者の2.6％の伸び率に対し、外国人居住者は、22,667人で37.9％と急激な増加を示している。今後も、特に東京では2020年のオリンピック開催と経済効果の波及に伴い、外国人住民の増加が予想され、インフラの整備や居住スペースなどを数多くの課題が残されている。また、多国籍住民の増加により異文化、習慣の違いにより引き起こされる多くの問題も懸念され、早急の対策も必要とされている。

　東京都と板橋区の在住外国人世帯数では、2012年に東京都では日本人世帯の634万世帯に対し、外国人世帯と混在世帯が29万世帯で全体の4.4％であったが、2017年には日本人世帯の663万世帯に対し、36万世帯と5.2％に増加した。また板橋区の在住外国人世帯でも2012年に日本人世帯の267,859世帯に対し、外国人世帯は12,270世帯で全体の4.4％であったが、2017年には6,970世帯、5.7％の大きな増加を示した。今後更に増加することが予想され、保育園や就学や就職などの課題も増えてくるものと考えられる。

**図表５　東京都の在住外国人の国別比較**

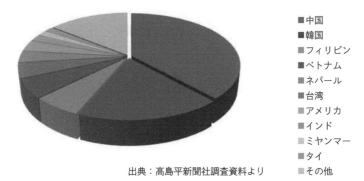

出典：高島平新聞社調査資料より

### (3) 東京都の在住外国人の国別比較

　東京都の在住外国人486,346人の内訳は、全体の38.2％の185,883人を中国人が占め、続いて韓国人が18.2％の88,755人で２位。台湾を含めると、中国、韓国系で全体の60.0％を占めている。板橋区での在住外国人の内訳でも中国人が圧倒的に多く、全体22,667人に対して53.6％の12,150人。２位は韓国人の2,867人で12.6％となっている。今後の環境整備にとって、英語、中国語、韓国語による広報体制の整備が欠かせない要素となろう。

## ３．現状と今後の課題について

　少子高齢化の東京都や、板橋区にとっての今後のキーワードは、若い外国人世代との共生である。今後国際文化都市に相応しいインフラの整備と各国言語に対応した宿泊施設や地域環境を整備して行くことが必要である。

　過去６年間で訪日外国人が約４倍に増加した日本で、今後2020年のオリンピックまでには、訪日外国人や在住外国人の人口は更に増え続けて行くと考えられる。それに平行して訪日外国人に対するさまざまなアシスト、金融、交通機関などのフォローアップ体制のために、在住外国人も今後増え続けると考えられる。

　現在都内の高級ホテルでは、海外からの宿泊客が60％以上の比率となって、スタッフとしてネイティブスピーカーの外国人の必要性が急務の課題となっている。このように、訪日外国人の増加とともにその仕事に従事する在住外国人も増加する。また、高齢化や、人口の減少により業種によっては人手不

足となる仕事もあり、それらをフォローアップする外国人のマンパワーの必要性も増えてくる。

この増え続ける在住外国人についての今後の課題としては、宗教や文化、生活習慣の違いなどによる文化摩擦が挙げられる。また、単一言語の日本にとって最大の弱点である外国語に対するアレルギーも大きな課題である。政府の方針で、教育制度改革の中に英語教育の重要性が盛り込まれたのはつい最近のことである。

## 4．日本各地の取組み

以下では、前述の今後の課題について、1990年代の日本の高度成長期時代に自動車工場の林立する静岡県磐田市で行われた事例から今後の方向性を探ってみたいと思う。

磐田市内には現在では約6,418人の外国人（ブラジル7割）が生活し、総人口の3.7％を占めている。1990年代当初は、日本への出稼ぎとして短期滞在者がほとんどであったが、今日では、永住者や定住者が増えて来ている。そうした状況から、磐田市の自治会連合会では、連合会として、つぎの指針を打ち出し、各単一自治会での共通の価値観の共有を働きかけている。

---

① 学校や地域社会において外国人も磐田市民として、地域住民としての視点で考えて行かなくてはならない。
② 外国人の居住で問題が生じているから取組むのではなく、問題がなくても取組まなくてはならない。
③ 多文化共生社会づくりは、自治会のみでできるものではない。また、自治会抜きではできない。それは、外国人も地域の住民であるからである。行政・NPO・企業・自治会・そして、外国人が各々に役割と責任を持ちながら協力し進めて行くことが肝要である。

---

## 5．高島平の現状と板橋区の取組み

2012（平24）年と2015（平27）年の高島平新聞社の調査では、高島平団地全体の人口は16,805人から15,932人に5.2％の人口減少が見られ、三丁目では、

**図表6　高島平団地全体と高島平三丁目の日本人居住者と外国人居住者の推移**

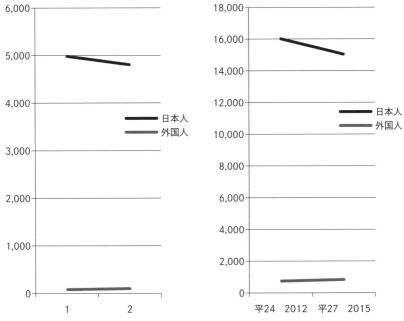

出典：「板橋区多文化共生まちづくり推進計画」より

5,050人から4,889人へと3.2％の減少となっています。これに対して外国人の比率は、団地全体で801人から887人で10.7％の増加。三丁目団地では、73人から87人で19.2％もの増加が見られる。

　今後高齢化によって更に人口減少の傾向は続くと見られるが、外国人居住者は増加が予想され、生活のルールやマナー等の啓蒙が急務の課題となっている。

### (1)　「板橋区多文化共生実態調査」アンケートによる実態について

　つぎに、2009（平成21）年5月に板橋区が行った「板橋区多文化共生実態調査」の結果を見てみる。このアンケートは、板橋区に居住する外国人男女5,000人、日本人居住者男女2,000人を対象に、緊急時の対応、地域での生活、住民とのトラブルや地域活動の参加実態などについて実施調査結果です。

調査対象：外国人居住者　20歳以上男女5,000人　日本人居住者　20歳以上

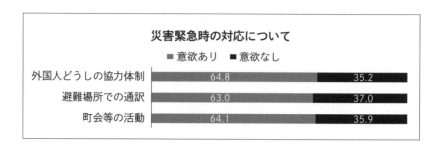

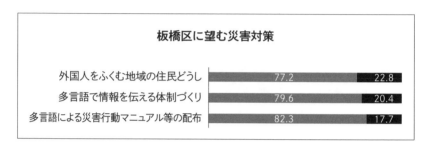

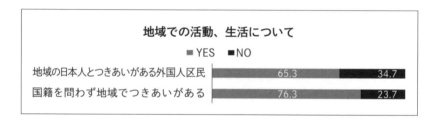

　　　　男女2,000人
回 収 率：34.0％（有効回収数 1,520票）　　52.6％（有効回収数 1,034票）
調査期間：平成21年5月8日〜22日
　最初に日本語学習についての問いに対して、現在日本語を学んでいる人は38.6％。 学習意向は、未就学者でも73.0％あり、やはり日本語学習に対する意欲は多くの外国人居住者が持っていた。
　次に災害・緊急時の対応については、避難場所等の認知度は、63.8％で、居住歴が1年未満の認知度は52.0％とやや低めであった。また災害活動に関する参加意向は〈町会等の活動〉が64.1％となっており、参加での内容は〈避難場所での通訳〉が63.0％、〈外国人どうしの協力体制づくり〉が64.8％と町

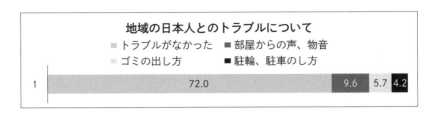

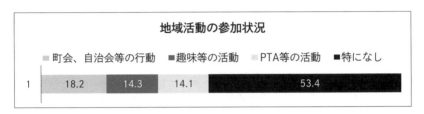

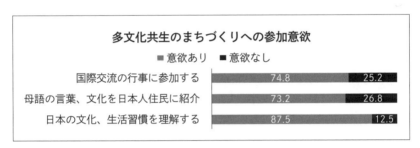

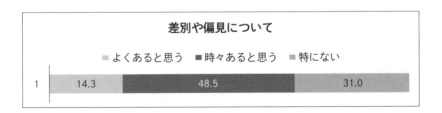

会、自治会活動への参加意欲も見られた。

　板橋区に望む災害対策はとの問いに対しては、〈多言語による災害時行動マニュアル等の配布〉が82.3％と多く、〈多言語で情報を伝える体制づくり〉が79.6％、〈外国人をふくむ地域の住民どうしの協力体制づくり〉が77.2％などの意見も聞かれ、その対策が急がれる。

　地域での生活や活動については、国籍を問わず地域内でつきあいがある人は76.3％で、地域の日本人とつきあいがある外国人区民は65.3％となっていた。

同国外国人居住者の集団は二丁目団地内にも存在し、それぞれの文化、習慣を保ちつつ日本人住民との交流も行っているケースもあった。

　今後の日本人との付き合いの意向については92.2％の外国人が意向を示し、9割以上の人が積極的に日本人と接することに意欲を示していた。また外国人どうしのつきあいは、相談、情報交換などができる仲間やグループがある人が40.3％となっていた。

　地域の日本人との間のトラブルについては、「トラブルがなかった」が72.0％と最も高かったが、トラブルがあると回答した28％の具体的なトラブルの内容については、「部屋からの声、物音」が9.6％、「ゴミの出し方」が5.7％、「駐輪、駐車のし方」が4.2％などの順になっていた。

　さて、私たちが最も関心のある地域活動の参加状況についての問いには、〈町会、自治会等の行事〉が18.2％、〈趣味等の活動〉が14.3％、〈PTA等の活動〉が14.1％などの順になっており、いずれの活動も2割以下となっているのが現状であった。

　地域の外国人と日本人の共生については、多文化共生のまちづくりへの参加意向は、〈日本の文化、生活習慣を理解するようにつとめる〉が87.5％と高く、〈母語の言葉、文化を日本人住民に紹介する〉が73.2％、〈国際交流の行事に参加する〉が74.8％となっていた。どちらも参加意欲は高く、日本の文化や生活習慣を理解しようとする外国人の居住環境に対する意識の強さが窺えた。

　また偏見や差別についての問いには、「よくあると思う」と答えた人が20.5％、「ときどきあると思う」と答えた人が48.5％となっており、合わせると69.0％もの外国人が、偏見や差別を経験していると答えていた。日本人の単一民族国家が持つ外国人居住者へのわだかまりについてであるが、一旦中に入ってしまうと非常に好意的な特性もあり、今後は相互理解の上で、積極的に接点を見付け、偏見や差別といった誤解を生むケースを払拭したいものである。

### (2)　板橋区高島平地域グランドデザイン構想と多文化共生社会

　板橋区は、2015年10月、高島平で暮らす住民に今後の高島平再開発構想という大きな課題について、つぎのように提案した。

　・人口減少社会において健全な区政経営を維持するためにも、地域の

定住人口、とりわけ生産年齢人口の確保とともに、地域を訪れる交流人口を増やすことが不可欠と考え、20歳代から40歳代までの若者世代に照準を合わせ、この世代が集い移り住みたくなる魅力の創造と、高齢者までを含む多様な世代が歩きや自転車利用を中心とした生活を楽しんで暮らすことができる都市モデルの構築をめざしていきます（高島平地域グランドデザイン、板橋区ウェブサイトより）。

・大学や病院等を中心として、高齢者や障がい者、外国人居住者支援を展開し、安心、安全に生活できる住環境が実現します。

・大東文化大学の高齢者、障がい者、外国人居住者支援活動や地域防災活動と連携した防災拠点づくりを行います（同整備方針・個別エリアよりの抜粋）。

現状の策定構想の中には、外国人に対する対応について、高齢者、障がい者と同じ条項で記載され、特に外国人に対して積極的に対応し、多文化が共生できる街づくり構想が打ち出されていないのが現状である。また外国人が移り住みたくなるような住環境は、現在の住民にとっても良好なものとなり得る。国際性豊かな高島平の実現のためにも、このグランドデザインに国際都市構想を盛り込むことを期待したい。

## 6．自治会が今できること

今までの考察をもとに、以下では高島平ACTとの経験を基に本題の私たち自治会の今後の取組みついて考えて行きたいと思う。

### (1) 自治会の活動について

自治会は、会員相互の協力により、高島平を明るく住みよい地域とするために共通の利益を守り、親睦、交流、生活環境の向上と福祉の増進を図ることを目的としている（自治会会則第2条〔目的〕より）。

そして、それを遂行するために大きく4つの活動を行っている。

① 親睦交流活動の充実…………中央行事など

② 環境改善、防災活動…………環境防災部、各支部など

③ 豊かで潤いのある地域生活を過ごすために…………文教部、レクリエーション部、厚生部など

④　より身近な自治会にするために…………広報部など

　親睦、交流活動では、夏祭りや花見会、餅つき大会など季節の日本の習慣や風物など住民が楽しめる企画を行っている。

　環境改善、防災活動などでは、リサイクル活動、地域清掃活動、防災訓練（地域、区、支部）を行って、住民が安全で、過ごし易い環境の保全に努めている。

　豊かで潤いのある地域生活を過ごすための活動は、市民講座、親子映画会、写真展など文教的な活動や、ラジオ体操、サイクリング＆ウオーキング、名湯の旅、ボウリング大会、ファミリースキーなどレクリエーション活動も企画している。

　また自治会厚生部では、火曜ふれあいルームを企画し地域で暮らすお年寄りの皆さんの憩いの場を提供したり、助け合いグループ活動では相互互助の立場で、困っている方に手を差し伸べる活動もしている。

　また、私たち三丁目自治会では、住民に自治会活動の啓蒙や、行政のパイプ役としての立場から、より身近な自治会にするために広報部が、毎月自治会報「わがまち」を発行し、地域で暮らす住民に、地元紙ならではの生活に密着した内容やお知らせを伝えている。住民の意見や寄稿なども好評で、そのなかでも「私のふるさと」は、既に375名から寄稿をいただいている。

　その他、4支部の活動も活発で、餅つき大会や、暑気払い、ガーデンパーティーなど季節ごとの催しや、防災訓練、夜間パトロールなど地域の安全、治安面でも活動している。

## ⑵　相互協力による地域活性化と多文化共生を目指して

　今後、自治会では、従来の地域活動の他に、高島平ACTとの経験を通して今後増加する外国人居住者に対し、どのように対処して行けば良いのか具体的に検証したい。

### ①　外国人居住者の把握と問題点に対する具体的対策を協議する

　冒頭で紹介した高島平新聞に掲載されている外国人居住者の実数の把握と、その居住者のとの交流について高島平ACTと連携し、そして居住部分の管理者である各管理組合との協力体制のもとで、日頃の問題点や、住民とのトラブルなどの調査を行い、その対策を協議して行きたい。具体的には、高島平ACT、管理組合と協力して、居住ルールや防災知識の多言語化と指導方法についての具体的協議を行う。

**84**　第1部　外国人の増加と関連した社会の変化

② **管理組合や行政、NPOとの協力により、相互理解を深める**

　高島平ACTや各ボランティア団体と協力して、外国人居住者との話し合いの場を持ち、相互の理解の上で、行事への参加協力を要請し、地域の活性化を目指す。また地域住民の外国人居住者への偏見の払拭を促すとともに、相互理解の促進と地域活動への参加を要請して行く。

③ **各行事に参加し易い施策を工夫する**

　自治会への加入を優先させずに、自治会活動についての理解を優先させたい。そのためには、看板、パンフレットや募集記事の多言語化を図り、夏祭りや、もちつきなどの参加し易いイベントから具体的な提案して行きたいと思う。また会員には、地域内で外国人居住者を見かけた場合は積極的に挨拶をして、声をかけ合う習慣を進めて行きたいと考えている。

④ **新しい行事の創造と協同**

　自治会行事の中に高島平ACTの行事であったクリスマス会やハロウインパーティー、春節祭、中秋節など国際的行事を取り入れて行くことも外国人居住者との交流を促進することにつながると考える。但し、自治会での宗教、政治思想の活動、宣伝等は禁止項目となっているので、これを伝えて理解をえたいと思う。

⑤ **外国人居住者に望むこと**

ⓐ接して覚える生活習慣…触れ合いの中で生活習慣を習得する。

・自治会では、自治会への加入を優先しません。（磐田市の事例より）

・共に体現することで相互の理解を得て生活習慣を覚えましょう。

・リサイクル活動に参加してゴミ出しルールを習得しましょう。

ⓑ夏祭りに参加して自国の文化や特産品を紹介する。

・各支部をはじめ協賛団体が各ブースで、物品や食品を販売します。夏祭りに参加して、特設ブースで自国文化の紹介や特産品の販売をしましょう。

ⓒ市民講座を活用して語学指導や日本の生活を習得する。

・市民講座では、希望に応じて様々な知識のレクチャーを行います。

ⓓスキーやサイクリングに参加して子どもたちに日本の楽しみ方を教える。

・日本の四季のスポーツを体験します。初心者でも指導体制は万全です。

ⓔ各支部での季節のお祭りや、旅行などに参加して日本の文化を楽しむ

・各支部ごとでも四季折々に行事を行っています。是非参加して交流を深めましょう。

ⓕ防災訓練、避難訓練に参加して、町の安全を一緒に考える。

・防災活動は邦外国人を問わず行われるべき活動です。互いに意見を出し合い住民の安全を一緒に考えましょう。

## 8．まとめ

　自治会は住民がより楽しく、安心して安全に生活するためにお互いに協力し合い、目的を達成していく組織である。日本人居住者、外国人居住者を問わず、お互いに知恵を出し合い問題点を解決し、相互の協力のもとで地域社会をより良くして行くことを目指し活動して行きたい。

　多文化共生社会の実現は、自治会のみでできるものではないが、自治会を抜きにしてはできない。それは、外国人居住者も同じ地域の住民であり、地域社会に貢献する使命が有るからである。したがって、私たち自治会は、各管理組合や、行政、そして外国人居住者が各々に役割と責任を持ちながら協力し合い、多文化共生社会の実現を進めて行くことが肝要と位置づけている。

　私たちは、高島平ACTとの活動経験を基にこの高島平が外国人にとっても住み易い魅力的な住環境の国際都市となるように今後も活動して行きたいと思う。

【参考文献】
・高島平新聞社発行の調査例より。
・静岡県磐田市自治会連合会の取り組みより。
・「板橋区多文化共生まちづくり推進計画」より。
・平成21年度「板橋区多文化共生実態調査」より。
・板橋区「高島平地区グランドデザイン構想」より。

（みやさか・ゆきまさ）

毎年恒例のふるさと夏祭り

花見会

日々の安全のための防災訓練

知識啓蒙の市民講座

ファミリースキー

温泉旅行

ふれ合いルーム

第5章　多文化共生社会と自治会の役割　87

**第6章**

# 高島平ACTと自治会の連携
### 日本人住民と外国人住民との調整役

## 吉成勝男
APFS理事・相談役

## 1．はじめに

　2011年12月25日に設立されたASIAN COMMYUNITY TAKASHIMADAIRA（略称　高島平ACT）は、2017年4月末日で、事実上活動を停止した。高島平及びその周辺地域に在住する日本人住民と外国人住民との協働により、多様な人々が豊かに暮らせるコミュニティの基礎づくりを目的として立ち上げられた高島平ACTの活動は、進行する日本社会の多文化化に関わる様々な問題のありかと課題を地域住民に投げかけた。

　当然、その答えはいまだ出ていないが、高島平三丁目自治会の宮坂幸正会長も強調しているが、既存の自治会や町会とNPOの活動は対立するものではなく、相互に連携することにより地域社会を活性化させ、地域住民にとって住みやすく魅力的な住環境をつくりだせる可能性があることを明らかにしている。

　ここで、高島平ACTの5年余の活動を振り返ることで、いまなお全国各地で模索を続けている、地域で暮らす日本人住民と外国人住民との真の共生をめざす試みに、一つの考え方を提起できるのではないかと考える。

## 2．地域の特性と多文化共生

### ⑴　高島平ACT地域デビュー

　高島平ACTは、設立の翌年1月から本格的な活動を始めた。当初、自前の事務所はなく、高島平の隣町である板橋区西台駅前のインドレストランを拠点として日本語教室、外国人住民を対象としたワンストップ型相談を開始

した。当初、連携していたASIAN PEOPLE'S FRIENDSHIP SOCIETY（略称A.P.F.S.）と同様に非正規滞在外国人に係る相談についても受け入れることを想定していたが、高島平地域の活動の中では表面化することはなかった。

## (2)　APFSからまなんだこと

　ボランティアを募集する案内や日本語教室の開始を知らせるチラシを1週間に一度の割合で高島平二丁目と三丁目団地に全戸配布を行うとともに、バングラデシュやフィリピンコミュニティにも積極的に働きかけをした。またホームページも立ち上げ、ブログによる情報発信も行った。こうした手法は2017年12月で設立30周年を迎えたA.P.F.S.からすべてまなんだものであり、その後もAPFSと協力・連携をしながら高島平地域での活動を継続していくことになる。

　日本語教室は、高島平三丁目のUR団地（独立行政法人都市再生機構）の集会所を借り受けて、毎週土曜日午後に開催した。中国籍、フィリピン国籍など5、6人の外国人住民が常時教室に通ってきた。ITエンジニアとして来日したが職場では英語のみが使用されているため、日本語がほとんど理解できないまま暮らしている人、日本人と婚姻をしたが、日本語を学ぶ機会がなく、学校からの配布物を読むことができずに悩んでいるお母さんなど、置かれている状況は様々であった。

## (3)　高齢化と向き合う地域活動

　日本語を教えるボランティアの「先生」も多様であった。第5章で宮坂会長もふれているが高島平団地は板橋区内でも高齢化率が極めて高い。1970年初頭に建てられた団地には若い家族が多く在住するようになった。それから40数年が経過している。同じ時期に建設された都市近郊のマンモス団地はどこも高齢化と空き家が大きな問題となっている。もう一つ高島平団地の特徴は高齢化が著しく進行しているが、介護保険の適用を受けているおとしよりの割合が他の地域と比較して少ない、ということである。つまり元気で活躍する高齢者が多いのである。高島平ACTで日本語を教えるボランティアの中に80代の高齢者も参加していた。こうした地域の特性を活動の中で、どのように生かしていくかが課題であった。

第6章　高島平ACTと自治会の連携　89

## ⑷ 多文化理解講座の開催

　高島平ACTが活動を開始した時期の高島平二丁目、三丁目団地在住の外国人数は801人（高島平新聞、2012年11月15日号）である。人口比にして4.8％と、いわゆる日本人住民とされる人々に対する外国人住民の比率はそれほど高くはないが、少しずつではあるが、団地に居住する日本人と外国人住民のあいだで摩擦や軋轢が表面に出てきていた。どこも同じであるが、ゴミ出しや騒音、そして習慣や文化の違いによる互いの理解不足である。

　そこで、高島平ACTは2013年6月から5回にわたって「高島平地域で外国人住民と共に多文化共生のまちづくりを考える連続講座」を企画した。これは、いたばし総合ボランティアセンターの助成を受けて実施したものであり、高島平地域に居住する外国人住民への理解を深めることを目的としたもので、この地域としては初めての講座であった。講師は、高島平新聞創設者の村中義男さんや中国籍の団地居住者。そして三丁目自治会長の宮坂会長など多彩な顔ぶれであった。講座には毎回30人を超える住民が参加した。この問題に対する住民の関心の高さを示している。各回の講座では活発な意見交換が行われ、話題は多岐にわたっていった。

## ⑸ 「日本人」住民の気づきと広がる世界

　古くから居住している住民たちは、団地に外国人住民が増加しつつあること、近隣とのトラブルが起きていることなどを何となく聞いてはいた。だが、これらの人たちがなぜ日本で暮らしているのか、どんな仕事をしていて、どのような文化的な背景をもち、生活をしているのか、なにに喜びを感じ、日本での滞在で立ちふさがる困難や苦悩にどうたち向っているのか、など等身大の外国人住民に思いを寄せることは少なかった。連続講座は、高島平地域で暮らす外国人住民の生活の一端を知る機会となった。

　さらに近年、国際社会で大きく取り上げられるようになった移民・難民をめぐる理解を深めることを目的として2014年7月にビルマ難民の日本での生活を描いたドキュメント映画『異国に生きる』（土井邦夫監督）を板橋区立高島平図書館と共催で開催をした。この上映会には映画に出演しているビルマ難民のチョウチョウソーさんを招いて、大東文化大学の先生とのトークショーも行った。高島平で難民の問題が深く語られることはあまりない。この上映会は、住民にとって世界で起きている移民・難民をめぐる状況や真実の一部を知るよい機会となった。

高島平ACTが主催した認知症カフェ「ハロハロ・オレンジサロン」

## 3．コミュニティ・スペース「ハロハロ」オープン

### (1) 外国人住民はどこ？

　高島平ACTは、設立時から外国人住民が気軽に立ち寄ることができ、トラブルに巻き込まれた時はいつでも相談ができるスペースをさがしていた。そんな時、新高島平駅前のUR団地の中の商店街に最適なスペースが空いていることを知った。しかしURの方針として、事務所での貸し出しはしない、ということであった。そこで多国籍食堂「ハロハログルメ」として物件を借り受けることになった。わずか12店舗しかない小さな商店街である。ここには最近の商店街には珍しく八百屋、魚や、肉屋が店舗を並べていた。

　2014年12月、いくつかの難問を乗り越えて「ハロハログルメ」がオープンした。すでに高島平にはコミュニティ・スペースと呼ばれている空間が4か所あった。それぞれが特徴をもっており、主に地域のおとしよりのくつろぎの場となっていた。すでに述べたが、「ハロハログルメ」は地域の外国人住民を対象としてスタートしたのだが、実際には外国人住民の出入りはそれほど多くはなかった。むしろ地域のおとしよりたちの「たまり場」となっていった。外国人住民の多くは現役世代で働いており、平日の昼間は都心へ出ていたのである。

### (2) おとしよりのたまり場として

　当初、こんな状況に高島平ACTのスタッフは戸惑っていた。だが冷静に

考えれば、これは当然のことである。高齢化する団地。ひとり暮らしのおとしよりの増加。近くにおとしよりが立ち寄れる適当な場もない。そしてみんな元気である。「ハロハログルメ」は高島平三丁目団地に居住するおとしよりたちの格好の居場所となったのである。この現実に対応していかなければならなくなった。

### (3) 多文化・多世代共生へ

地域の外国人住民が気軽に立ち寄れる場、いつでも相談に訪れることができるシェルター的な機能を考えていた。とくにAPFSと同様に地域で孤立しがちな非正規滞在外国人の自立支援を想定していた。ところが地域のおとしよりとどう向き合っていくのかも大きな課題となった。

そんな時に、地域包括支援センターからおとしよりを対象としたお昼ご飯会の開催を提案された。センターの所長の話を聞くと、ひとり暮らしのため、一日中誰とも話をしない日が多くあるとのことであった。そこで1カ月に一度ランチ会を開くことにした。毎月第一木曜日に三丁目ランチ倶楽部を開催することになった。2015年4月のことである。ランチ倶楽部には毎回20名を超えるおとしよりが参加し、時には団地に居住する外国人住民が講師となって母国の話などをした。外国人住民とおとしよりのふれあいがごく自然のことのように生まれていった。

### (4) 認知症カフェ「ハロハロ・オレンジサロン」スタート

6月からは毎週木曜日の午後から認知症カフェ「ハロハロ・オレンジサロン」を開催するようになる。「ハロハログルメ」に認知症と思われるおとしよりが姿を見せるようになったためである。認知症カフェには在宅医療を専門とする医師や社会福祉士などがボランティアとしてかかわった。同じ年の7月からは「お坊さんダイニング」がはじまった。「後期」高齢者と呼ばれるおとしよりにとって、人生をふりかえり、その日を迎える心構えをもつことは大切である。浄土真宗の住職と酒を酌み交わしながら、暗くなりがちな話題も楽しく話せると好評であった。

高島平地域で人気のある4人組のバンドを招いてライブも行った。80歳を過ぎたおとしよりが演奏に合わせてリズムをとり、踊りだす人もいた。2016年12月から多文化講座の第2シリーズを実施した。団地に住み、かつて難民として他国に避難した経験をもつイラクのクルド人男性から話も聞いた。毎

回、30人を超える人々で「ハロハログルメ」はあふれていた。

## ４．高島平ACTはなにをしたのか

### (1)　地域の底力

　日本人住民と外国人住民との協働により、誰もが豊かに暮らせるコミュニティの基礎づくりを目的としてスタートした高島平ACTは、かくして地域のもつはかり知れない底力と巨大なうねりに翻弄されながら、当初想定したコースから大きく外れながら2017年４月に活動を停止した。

　高島平ACTの活動は地域になにをもたらし、なにかを変えることができたのであろうか。もちろん、なにか成果や結果が出せたわけではない。しかし以下の３つの点で、地域に深い印象を残したことは事実である。

### (2)　異なる文化的背景を持つ人々への理解

　まず従来から居住している地域の人々に外国人住民の生活やその文化的な背景について思いを寄せるきっかけを作ったことである。巨大な団地では年齢に関係なく孤立が大きな問題となっている。多世代、多文化が交叉する「ハロハログルメ」では、それぞれの母国の民族衣装を着た人々が自然にふるまい、受け入れられていった。車いすのおとしよりを外国人住民がお世話し、外国人住民の悩みごとをお年寄りがいつまでも聴いている。

### (3)　つながる高島平と国際社会

　これと関連して高島平ACTの活動を通して、地域の住民たちが日本で発生している移民・難民にかかわる様々な問題について多文化連続講座を通して身近なものとして考えるようになったことである。マスコミでは欧米における大規模なテロ事件や「外国人犯罪」などが多く取り上げられている。古くから居住する住民たちは、外国人が増えることで凶悪犯罪が増加するのではないか、と漠然とした不安を抱いていた。高島平ACTの活動と連続講座などにより、住民の心の中に外国人住民に対する共感と連帯の心が芽生えたことはひとつの成果といえる。

### (4)　NPOと自治会の連携

　そして最後に、多文化社会における自治会の役割と課題が明確になったこ

第６章　高島平ＡＣＴと自治会の連携　**93**

とである。外国人住民との共生を実現するには地域自治会の協力がなければ困難である。自治会もまた住民として外国人を積極的に受け入れる姿勢がなければ、誰もが豊かに暮らせる街づくりはできない。NPOと高島平三丁目自治会との連携・協働は、国籍や民族の壁を越えて地域の若者たち、子育て世代、おとしよりなどを強く結びつけることになる。

## 5．さいごに

高島平ACTは、いったん活動を停止したが、高島平地域における多文化共生まちづくり活動は、大きな影響力をもつ三丁目自治会を中心として近年活発となっているサロン活動の担い手や、地域センターを拠点とした日本語教室などが引き継いでいくことになるだろう。三丁目団地の高齢化率は40.6％（2017年6月1日現在）と極めて高い。

他方で、現役で働く若い外国籍家族を団地で見かける機会も多くなっている。急速にすすむ高齢化にストップをかけられない中で、若い外国人住民に対する期待は大きい。実際に、2011年3月の東日本大地震の際、隣に居住している外国人の青年に声をかけてもらって、勇気づけられたおとしよりもいる。

しかし外国人住民の集住する団地でトラブルが多発している、という意見も根強くある。UR住宅の自治会で構成される23区自治協の2017年度総会でも、議案書の中でUR都市機構に対して「法人入居者・外国人入居者などに伴うトラブルを防止するための管理責任を果たすよう求めます」（東京23区公団住宅自治会協議会第38回定期総会議案書2017年度方針案）として外国人住民らの「管理」強化を求めている。本来は外国人を「管理」するのではなく、多文化共生の視点に立って、自治会が積極的にこの問題に取り組まなければならないはずである。しかし本書の第5章から判断すると、少なくとも高島平三丁目では自治会が日本人住民と外国人住民との調整役となり、共に生きる地域づくりの可能性があるのではないだろうか。

（よしなり・かつお）

## 第7章

# 在留特別許可をめぐる入管・裁判所と「法治国家」

タイ国籍少年の強制退去事件

### 児玉晃一

弁護士

## 1.「法治国家」という言葉の誤用

　筆者が代理人として担当していた、日本で生まれ育ったタイ国籍の少年に対する在留特別許可を認めなかった処分の取消を求めた裁判を報じた記事に対して、ネット上では、「法治国家なのだから法律を守って帰るべき」とのコメントが少なからず寄せられた。ここでいう「法治国家」というのは、日本には法律があるのだからこの少年も法律を守るべきだ、という意味で用いられているようである。

　「法治国家」という単語をこのよう用いた例は、1992（平成4）年3月26日の参議院厚生委員会で不法就労者の医療に関する質問を受けた山下徳夫法務大臣（当時）による、以下の答弁においても見られる。

　　　「国務大臣(山下徳夫君)　申すまでもなく、日本は法治国家であります。法律を守らなくてもいいということは、そもそもそれはもう社会秩序の破壊でありますから、したがって社会秩序を破壊し、否定するようなそういう存在を認めていいかという、基本的にはそこから私は出発しなきゃならぬ問題だと思います。」

　しかし、「法治国家」という語句は、「法律があるのだからオーバーステイの外国人を含む、この国にいるあらゆる個人はそれを守らなくてはならない。」、という意味ではなく、国家作用が行われるためには法律に基づかなくてはならないということを意味する。法律が縛るのは、市民ではなく、国家権力の方なのである。先に引用したような「法治国家」という単語の用方は

誤りである。

広辞苑（第6版　2008年　岩波書店）によれば、「法治国家」とは、「国民の意思によって制定された法に基づいて国家権力を行使することを建前とする国家。権力分立が行われ、司法権の独立が認められ、行政が法律に基づいて行われるとされる。」と解説されている（同2566頁）。

国語辞典にもこのように書かれているし、憲法や行政法などの専門書でも、法によって縛られるのは国家の方であることには全く異論がない。法律を学んだ者としては常識であり、法務行政のトップである法務大臣が先に引用したような誤用をしているのは驚きである。「法律があるのだから、オーバーステイの外国人を含む、この国にいるあらゆる個人はそれを守らないといけない。」というのは、完全な誤用である。

では、冒頭で掲げたタイ国籍少年の事件で、日本は、「法治国家」の名にふさわしい対応をしたと言えるのだろうか。

以下では、まず、事案の概要や訴訟での国の主張、裁判所の判断について述べ、その後、それらが「法治国家」に相応しいものかどうかの考察を加えることとする。

## 2．タイ国籍少年の強制退去事件

### (1)　事案の概要

冒頭で紹介した少年は、タイ国籍の両親のもと、2000年に日本で生まれた。父親はその後所在不明となった。

彼は2013年、20年近く日本に在留していた母とともに東京入国管理局にオーバーステイであることを自主申告し、在留特別許可を求めた。しかし、2014年7月1日に、東京入国管理局長は彼らの在留特別許可を認めない処分を下し、東京入国管理局主任審査官は、同年8月1日付で彼が一度も足を踏み入れたことのないタイを送還先とする退去強制令書を発付した。

### (2)　「在留特別許可に係るガイドライン」の積極要素しか存在しない

上記東京入国管理局長の処分を受けた後、筆者は上記少年とその母親と面談し、東京入国管理局長らによる処分の取消訴訟を起こすよう依頼を受けた。

筆者が、最初に彼らから聞き取りをした時に疑問に思ったのは、なぜ、彼らに在留特別許可が認められなかったのかということであった。

筆者は、母親について在留特別許可を認めなかったことにも大きな問題があると考えているが、法務省が2006年に公表し2009年に改訂した「在留特別許可に係るガイドライン」（以下「ガイドライン」という。[*1]）に照らして見れば、少年に在留特別許可が認められないのは全く不可解であった。

この少年は、日本で生まれ育ち、タイに行ったことは一度もない。処分当時は、地元の私立中学校に通っていた中学校３年生であった。これは、ガイドライン、「2　その他の積極要素」として(5)「当該外国人が、本邦での滞在期間が長期間に及び、本邦への定着性が認められること」に該当する。

### (3)　訴訟での国の主張

筆者は、なぜ本件で在留特別許可が認められなかったのか不明見当もつかないまま、訴訟を提起したところ、国側が答弁書で、在留特別許可を認めなかった理由を述べてきた。

その内容は、

①少年の不法在留期間が長い。

②少年は小学校には通っておらず中学２年生から編入してきたので定着性が十分ではない。

③自主申告はそれ程重視されるべきものではない。

というものであった。

これを読んで、筆者は、ガイドラインを作成し公表した国自身がそのガイドラインを無視ないしは軽視した主張をしていることにたいへん驚いた。

### (4)　地裁判決

しかしながら、一審東京地方裁判所は、国の主張をほぼそのまま受け入れる形で、少年に在留特別許可を認めなかった東京入国管理局長の判断を適法だったと判断した。

その判決理由の概要は、

　①法務大臣の権限委任を受けた東京入国管理局長が在留特別許可をするかどうかの判断には極めて広範な裁量が認められる。

　②あくまでガイドラインは例示であり、拘束力はないから、ガイドラ

---

*1　法務省、2017年12月18日、「在留特別許可に係るガイドライン」、http://www.moj.go.jp/content/000007321.pdf

第7章　在留特別許可をめぐる入管・裁判所と「法治国家」　**97**

インに反する判断をしても直ちに違法という判断にはならない。

　③そのため、ガイドラインに掲げられていない事情（不法在留期間が長い）を消極要素としても問題なく、少年本人に帰責性がないとしても、出生後在留資格の取得申請をせずに不法滞在を続けたことは消極要素として考慮せざるを得ない。

　④自主申告もそれだけを重視するわけにはいかない。

というものだった。

### (5)　一審判決後の母の帰国、高裁判決、その後の経緯

　ただ、一審判決は、処分時の事情を前提にすると、少年に対して在留特別許可を認めなかったのは適法だとしながら、処分後少年が高校に通って定着性を高めていったことなどから、括弧書きで「(仮に、今後、原告母が本国に送還された後も原告母に代わって原告子の監護養育を担う監護者となり得る者が現れてそのような支援の体制が築かれ、原告子自身も本国に帰国する原告母と離れても日本での生活をすることを希望するなどの状況の変化が生じた場合には、そのような状況の変化を踏まえ、再審情願等の手続を通じて、原告子に対する在留特別許可の許否につき改めて再検討が行われる余地があり得るものと考えられるところである。)」との付言をした。

　これを受けて、少年の母は、少年だけでも日本に残れることを願い、控訴はせずに、無念の帰国を果たした。裁判所が、親子を分離したのも同然である。

　そして、少年に対する控訴審判決は、一審を支持し、少年に在留特別許可を認めなかった東京入国管理局長の判断を適法とした。

　その後、少年は最高裁判所に上告等を行ったものの、一審判決が付言した再審情願による救済に絞るべく、上告等を取り下げた。そして、それから約1年を経過した2017年12月14日、東京入国管理局長は再審情願を受け入れ、少年に在留特別許可を認めた。

　では、上記のような国の主張や、これを是認した裁判所の判断は、果たして「法治国家」の名にふさわしいものだったのであろうか。

**98**　第1部　外国人の増加と関連した社会の変化

## 3．在留特別許可に関する広範な裁量論とガイドライン

### (1)　広範な裁量論

まず、裁判所が、在留特別許可に関して極めて広範な裁量を認めたことが問題である。

三権分立の原則の下、司法権が行政権の濫用に歯止めを掛けるのは、司法が期待されている本質的作用である。ただ一定の分野においては、行政の判断に委ねることが個人の人権保障のためにはむしろ有効であることから、司法判断を差し控えるべき場合がある。これが「行政裁量」である。「行政裁量」が認められる根拠としては、専門的技術的裁量、政策的裁量、臨機応変を要する対応についての裁量が挙げられている（芝池 2006：72頁）。

しかし、在留特別許可を求める当事者の主張や、それを拒絶した国側の主張は、いずれも日本への定着性や、血縁関係、家族関係など、十分司法判断に馴染む要素ばかりである。原子力発電所の設置のような特別な専門的技術的知識が必要な分野ではないし、また、政策的判断を要するものではない。

さらに、臨機応変を要する対応について裁量が認められるのは、例えば、警察官が道路において交通の危険が生じるおそれがある場合の歩行者・車両の一時的な通行禁止等の措置を取るような場合である。しかし、本件では、少年らが自主申告をしてから在留特別許可を認めない判断をするまでに1年近くを要していたのであるから、臨機応変を要する場合にもあたらない。

したがって、東京入国管理局長に極めて広範な裁量を認める根拠はない。

それにもかかわらず、一審東京地方裁判所も、控訴審東京高等裁判所も、最高裁判所のマクリーン事件判決（昭和53年10月4日大法廷判決・民集32巻7号1223頁）などを漫然と踏襲し、幅広い行政裁量を認めて司法判断の及ぶ範囲を自ら限定した。

この点で、権力分立のもと独立した司法権が行政のチェック機能を果たすことが期待される法治国家としての機能は不全であると評価せざるを得ない。[*2]

---

\*2　宮田2012:213頁は、同じ入管法に根拠のある法務大臣の再入国許可処分（入管法26条1項）について、「入管法26条1項の規定は法治国原理に反する規定なのではないか。法治国原理によれば、いかなる場合にいかなる処分を行うことができるかは、法律に留保されなければならない。法治国原理は、行政庁による高権的侵害をできるだけ予測可能なものにす

## (2) ガイドラインの拘束性

　また、国は、訴訟で自ら定めたガイドラインに明記されていない長期の不法滞在という事情を消極要素として主張したり、明記されている自主申告や定着性といった積極事情を軽視したりしており、裁判所もこの点を是認している。法治国家としてあるまじき態度である。

### ① 平成27年3月3日最高裁判決（判例時報2267号21頁・判例タイムズ1416号47頁）

　このような国の主張や、これを是認した裁判所の判断は、以下の上記最高裁判決に照らしても不当である。

　すなわち、最高裁平成27年3月3日判決は、「行政手続法は、行政運営における公正の確保と透明性の向上を図り、もって国民の権利利益の保護に資することをその目的とし（1条1項）、行政庁は、不利益処分をするかどうか又はどのような不利益処分とするかについてその法令の定めに従って判断するために必要とされる基準である処分基準（2条8号ハ）を定め、かつ、これを公にしておくよう努めなければならないものと規定している（12条1項）。上記のような行政手続法の規定の文言や趣旨等に照らすと、同法12条1項に基づいて定められ公にされている処分基準は、単に行政庁の行政運営上の便宜のためにとどまらず、不利益処分に係る判断過程の公正と透明性を確保し、その相手方の権利利益の保護に資するために定められ公にされるものというべきである。」とした上で、「裁量権の行使における公正かつ平等な取扱いの要請や基準の内容に係る相手方の信頼の保護等の観点から、当該処分基準の定めと異なる取扱いをすることを相当と認めるべき特段の事情がない限り、そのような取扱いは裁量権の範囲の逸脱又はその濫用に当たることとなる」と判断した。

　そして、ガイドラインは、行政手続法12条1項に基づいて定められたものではないが、透明性確保と公平性担保のために設けられたものであり、その趣旨は同じである。[*3]

---

　　ることを、要求する。人の権利や自由をいかなる場合に規制し侵害することが許されるかは、法律の明確な規定によるべきであって、これを行政に全く委ねてしまうことは許されない。法律が規制的な行政処分の処分要件について何ら規定していない場合、そのような規定は、法治国原理に照らし、これを無効と考えるべきであろう。」としている。

*3　平成21年7月10日付法務省管審第414号「在留特別許可に係るガイドラインの見直しについて（通達）」によれば、「在留特別許可の運用の透明性を更に向上させ、不法滞在者が出頭しやすくなる環境を整備するとの観点から」見直しがされたものである。

したがって、ガイドラインについても、この最高裁判決の趣旨は妥当する。ガイドラインと異なる取り扱いをすることを相当と認めるべき特段の事情がない限り、そのような取り扱いは裁量権の範囲の逸脱又はその濫用に当たり、違法なのである。

### ②　複数の高裁判決

　また、ガイドラインが示した基準から大きく離れた判断は、特段の事情が存しない限り、平等原則ないし比例原則に反するものとして、裁量権の逸脱又は濫用を基礎づけると解するのが相当であるとした高裁レベルの裁判例も複数存在する（名古屋高裁平成25年５月30日判決・公刊物未登載、大阪高裁平成25年12月20日判決・判例時報2238号３頁、名古屋高裁平成25年６月27日判決・判例秘書登載）。

### ③　小括

　上記の最高裁判決も複数の高裁判決も、何も難しいことを言っているのではない。自分の決めたルールに違反しているのだから、それは基本的に間違いであると述べているだけである。[4]

　他方、タイ国籍の少年に在留特別許可を認めなかった国の主張や、これを是認した裁判所の判断は、お上が決めたルールであっても裁量が幅広いのだから、それに違反したり、書いていないことを考慮したりしても何も問題がないというものである。

　どちらが、法治国家として相応しい態度なのかは自明であろう。

## ４．入管こそガイドラインを守るべき

　このように見てみると、法治国家なのだからルールを守れ、と非難されるべきは、オーバーステイの少年家族ではなく、幅広い裁量があるから司法判断は遠慮すべきで自ら定めたガイドラインにすら縛られないとする入国管理局や、これを是認する裁判所の方であることは、明らかである。

---

　そして、平成26年10月24日、衆議院法務委員会で答弁した当時の法務省入国管理局長井上宏氏も、「その在留特別許可の透明性や公平性を向上させるために、ガイドラインを設けたり、在留特別許可が認められた事例あるいは認められなかった事例などの事例集をつくって公表するなどしてございます。」として、在留特別許可ガイドラインが公平性向上のための制度であることを明言している。

[4]　後掲・亘理（2017年:133頁）、近藤（2017年:148頁）も同旨。

筆者は、丁度本稿執筆途中の2017年12月14日に、タイ人少年に在留特別許可が認められたという一報を受けた。嬉しい半面、入国管理局が自らに課したルール（ガイドライン）に従って判断をするという法治国家として当然の振る舞いをしていれば、2014年7月の処分時点で何の問題もなく在留特別許可が認められるべきであったし、そうでなくても、裁判所が法治国家らしい司法権の独立を発動していれば2016年には彼らを救済し家族の分断を防げたはずである。

　ガイドラインの内容の是非については議論の余地のあるところであるが、少なくとも入国管理局は自らが定めたルールに則った判断をすべきである。そして、ガイドラインを逸脱した判断を下したと認められる場合には、裁判所は、地方入国管理局局長の裁量を尊重することなく、違法の判断を下すべきである。それこそが法治国家として在るべき姿である。

【参考文献】
・宮田三郎　2012年『行政裁量とその統制密度（増補版）』信山社。
・芝池義一　2006年『行政法総論講義第4版補正版』有斐閣。
・亘理格　2017年「在留特別許可の裁量性と『在留特別許可に係るガイドライン』の自己拘束性」自治研究第93巻第9号133頁。
・近藤敦 2017年「日本人の配偶者の活動要件と在留特別許可ガイドラインにみる比例原則」判例時報2336号148頁。

（こだま・こういち）

# 被収容者への差し入れ
## 東京入国管理局の例

三浦萌華

● 差し入れ可否の情報がない入国管理局ホームページ

　被収容者に差し入れをする場合は、面会申出書に差し入れ品の品目と個数を記入する。その後、面会フロアの受付で差入れ可能なものであるかをひとつずつ細かくチェックされ、差し入れできないものは本人が持ち帰るか、受取人である被収容者の預かり品として保管してもらうことになっている。受付では、差し入れできないと言われた品物を残念そうにかばんに詰め直す外国人をたびたび目にする。なかには重たそうな外国製のシャンプーや洗剤などの生活用品を持ち帰る人もいる。

　入国管理局のホームページでは、差し入れに関する情報が掲載されているものの、飲食物のほか、凶器となりうる刃物やひも類、睡眠薬などの医薬品などが差し入れ不可である旨が簡単に書かれているのみである。具体的な差し入れ可否については、各収容施設に問い合わせるか、実際に行ってみるしかない。

東京入国管理局外観（2017年10月30日　筆者撮影）

東京入国管理局外観：面会入口
（2017年10月30日 筆者撮影）

### ●余計な苦労を強いられる外国人の面会者

　東京入国管理局では、具体的に差し入れ可能／不可能なものを、1階の面会受付に貼り出している。しかしながらそのポスターは待合用のベンチの前に1枚貼られているのみであり、さらに内容はすべて日本語で書かれている。つらつらと並ぶ漢字にはルビがひとつも振られていない。このような状況で、外国人の面会者が、なにが差し入れできるものなのかを判断することはできない。

　被収容者は外国人であり、当然、面会には日本人だけでなく外国人の家族や友人も多く訪れる。遠方から差入れのためにシャンプーや洗剤など重たくかさばる生活用品を抱えてくる人も少なくない。ところが、それらも成分表などが日本語で表記されているものでなければ差し入れができず、持ち帰らなければならない。

　このように、特に外国人に対する情報共有が十分になされないがゆえに、面会者は余計な苦労を強いられ、また被収容者も必要な生活用品などを受け取れずにいる。少なくとも、ホームページ上での差し入れにかんする情報掲載の多言語化などの対応が必要である。

（みうら・もえか）

**第8章**

# 財団・社会福祉法人・大学の三位一体で運営する集中学習支援教室

## 浅川達人
明治学院大学教授

## 1. 内なる国際化プロジェクトの概要

### (1) プロジェクトの目的

　明治学院大学では、社会学部と教養教育センターが共同して「内なる国際化プロジェクト」を2015年度より運営している。このプロジェクトの目的は、「内なる国際化」に対応した人材を育成することにある。

　現代社会がグローバル化した社会であることは、ここで説明するまでもない。ただし、「グローバル化」には、少なくとも2つの方向性があることは、確認しておく必要がある。ひとつは「外向きのグローバル化」であり、「今後はますますグローバル人材が求められる時代となる」などという文脈で語られるグローバル化である。グローバル人材、すなわちグローバル化した社会で活躍する人というと、「英語を使って海外で活躍する人」を一般的にはイメージしやすい。もちろん、「英語を使って海外で活躍する人」もグローバル人材の一形態ではあるものの、「英語以外の言語」を活用して海外で活躍する人もグローバル人材である。

　一方、日本語を含む多言語を用いて国内で活躍する人もまた、グローバル人材なのである。日本には現在、約247万人の外国籍の人が暮らしている（法務省 2017）。リーマンショックを契機に一時的にその数は減少したものの、2012年以降、再度増加傾向にある。また、日本国籍ではあっても外国にルーツを持つ多くの人びとも、日本社会で暮らしている。この日本で暮らす「外国につながる人びと」の正確な人数は、官庁統計などには現れてこないが、日本社会で暮らしている外国籍の人びとと、外国につながる人びとの合計の人数は、前述の約247万人よりも確実に多いことになる。

## 表1　研究会

|  | 開催日 | 講師 | テーマ |
|---|---|---|---|
| 第1回 | 2015年11月12日 | 矢崎理恵（さぽうと21学習支援室コーディネーター） | 多文化社会における学習支援の重要性 |
| 第2回 | 2015年11月20日 | 宣元錫（中央大学非常勤講師） | 外国人受け入れ政策の歴史と課題 |
| 第3回 | 2015年1月7日 | 岩田一成（清心女子大学准教授） | 外国人支援と学生ボランティア |
| 第4回 | 2016年6月30日 | M. 重松スティーヴン（Stanford University、Consulting Professor） | 日米の『ダブル』のアイデンティティを生きる |
| 第5回 | 2016年12月7日 | 高橋清樹（多文化共生教育ネットワークかながわ事務局長） | 定時制高校への支援のあり方について |
| 第6回 | 2017年6月19日 | 伴野崇生（慶應SFC特任講師） | 難民・難民の子どもたちに伴走する教育・学習支援を目指して |
| 第7回 | 2017年7月10日 | 坂本いずみ（University of TORONTO、Associate Professor） | カナダの多様性と移民支援の現状 |

　後者のグローバル化を本プロジェクトでは「内なる国際化」と呼ぶ。「内なる国際化」の過程にある日本社会で暮らしている、外国籍の人びととおよび外国につながる人びととは、それぞれに固有の生活課題を抱えている。それらの生活課題の解決に向けて、日本国内で尽力するグローバル人材の増加が日本国内において望まれている。

### (2)　活動内容の紹介

　本プロジェクトでは2015年度以降今日まで、「研究活動」「啓発・教育活動」「教育プログラム整備」「支援実践活動」「広報活動」「自己評価」の6分野にわたる活動を行ってきた。以下では、「研究活動」「啓発・教育活動」「教育プログラム整備」について紹介させていただく[*1]。

---

*1　本稿で取り上げた活動以外の諸活動については、本プロジェクトが刊行した3冊のブックレットに、その詳細がまとめられている。

## 表２　シンポジウム

| | 開催日 | 講師 | テーマ |
|---|---|---|---|
| **第１回** | 2015年10月17日 | 鈴木江里子（国士舘大学文学部教授） | 多文化化する日本を考える——共に生きる社会を目指して |
| | | 長谷部美佳（東京外国語大学特任講師） | 人とのつながりと多文化共生 |
| | | 松野勝民（MICかながわ理事長） | 外国人医療から見える生活課題 |
| **第２回** | 2016年10月22日 | 徳永智子（慶應義塾大学特任講師） | グローバル社会を生きる移民の子どものエンパワーメント：アメリカのNPOの取組みから |
| | | 上田崇仁（愛知教育大学准教授） | 「手を洗ったら、女の子からタオルを取りに行ってね」が示した問題 |
| | | 田中宝紀（NPO法人青少年自立援助センター定住外国人子弟支援事業部統括コーディネーター） | 外国につながる子どもたちを支える：多様性が豊かさとなる未来を目指して |

### 1）　研究活動

　2015年から2017年11月末までに、７回の研究会を開催した。本プロジェクトを企画・運営している教員は、必ずしも「内なる国際化」問題を専門として教育・研究してきたわけではない。そこで、まずは教員がこの問題について理解を深める必要があり、研究会を先行させることとした。７回の研究会の概要は**表１**の通りであった。

### 2）　啓発・教育活動

　「内なる国際化」に対応した人材を育成する必要性を、学内の学生・教職員そして学外の方々にも広く知ってもらうことを目的として、これまでに３回のシンポジウムを学外にも公開する形で開催した。2015年度および2016年度に行ったシンポジウムでは、「内なる国際化」について研究している研究者および実践活動を行っている実務家を講師としてお招きし、話題提供いただいたうえでフロアとの議論を行った。講師およびテーマは、**表２**にまとめ

## 表3　2016年度開講科目

| 科目名 | 科目の位置付け |
|---|---|
| 現代世界と人間1：内なる国際化としての多文化共生 | 共通科目 |
| 現代世界と人間2：内なる国際化としての多文化共生 | 共通科目 |
| 英語研究1A：多文化社会と言語教育に関する科目 | 共通科目 |
| 英語研究1B：多文化社会と言語教育に関する科目 | 共通科目 |
| 社会学特講A：内なる国際化論――人の移動の実態とメカニズム | 社会学部科目 |
| 社会学特講B：内なる国際化論――日本およびアジア諸国の比較研究 | 社会学部科目 |
| 社会学特講A：異文化コミュニケーション | 社会学部科目 |

た通りであった。[2]

　2017年度のシンポジウムは、参加者全員で語り合う意見交換型シンポジウムという形式にて開催した。「With us，For us‐世界と　私で　創る未来」というタイトルで、日本の中の多様な「現実／リアル」をテーマに、参加した本学学生および学外の方々が活発に議論を行った。[3]

### 3)　教育プログラム整備

　2015年度より、「内なる国際化」に対応した人材を育成するための教育プログラムの整備に取り掛かった。まずは、すでに開講されていた共通科目の中から、本プロジェクトの趣旨に合致する既存の科目をピックアップし、学びのガイドラインを整備することからスタートした。それに加えて、2016年度より社会学部の学生を対象とした科目として、複数の科目を新規に開講した。これらの科目は、研究会にお招きしお話を伺った講師の方々に担当を依頼する形で、新規に開講した。2016年度の開講科目は、**表3**の通りであった。

　これらの科目の中から12単位以上を修得した学生は、自己申請により、社会学部および教養教育センターから「多文化共生サポーター」として認証される、という認証制度を2017年度より開始した。この制度は、学生たちに「内なる国際化」に対応した人材となるための学びのガイドラインを示すととも

---

＊2　これらのシンポジウムの報告内容は、各報告者が執筆した原稿として、本プロジェクトが刊行したブックレットに掲載されている。

＊3　本プロジェクトのWEBサイトに、このシンポジウムを企画・運営した学生スタッフによる報告が記載されている。URLは次の通りである。http://internal-i18n-meijigakuin.org/archives/2138

表4　2017年度に追加した科目

| 科目名 | 科目の位置付け |
|---|---|
| ボランティア学7：「共生社会」再考：実践者との対話 | 共通科目 |
| ボランティア学8：「共生社会」再考：アプローチを探る演習 | 共通科目 |
| 内なる国際化論A：難民とグローバル社会 | 社会学部科目 |
| 内なる国際化論B：人間から学ぶ平和 | 社会学部科目 |
| ボランティア実践指導 | 社会学部科目 |

に、そのインセンティヴを高めることを目的として導入された。

　2017年度は既存の共通科目からピックアップする科目を増やし、また社会学部の学生を対象とした科目もさらに新設した。また、「ボランティア実践指導」を新規に開講し、支援実践活動との連携を図った。2017年度に新規に取り上げた／開講した科目は表4の通りであった。

　多文化共生サポーターの認証に必要な単位の修得に加えて、「ボランティア実践指導」の単位を修得した場合、社会学部および教養教育センターから「多文化共生ファシリテーター」として認証されるという認証制度を2017年度より開始した。

　春学期に「ボランティア実践指導」を受講した学生が、夏休み期間に実施される集中学習支援教室（後述する）にボランティアとして参加することによって支援活動を実践し、その振り返りを秋学期の「ボランティア実践指導」の受講を通して行うのである。多文化共生サポーターの認証に必要な科目という教室での学びに加えて、「ボランティア実践指導」での学びを集中学習支援教室での支援活動において実践するという学習経験を修めた学生を、「多文化共生ファシリテーター」として認証することとしたのである。2017年11月現在、20数名の学生が「ボランティア実践指導」を履修している。

## 2．財団・社会福祉法人・大学の三位一体で運営する集中学習支援教室

### ⑴　支援実践活動の場の模索

　本プロジェクトでは、教室での学びだけではなく、支援の現場における実践を踏まえた上での学びを通して、「内なる国際化」に対応した人材を育成

するという方針を掲げた。この方針の実現のためには、支援実践活動を行う場を確保することが必要であった。

本プロジェクトでは、2015年度より支援実践活動を行う場の模索を開始した。外国につながる人びとが暮らす場で支援実践活動を展開している方々に会い、現場を見学し、活動についての説明を受け、学生たちが参加出来る可能性を模索した。

その過程で、幸運な偶然から社会福祉法人「さぽうとにじゅういち」(以下、「さぽうと21」と記載する)の存在を知ることとなり、本プロジェクトの事業展開に対する支援をいただく関係を構築することができた。[*4] さぽうと21は、1979年に設立されたインドシナ難民を助ける会(現 AAR Japan[認定NPO法人難民を助ける会])の国内事業を引き継ぐかたちで1992年に設立され、難民・中国帰国者・日系定住者など、日本に暮らす外国出身者の自立支援を目的として、生活上のさまざまな相談を受けたり、経済的な困難を抱える学生たちの就学を支援する「生活支援金の支給」を行ったり、また日本語をはじめとした「ボランティアによる学習の支援」を続けている団体である。[*5]

さぽうと21の学習支援室コーディネーターの矢崎理恵氏より、2016年4月上旬に、難民など外国にルーツをもつ子どもたちを対象に夏季休暇中の大学の教室を使って集中的に学習支援室を開催できないかという提案をいただいた。さぽうと21では毎週土曜日に学習支援活動を行っており、それは大きな成果を上げてはいるものの、「子どもたちの基礎的な学力をつけるという点からは限界がある」(さぽうと21 2016：2)と感じていた。長年こうした長期休暇の集中学習支援教室の開催を望んでいたものの、これまで条件が整わず実現していなかったというのである。

## (2) 開催までの経緯

この提案は、本プロジェクトにとって実に好都合な提案であった。本プロジェクトの共同代表のひとりである野沢は、「私たちが当初から模索していた学生たちの支援実践の場が、学外の遠い場所ではなく自分たちのキャンパスの中に、しかも長期休暇中という学生たちも身動きしやすい時期に実現す

---

*4　この間の経緯については、野沢(2017：31-50)に詳細にまとめられている。

*5　「社会福祉法人さぽうと21」WEBサイト(2017年11月26日取得、http://support21.or.jp/)

**110**　第1部　外国人の増加と関連した社会の変化

るという意味で、実に好都合な提案であった」（野沢 2017：32）と回想している。

　さらに幸運なことに、さぽうと２１には、集中学習支援教室を行うために必要な資金が、一般財団法人柳井正財団から提供されることとなった。こうして、さぽうと２１という社会福祉法人が行う小・中学生のための「集中学習支援教室」を、財団からの資金援助により、明治学院大学白金キャンパス内の教室を使って、明学生の実践的学びの場のひとつとして、2017年11月現在までに３回開催することができた。

　第１回は、2016年８月１日から８月30日まで開催し、６カ国につながる20名の小・中学生と２名の高校生が参加し、明治学院大学他学生29名（のべ51名）、その他（大学関係者、社会人等）４名（のべ６名）がボランティアとして参加した。第２回は、2017年３月27日から31日、４月３日から５日に開催し、６カ国につながる20名の小・中学生と２名の高校生が白金キャンパスの教室に通って勉強に励んだ。学内のボランティア募集に応募してくれた本学学生、総計32名が、毎日６〜７名ずつ学習支援に参加した。第３回は、2017年７月31日から８月29日まで開催した。この回は、本プロジェクトが開講する授業「ボランティア実践指導」を履修する23名の社会学部の学生がそれぞれ５日間以上教室に参加し、子どもたちの学習を支援する活動を展開した。

## ⑶　財団・社会福祉法人・大学の三位一体で運営する集中学習支援教室の機能

### 1)　顕在的機能

　さぽうと２１は、集中学習支援教室開催の目的として、以下の３点を挙げていた（さぽうと２１ 2016：2-3）。第一に、難民の子どもたちの日本語力と学力を向上させ、進学・就職の選択肢を拡げること。第二に、学習習慣を身につけさせ、家庭内での自立学習を可能にすること。そして第三に、難民問題、難民支援に関心のある若者層に取り組みやすい支援活動の機会を提供し、支援者層を拡大することである。

　これらの目標がどの程度達成されたか、すなわち集中学習支援教室の顕在的な機能については、さぽう２１が作成した報告書に詳述されており、またその報告書に基づいて野沢が概略をまとめている（野沢 2017：32-35）。

### 2)　潜在的機能

　ここでは集中学習支援教室の潜在的な機能について紹介したい。集中学習

支援教室に通う子どもたちに意外に人気があったのが、学食であった。明治学院大学白金キャンパスの学食は、学生たちにとっては横浜キャンパスの学食と比べて不人気であるものの、子どもたちにとっては、比較的安価で自分で選んだ食事をとることができることは魅力的だったようである。それだけではなく、教室から学食への移動は、当然ながら学内での移動なので、さぽうと21のスタッフにとっては、昼食時の子どもたちの交通事故の心配をしないで済む。

　外国につながる子どもたちにとって、高等教育への進学は、経済的にも学力的にも厳しいことが多い。また、身の回りにも高校生や大学生が少ない（もしくはいない）ため、高校生活や大学生活をイメージすることが難しい。今回、大学のキャンパス内で集中学習支援教室を行ったために、ボランティアの大学生と話すことによって、またキャンパス内で大学生の生活を実際に見ることができ、大学へ進学することが人生の選択肢のひとつとして捉えられるようになった。集中学習支援教室に通った高校生のひとりが、本学のオープンキャンパスに友だちを連れて参加してくれたことは、そのことのひとつの現れである。

　もうひとつ指摘しておきたいのは、この集中学習支援教室が、「子どもたちが仲間と出会い、関係を作る、友人ネットワーク形成の場として機能していた」（野沢 2017：34）という事実である。毎週土曜日にさぽうと21で行なわれている学習支援室では、成人を含む多くの学習者のひとりに過ぎないが、同じ年頃の仲間と連日長時間にわたり「教室」という場を共有したことから、教室が「居場所」としての機能を有したのである。日頃、自分と同じ境遇におかれている存在が稀有である場におり、必ずしも自分に共感してくれる存在が多くない場において、緊張を強いられながら生活している子どもたちにとって、自らの存在価値を確認できる居場所として機能していたと考えられる。

## 3. 今後の展望と課題

### (1) 今後の展望

#### 1) 学長プロジェクト

　本プロジェクト、すなわち「内なる国際化プロジェクト」は、本学が資金援助する「教学改革プロジェクトC」より資金援助をいただいた。援助期間

は、2015年度より3カ年であったため、2017年度がプロジェクトの最終年度であった。

これまで紹介してきた通り、ようやく教育プログラムの整備が進み、多文化共生サポーター・ファシリテーターの認証制度が立ち上がり、財団・NPO・大学三位一体の集中学習支援教室も複数回の実施が実現したに過ぎない。本プロジェクトとしては、これらの既存の活動を継続し、できればこの動きを他学部にも広げ全学的な取組みへと拡張していきたいと願っていた。

そこでこれまでの本プロジェクトの成果を提示しつつ、全学的な取組みへと拡張するという計画を加味して、大学に対してさらなる資金援助を2017年6月に申請した。審査の結果、2017年11月末、本プロジェクトは2018年度より2カ年間学長プロジェクトとして採用された。

### 2) 学部の研究プロジェクトの立ち上げと科研費申請

社会学部内では2017年度より、特別推進プロジェクト「内なる国際化に向けた生活保障システムの再編」を立ち上げた。このプロジェクトは学内の教員15名によって組織され、「外国につながる子どもたちへの教育支援と生活支援」「外国人受け入れにかかわる生活保障システムの国際比較」「横断的な支援に向けた実践的研究」「地域社会のマルチエスニック化（エスニシティの多層化・多様化にともなう多文化共生に向けた先進地域の研究）」という4つの研究グループによって構成されている。2017年度は、本プロジェクトと共催で研究会を行うことからスタートし、11月末現在、先進地域でのインタビュー調査や国際比較研究のための韓国訪問などが計画されている。

また、この特別推進プロジェクトのメンバーに学外の研究者を加えて、2018年度の科研費（基盤研究B）の申請を行った。研究課題名は「アジア・日本の内なる国際化に向けた総合的研究」であり、2020年までの3カ年を研究期間としている。研究概要は以下の通りである。

定住外国人人口の増加や世代継承により、日本人／外国人の区別はあいまいになっている。だが、それが制度改革につながってはおらず、たとえば日本語の障壁による教育現場の課題は関係者の努力にゆだねられたままである。こうした課題は、教育から雇用・労働などへと伝播しつつあり、縦割りの社会保障制度を根本から見直す必要が生じつつある。

それについて、エスニシティ研究につながる事例調査と、福祉・保障制度に関する理論的課題とを連結し、アジア・日本における「内なる国

際化」の可能性を探ることが本研究の目的である。外国につながる多様な人々について、当事者、家族、支援団体、教育現場、行政などへのヒアリング調査から、ライフコースにおける多様な困難とその相互の関連性を明らかにする。同時に、社会福祉・教育分野の研究者との共同によって、それを、アジア諸国との比較を含めた社会保障制度の理論的検討につなげ、現実社会への提言として具体化する。[*6]

## (2) 課題
### 1) 効果測定

　本プロジェクトでは、シンポジウムなどのイベント参加者を対象としてアンケート調査を行い、活動の効果測定を試みてきた。また、マスコミなど学外の機関に取り上げていただくことも、学外からの評価とみなしてきた。さぽうと21および柳井正財団から、集中学習支援教室の運営という本プロジェクトの活動のひとつに参画いただけるようになったことも、本プロジェクトに一定の社会的意義を見出していただけたからこそのことだと考えられる。

　しかしながら、本プロジェクトの活動のひとつひとつが、どの程度の効果をもっているのかについては、まだまだ十分に測定および検討がなされているとは言えない。たとえば、外国につながる子どもたちへの集中学習支援教室が、子どもたちの社会的地位達成に対してどの程度の寄与をなし得るのかを、どのような次元から、いつの時点で、どのように測定すべきかについては、今後検討を重ねる必要がある。また、多文化共生サポーター・ファシリテーターという学びを修めた本学学生が、「内なる国際化」という現実に対して対応できる人材として成長したのかをどのように測定すべきかについても、同様に検討を重ねる必要がある。今後、効果測定については学内外の研究者・実践家との議論を積み重ねていきたい。

### 2) 社会実装

　本プロジェクトの取組みが、「内なる国際化」という現実に対して対応できる人材の育成に寄与し、外国につながる子どもたちの社会的地位達成に対して寄与できるよう、本プロジェクトとしては引き続き尽力していく所存である。それだけではなく、この取組みが、学外にも伝播していくことを期待

---

＊6　平成30年度基盤研究（B）研究計画調書（研究代表者：野沢慎司）より引用

している。

そのために、本プロジェクトがこれまで何を考え、何を実行してきたのか、その概要を本稿において紹介させていただいた。「内なる国際化に対応した人材の育成」が、広く日本社会の中に実装されることを期待したい。

【参考文献】
・さぽうと２１ 2016『難民子弟のための夏休み集中学習支援教室実施報告書』社会福祉法人さぽうと２１。
・野沢慎司 2017「難民の子どもたちのための夏休み学習支援教室──大学キャンパス内で学生が支援に関わる試み」明治学院大学教養教育センター・社会学部編『外国につながる子どもたちと教育──「内なる国際化」に対応した人材の育成』かんよう出版、p. 31-50。
・法務省 2017「平成29年６月末現在における在留外国人数について（確定値）」法務省ホームページ（2017年12月１７日取得、http://www.moj.go.jp/nyuukokukanri/kouhou/nyuukokukanri04_00068.html）

（あさかわ・たつと）

## 第9章

# 多文化共生と日本社会の課題
ニューカマー外国人急増期から30年の変化を再考する

渡戸一郎

明星大学名誉教授、APFS会員

## 1. はじめに──「多文化共生」概念の再考へ

　日本では1980年代後期以降、"ニューカマー"外国人の急増を受けて、地域レベルでさまざまな主体による対応が模索・展開された（駒井・渡戸編 1997）。この過程を経て2000年代に入り、「多文化共生」が新たな社会課題として広く提起される。背景のひとつには、日系南米人労働者の急増をみた地方工業都市自治体の首長たちが、広域的な政策ネットワーク（2001年創設の外国人集住都市会議）を構築し、国の関連省庁に対して自治体の立場から外国人の定住化を前提とする国の外国人受入れ体制の整備を求めたことがあった（山脇2011）。総務省の「地域における多文化共生推進プラン」（2006）は、こうした自治体レベルの政策動向を踏まえて提案されている。

　しかし、「共生」という規範的な価値を内包するこの概念じたいは、80年代後期から外国人移住者支援に取り組む市民団体や、在日コリアンらの社会運動と協働する川崎市のような大都市自治体の取り組みから提起されてきたものである。[*1] それゆえ「多文化共生」は、どちらかと言えば、ホスト社会の視点に立って社会統合を目指しつつ、地域・自治体レベルの新たなローカル・シティズンシップの確立を志向する政策概念だと言えよう（渡戸 2009:180）。「多文化共生」には、①マイノリティ住民の人権擁護、②国籍による差別的取り扱いの撤廃、③文化的多様性の承認が含まれるが、そこには同時

---

*1　APFSでも1993年に「いま地域における＜共生＞を考える」と銘打つシンポジウムを事務所の所在する東京・板橋区で開催し、外国人・日本人のボランティア、そして商店会や区の国際交流協会の関係者が＜共生＞のあり方について意見交換している。

に「日本人/外国人」の二項対立が前提として埋め込まれていることが指摘されてきた（柏崎 2010：246-249）。近年に至り、こうしたホスト社会の視点には徐々に変化が見られる[*2]とは言え、基本的な課題は残されたままであると考えられる。本章では、APFSの活動が生まれた1980年後半のニューカマー外国人急増期以降、今日までの約30年間の変化を踏まえながら、あらためて「多文化共生」概念を再検討してみたい。

## 2．若い移住労働者との出会いと初期APFSの社会運動

80年代後期のバブル景気を背景に若いアジア系の外国人の学生、労働者が急増した頃、私は旧自治省関係の研究機関で「自治体の国際化政策」の調査研究に取り組んでいた（地方自治協会監修 1988）。しかしこの段階ではまだ留学生や欧米系外国人、国際交流団体、自治体担当者が主な調査対象であった。私が移住労働者の問題に具体的に関わるようになったのは、大学に異動した90年代初頭、APFSでバングラデシュ青年たちと出会ったことに始まる（渡戸 1997）。

APFSの小さな事務所を初めて訪れた1992年、そこに出入りしていたのはバングラデシュやパキスタンなど、主として南アジアからの青年たちだった。彼らはほとんどが観光など短期滞在者や日本語学校の就学生として来日し、実際には出身国に比べて数十倍にもなる賃金の獲得をめざす出稼ぎ労働者として「不法就労」していた。彼らの目は一様にキラキラと輝き、片言の日本語で自分たちの就労現場での窮状（賃金未払い、労災など）を訴えるとともに、日本の社会や文化に対する強い関心と学習意欲を見せていた[*3]。彼らは週末になるとAPFSの事務所や近くの街角に溜まって情報交換し、エスニック・レストランなどに集う。そして音楽グループの結成や母国の人気歌手のコンサートの開催など、文化活動も活発化し、90年代後期からはモスクの創設（店田 2015）など、コミュニティの小拠点（place）も次第にできていった。

一方、移住労働者としての権利擁護を求める運動は90年代を通じて展開されていった。とくに印象に残るのは、1992年末、東京・渋谷で開かれたアム

---

*2　ここでは、「多文化共生」へのバックラッシュが高まる中で、日本社会のあり方について社会的発言を試みる移民第二世代の若者の登場が注目される。
*3　そうした若い移住労働者のためのゼミを、筆者の自宅で毎週末開催していたこともある。

第9章　多文化共生と日本社会の課題　**117**

ネスティを求める集会で、バングラデシュ人事務局長がAPFSによる《移住労働者人権宣言》の署名運動について報告し、会場から大きな賛同を得たことである。この報告では、①非正規外国人労働者に対する経済的搾取、②労災、③心の病、④在留の正規化などの問題の解決が訴えられた（APFS 1993）。さらに90年代中期になると、在留の長期化・定住化の進展とともに、家族形成を含め、生活者としての外国人という側面が強くなっていく。国際家族年の「移住労働者のメーデー」集会では「移住労働者と家族の権利に関する宣言」が提起され、日本政府に対し「すべての移住労働者とその家族の権利保護に関する条約」（国連で1990年採択）の早期批准と、移住労働者の合法化措置が訴えられた（APFS 1994）。そして90年代後期に入ると、移住労働者の国籍の多様化が進むが、"外国人会員とともに運営を行う"（代表は日本人、事務局長は外国人）というAPFSの方針は貫かれていった（渡戸 2010）。

## 3．移住労働者とはどのような人びとか

さて、以上のような90年代のAPFSの社会運動を担った移住労働者とは、一体どのような人びとなのか。その一端を知る機会が90年代前半のバングラデシュ訪問だった。当時バングラデシュは世界の最貧国のひとつと言われていたが、1992年、現地に赴くと、急速に浸透する市場経済を背景とする農村から都市への出稼ぎ移住（rural-urban migration）の激しい流れ、都市人口の膨張、インフォーマル経済部門（都市雑業層）の増大、かつての英国の植民地支配とその後のパキスタン時代の抑圧という「二重の収奪」を歴史的遠因とする政治の混乱と社会経済システムの未整備、そしてほんの一握りの高学歴層の存在などが実感された。こうした中で、中東や日本などへの出稼ぎ就労が可能な社会階層は少なくとも高卒以上の人びとであったと言える（渡戸 1997）。当時は「グローバル化する資本による労働と生産の再配置」というマクロな政治経済的枠組みでグローバルな人の移動の増大を説明する図式（S.サッセンなど）が一般化しつつあったが、このバングラデシュ訪問を通して、こうした移動する人びとを内在的に理解することが重要ではないかと考えさせられた。

そこで1994年の2度目の訪問では、日本からの帰国移民（returned migrants）を対象に調査票の配布を行った（有効回収40）。その結果、彼らが海外を目指す背景には、国内の政治・経済秩序が不安定であり、高学歴で

あってもそれに見合った雇用機会が非常に限られていること（学歴インフレ）、中東や西欧などで海外就労経験をもつ親族や友人が周囲に存在することが確認できた。また、日本では7割の人が工場での長時間労働の経験をもち、6割の人が平均月収20万円以上で、その中から10万円前後をほぼ毎月貯蓄または家族に送金した者が多かった（渡戸 1996）。

　その一人としてこのとき再会したM氏のケースを紹介しよう。M氏はダッカの高校時代に学生運動に参加、高校卒業後日本に向かい、6年余り東京で働きながら日本語を習得した。とくに最後の1年間はAPFSでボランティア・スタッフとして活躍した好青年である。日本時代のアルバムを見せてもらうと、会社の日本人同僚との慰安旅行やAPFSの沖縄ツアーなどの楽しそうな写真が並んでいた。彼の両親（父は税官吏、母は詩人）はすでに他界、長兄はオーストラリアに留学後、英国に移住してロンドンでインド料理店を経営、姉はダッカ大学卒業後、新聞社に勤務し、現在北部のクルナで専業主婦、次兄は保険会社勤務、二人の妹はそれぞれ大学卒と在籍中、というミドルクラスの高学歴家族。M氏本人も、帰国後ダッカ大学の入学資格試験に合格し、社会学を目指すという。同時に彼は、幼なじみの青年と建設会社を起業し、2年目にして自治体や政府から仕事を請け負う青年実業家の道を歩み始めていた。

　もちろん、日本から帰国した人びとすべてがこうした成功を収めている訳ではなかった。ダッカの銀行のマネージャーを退職してアメリカ経由で日本に渡ったK氏の場合、福島で2年半働いたが交通事故に遇い、さらに糖尿病で瀕死の危機に陥った。幸いAPFSが募ったカンパで帰国でき、その後回復し元気になっていた。一定額は家族に送金したようだが、APFSに助けられたことを除けば、日本ではほとんどよいことはなかったと言う。再会時点のK氏は失業中だったが、それでもダッカ市内で中級マンションに家族5人で暮らす。リビング兼寝室には日本での稼ぎで購入したテレビとAVセットが鎮座していた。そう言えば1回目の訪問の際も、東京で15カ月働き、100万円をもって帰国後結婚したが、生まれた子が難病で、その治療費で貯金の大半を失った人がいた。前述の調査結果では、日本での稼ぎから出国費用の借金の返済後、（現地の銀行が高金利のため）半数の人が定期預金にしていた。また、起業しても失敗する人が多く、半数は半失業状態にあった。この段階の日本への移住労働は、総じて不安定な国内情勢の下で当該個人の家族の経済的地位の一時的な向上への寄与に留まっているように見えた。

第9章　多文化共生と日本社会の課題　**119**

## 4．在留特別許可取得による日本定住と日本からの再移住

　バブル経済崩壊後の90年代半ば以降、長期失業のため帰国する人が増える一方、APFSには超過滞在の若い男性労働者と日本人女性との結婚をめぐる相談が増え、在留特別許可を得ていくケースも増加していく。そうした人の中からは、やがて中古車輸出などのビジネスで成功を収める者も出現する。他方、日本人との家族関係をもたない超過滞在者が合法的な在留資格を得るのはほとんど困難だと思われていたが、90年代末には定住化の進展を背景にこうした人びとの中から、小中学生の子どもをもつ家族世帯を中心に在留特別許可取得の強い願いが表明されるようになった。APFSは退去強制のリスクを賭けた当事者たちの願いに応え、強力な支援運動を展開した。法律家や研究者、マスコミを含めて広汎な支持を得たこの運動は一定の成果を収め（駒井・渡戸・山脇編 2000）、その後、第2次、第3次と一斉取得運動が展開されて、法務省入管局も在留特別許可のガイドラインを公表するに至る（2006年、2009年）。当時、在留資格を得られた若者たちが一様に話していたのは、摘発を恐れる親から「目立つことはするな」と言われ、隠れるように生活していた状況が一転し、自らの人生に前向きに向き合えるようになって、選択肢が広がったということであった（渡戸・鈴木・APFS編 2007；APFS編 2012）。

　なお、2009年の「在留特別許可に係る新ガイドライン」は、①国民ないし永住者等の家族である非正規滞在者（いわゆる「結婚在特」）、②学校に通う子どもがいる長期滞在家族、③難病などの病気治療中の者、またはその看護人、④難民認定するに至らない難民性を有する者（いわゆる「難民在特」）、⑤長期滞在者、⑥学生等に類型化できる。このうち⑤は「日本での滞在期間が長期間に及び、本邦への定着性が認められること」が「その他の積極要素」に挙げられており、単身者あるいは子どものいない非正規滞在者であっても、正規化される可能性が示されている（近藤ほか編 2010：11）。こうした一定の居住実態（居住主義）にもとづく在留資格の付与は、一般永住や帰化の申請の際にも重要な要件となっており、外国人の段階的シティズンシップの土台と言ってよい。

　一方、2000年代に入る頃から、親族や知人がいる米国やオーストラリアなどに日本から「再移住」する人が見られるようになる。私が保証人をしていたS氏は、東京の居酒屋や零細工場で10年以上働いた後、米国のグリーン

**120**　第1部　外国人の増加と関連した社会の変化

カードの抽選に運よく当たり、今ではテキサス州の日系企業に勤務している。また、2008年にシドニーで再会したＪ氏の場合は、東京で10年働いてからAPFSで知り合った日本人女性と結婚し、バングラデシュに帰国。その後、妹のいるオーストラリアのビザを試しに申請したら数カ月でビザが出たため、急きょオーストラリアへ移住したという。東京では日本料理店で板前をしていたので、シドニー移住後も５年間同じ仕事していた（再会時点ではタクシー運転手）。二人の子どもは、熱心なムスリマとなった母親の指導の下、学力水準の高いイスラム学校に通学しながら、週１回は日本語補習校に通っていた。

# 5. トランスマイグラントとしての移民と「多文化共生」

さて80年代半ばから本格化した日本への国際労働力移動の流れは、その後、あっという間にいくつかの段階を経ることになった。日系三世までの「定住者」も含め、「一時的な出稼ぎ」から「滞在延長」「反復出稼ぎ」あるいは「再移住」へ、「単身移住」から「家族呼び寄せ（再結合）」「家族形成」へ、「エスニック・ネットワーク」形成から各種のエスニックな制度をもつ「エスニック・コミュニティ」構築（但し、特定地域での集住とは限らない）へ、と推移し、2000年代以降、定住意識の深まりを背景に永住ビザを取得する者も増加していく。実質的な「移民」と言いうる存在への移行である。

しかし他方では、90年代に帰国した人びとに代わって、次々に「高度人材」を含む多様な新来外国人が到着し、在住外国人の多様性と重層性が増していく。これらの越境者は、出身地と移住先の二つの社会をつなぐ"トランスナショナルな社会空間"を生きる「トランスマイグラント」だと言えよう。彼らは一定の地域社会で暮らしていても、古典的な移民のような形で「定住」するとは限らない。現代移民は移住先社会に適応しても、文化的には単線的には同化しない。出身社会とは電話・インターネット・衛星放送などでつながっており、一定の在留資格さえあれば出身社会との往来も可能なので、エスニック・アイデンティティを保持する傾向が指摘できる。そして"トランスナショナルな社会空間"では、ヒト、モノ、カネ、情報・技術などが頻繁に行き交うことで、多層的な社会関係が生み出されているが、ホスト社会側からは見えにくい空間でもある。

こうしたトランスナショナルな空間を生きる外国人・移民を、日本の地域

第９章 多文化共生と日本社会の課題 **121**

## 表1　地域の外国人と日本人との共生（東京都板橋区調査、2009年実施）

単位：%

| 設問 | 外国人区民 | 日本人区民 |
|---|---|---|
| **多文化共生のまちづくりへの参加意向** | | |
| ・日本（外国）の文化、生活習慣を理解するようにつとめる | 87.5 | 73.6 |
| ・母国の言葉（日本語）、文化を日本人（外国人）の住民に紹介する | 73.2 | 59.7 |
| ・地域の住民との交流会など、国際交流行事に参加する | 74.8 | 50.7 |
| **多文化共生に関して日本人（外国人）に望むこと** | | |
| ・外国（日本）の文化、生活習慣を理解するようつとめる | 80.8 | 89.7 |
| ・日頃から、外国人（日本人）住民と言葉をかわす | 76.0 | 84.8 |
| ・日本語（母語の言葉）、日本習慣を外国人（日本人）住民に紹介する | 76.4 | 70.0 |
| ・外国語（日本語）を習得するようつとめる | 62.7 | 87.4 |
| ・地域の住民との交流会など、国際交流行事に参加する | 72.0 | 79.3 |

社会はどのように受け止めているだろうか。ここではAPFSの地元の板橋区が実施した「多文化共生実態調査」（外国人と日本人を対象に2009年実施）[4]から、関連する項目の回答結果を見よう。

「一般的に見て、日本人から外国人に対して偏見、差別があると思うか」という問いに対して、「よくある」と「ときどきある」の回答の合計は、外国人区民69.0%、日本人区民63.7%で、日本人が気づかないところで外国人が感じている偏見や差別があることが推測できる。これらの「よく／ときどきある」と回答した人に、「どのような場合に偏見、差別があると思うか」尋ねると（複数回答）、外国人区民、日本人区民ともに「仕事さがし」が最も多く、次いで「住まいさがし」となっており、それぞれ半数以上の人が挙げていた。第3位以下は、外国人区民は「法制度上のあつかい」「職場での人間関係」「職場での仕事」の順だが、日本人区民は「給与」「日本人との結婚」

---

[4]　外国人区民5000人、日本人区民2000人を対象に実施。有効回答率はそれぞれ34.0%、52.6%。なお、外国人区民には中国語、韓国・朝鮮語、英語、タガログ語と日本語ルビ付きの調査票を配布した。

122　第1部　外国人の増加と関連した社会の変化

「法制度上のあつかい」の順で、違いが注目される。

そこでさらに地域レベルでの日本人／外国人とのつきあいの意向についての回答を見ると、外国人区民の方が日本人区民よりもつきあいを望む意向がかなり強い（「個人的なことを相談するくらいの関係」「世間話をするくらいのつきあい」を望む人は、外国人区民の77.1％、日本人区民の38.5％）。また、地域活動への参加意向にも同様の傾向（外国人区民79.3％＞日本人区民55.2％）が認められた。こうした回答傾向の違いの背景には、回答者の年齢構成の大きな差異が影響している点も無視できない（外国人区民は20代・30代が61.7％、日本人区民は60歳以上が40.3％）。しかし「多文化共生のまちづくりへの参加意向」（**表1**参照）についても、外国人区民の方が積極的な意向を示しており、ホスト社会に積極的に関わりたいという外国人住民の意思が確認できよう。

## 6. 日本の外国人・移民政策の展開過程と「多文化共生」の課題

ところで、80年代以降の日本の外国人・移民政策はおおむね次のような段階を経てきた。

＜1982年体制＞

・難民認定法を導入した出入国管理及び難民認定法を制定。

・バブル期の人手不足で「バックドア」からの非正規移民労働者の導入を黙認

＜1990年体制＞

・改正出入国管理及び難民認定法の施行（知識労働者などの導入のための在留資格の整備と非正規滞在者の排除へ）

・「サイドドア」からの日系人・研修生・技能実習生の導入

・世界金融危機を機に、帰国支援策の実施とともに、定住外国人施策の体系化を模索

＜2012年体制＞

・「新しい在留管理制度」（管理の一元化による外国人管理の強化、非正規滞在者の排除による不可視化）と「外国人住民票」制度を導入

・「高度人材」獲得のためのポイント制度を展開

・少子高齢化・人口減少に対応して技能実習制度の適用分野を拡大（農業や介護なども）

第9章　多文化共生と日本社会の課題　**123**

・しかし他方で、日本政府は「移民政策」は採らないとの政府見解を再三強調

　「多文化共生」は上記の＜1990年体制＞から＜2012年体制＞に向かう段階で提起され、その後一定の展開を遂げた政策だと言えよう。視野を広げてこの約30年の欧米の移民国家の政策動向を振り返ると、第一に、多文化主義（multiculturalism）が普及・定着した1970〜80年代を経て、90年代以降になると移民第二世代の社会不適応問題を焦点に多文化主義に対するバックラッシュが広がった。しかし日本ではちょうどこの時期に「多文化共生」が提起され、2000年代に政策化されていくことになる。第二に、80年代後期以降、新自由主義（Neo-Liberalism）政策下で労働市場の規制緩和（Welfare→Workfare）が進められ、非正規労働者が増えて格差社会化が進展した[*5]。第三に、2000年代以降、移民の選別政策が本格化し、高度人材の積極的誘致の推進と同時に、社会統合が困難な移民・難民を排除する傾向が高まっている（小井土編2017）。第四に、こうした状況下で、定住外国人・移民の社会統合、社会的結束（Community Cohesion）が強調され、ホスト国の言語や社会的知識の習得の義務づけが広がっている。しかし日本では「移民政策は採らない」との方針の下、移民基本法とそれにもとづく中央政府の専担組織がない状態が続く。そして第五に、そうした中央政府の不作為を補完する政策理念として地域における「多文化共生」があるが、そこには、国と自治体との明確な役割分担や、差別の撤廃、母語の保持、政治参加（地方参政権）などが欠落している。

　日本では今後、人口減少が進み、外国人移民労働者の受け入れは不可避の課題となるが、アジア諸国でも生産年齢人口が減少していくことが予想されている中、日本は果たして魅力的な就労先・定住先になるか否かが問われている。国立社会保障・人口問題研究所の是川（2017）の推計では、外国籍人口と帰化人口及びこれら二つに由来する人口（国際結婚カップルの子など）からなる「外国に由来する人口」は、約25年後の2040年に総人口の6.5％に相当する726万人に達すると見込まれている（だがこれでは同期間の人口減少1,617万人を補うことは不可能）。外国人・移民が人口５％を超えたあたりから西欧社会では多文化主義が本格的に議論されるようになった経緯を踏まえると、

---

　*5　外国人移民の定住化と階層分化が進む中で、２世や1.5世の教育達成と就職への支援を通じて、「貧困の再生産」をいかに防止するかも大きな課題となっている。

**124**　第１部　外国人の増加と関連した社会の変化

この水準を満たさない日本社会では、本格的に移民政策の構築に向けて議論する条件が依然として整っていないと言えるかもしれない。

　ところで、多文化主義と多文化共生の共通点と違いはどこにあるのだろうか。近藤は、総務省の「多文化共生」の理念にはスウェーデンの多文化主義的な統合政策の３つの目標と共通する要素があると指摘する（近藤編 2011：8-9）。すなわち、「国籍や民族などの異なる人々が、互いの文化的差異を認め合い」の部分は「選択の自由」の目標に、「対等な関係を築こうとしながら」は「平等」の目標に、そして「地域社会の構成員として共に生きていく」は「協同」ないし「共生」の目標に対応する。しかし日本の多文化共生政策は自治体単独の政策とされているため、次のような中央政府の政策展開が必要だと近藤は述べる。「選択の自由」には日本語教育と母語教育の整備が、「平等」には差別禁止法の制定と国内人権機関の創設が、「共生」には外国人地方参政権や複数国籍の容認がそれである。[*6]

　一方、ヨーロッパ移民都市の調査を通じてアレクサンダーは、「政策なし」「ゲストワーカー政策」「同化政策」「多元主義政策」「異文化間交流政策」という移民政策の５つの類型を抽出した（M.Alexander 2004、渡戸 2006）。このうち、「多元主義政策」は多文化主義政策に、「異文化間交流政策」は欧州評議会が2008年に始めたインターカルチュラル・シティ・プログラムに対応すると言えよう。この類型における＜ホスト－外国人関係に関する自治体の態度＞は、前者では「定住者としての移民：そのよそ者性は維持されるべきだ」、後者では「定住者としての移民：そのよそ者性は強調され過ぎてはならない」である。インターカルチュラル・シティ・プログラムでは、「移民がもたらす多様性を都市の活力や革新、創造、成長の源泉とすること」が目指されており、2010年代に入って日本でもこのプログラムが紹介されつつある。山脇（2017）は、「近年、外国人住民の存在を肯定的に捉え、その力を生かした取り組みに注目が集まっており」、これを「多文化共生2.0」（バージョンアップした多文化共生）と呼んでいる。しかし多文化主義に基づくマイノリティ政策が国と自治体を貫く制度・政策として十分確立されないまま自治体の「多文化共生」政策が展開されてきたこの間の経緯を素通りして、「多文化共生」

---

*6　このうち、言語政策の課題については渡戸（2017b）を参照されたい。また、差別禁止法ではないが、2016年にヘイトスピーチ解消法が制定・施行されたことは一歩前進だと言えよう。

政策にこのプログラムを上書きしていくのは問題があろう。そこでは、ホスト社会にとって歓迎・評価されない外国人・移民はまるで存在しないかのように不可視化される可能性がある。APFSのような草の根NGOによる共生を目指す社会運動の意義を再確認しつつ、「多文化共生2.0」の展開に当たり「多文化共生1.0」が残した諸課題をしっかり再考しておくことが不可欠ではないだろうか。

## 【参考文献】

・板橋区多文化共生まちづくり検討会 2009『板橋区多文化共生実態調査　調査結果』板橋区。
・APFS 1993『アジアの青年たちと共に豊かな未来を——1992年APFS活動記録』。
・APFS 1994『第5回　移住労働者のメーデー報告集』。
・APFS編 2012『子どもたちにアムネスティを——在留特別許可取得一斉行動の記録』現代人文社。
・柏崎千佳子 2010「日本のトランスナショナリズムの位相——＜多文化共生＞言説再考」渡戸一郎・井沢泰樹編『多民族化社会・日本——＜多文化共生＞の社会的リアリティを問い直す』明石書店。
・小井土彰宏編 2017『移民受入の国際社会学——選別メカニズムの比較分析』名古屋大学出版会。
・駒井洋・渡戸一郎編 1997『自治体の外国人政策』明石書店。
・駒井洋・渡戸一郎・山脇啓造編 2000『超過滞在外国人と在留特別許可』明石書店。
・是川夕 2017「日本における国際移動転換とその中長期展望」移民政策学会2017年度年次大会シンポジウム報告資料。
・近藤敦・塩原良和・鈴木江理子編 2010『非正規滞在者と在留特別許可』日本評論社。
・近藤敦編 2011『多文化共生政策へのアプローチ』明石書店。
・店田廣文 2015『日本のモスク——滞日ムスリムの社会的活動』山川出版社。
・地方自治協会監修、伊藤善市・水谷三公・渡戸一郎編 1988『自治体の国際化政策と地域活性化』学陽書房。
・山脇啓造 2011「日本における外国人政策の歴史的展開」近藤敦編、前掲書。
・山脇啓造 2017「多文化共生2.0の時代」(多文化共生ポータルサイトで連載)、自治体国際化協会。
・渡戸一郎 1996「日本からの帰国移民を追って——バングラデシュ調査から」『国際人流』同年12月号。
・渡戸一郎 1997「APFSの10年を振り返って」『APFS活動の記録　1996年度版』APFS。
・渡戸一郎 2000「「出稼ぎ」から「定住者」へ」『APFSの記録　1997、1998年版』

APFS。

・渡戸一郎 2006「多文化都市のポテンシャルと諸課題」端信行・中牧弘允・NIRA編『都市空間を創造する——越境時代の文化都市論』日本経済評論社。

・渡戸一郎・鈴木江理子・APFS編 2007『在留特別許可と日本の移民政策——「移民選別」時代の到来』明石書店。

・渡戸一郎 2009「多文化共生推進プラン」川村千鶴子・近藤敦・中本博晧編著『移民政策へのアプローチ』明石書店。

・渡戸一郎 2010「足元から多文化共生を積み上げる——世代交代したAPFSの今とこれから」『月刊みんぱく』同年9月号、国立民族学博物館。

・渡戸一郎 2011「多文化社会におけるシティズンシップとコミュニティ」北脇保之編『「開かれた日本」の構想——移民受け入れと社会統合』ココ出版。

・渡戸一郎編集代表、塩原良和・長谷部美佳・明石純一・宣元錫編 2017a、『変容する国際移住のリアリティ——「編入モード」の社会学』ハーベスト社。

・渡戸一郎 2017b「自治体の外国人政策と言語問題」宮崎里司・杉野俊子編『グローバル化と言語政策』明石書店。

・M. Alexander、2004, "Comparing Local Policies toward Migrants: An Analytical Framework, a Typology and Preliminary Survey Results", in Penninx, R., Kapaal, K., Martiniello, M., Vertovec, S. (eds.), *Citizenship in European Cities,* England. Ashgate.

（わたど・いちろう）

# 第2部

## トランスナショナルなネットワークと国際移動

## 第10章

# バングラデシュ出身者の出入国の動向とコミュニティの形成

水上徹男
立教大学社会学部教授

## 1．バングラデシュ出身者の増加

　本稿ではバングラデシュ人の出入国の特徴を提示して、在日バングラデシュ人コミュニティの形成について述べる。日本国内では1980年以降の「ニューカマー（newcomers）」の到来以降、社会学の領域で都市エスニシティ研究が盛んになったが、バングラデシュ・コミュニティは1980年代から1990年代にかけて特に注目された集団ではなかった。しかし彼らは着実に日本社会に定着し、活発な活動を展開している。まず、国内でバングラデシュ出身者が増加してきた状況について出入国に関するデータを用いて明らかにする。本書で取り上げたAPFSも、その創設は国内のバングラデシュ人の増加が関係している。バングラデシュ出身者の入国が顕著に増加したのは1980年代半ばから後半であり、ピーク時と比較すると1989年以降の数年間は減少し、その後は年度ごとの増減はあるが比較的順調に増加してきた。

　バングラデシュから日本への労働力の移動に関する先行研究としては、長谷・三宅（1993）のパイオニア的な調査がある。1990年代初期の調査であり、日本に滞在するバングラデシュ人が、比較的に裕福な家庭の出身であり、教育水準の高いという特徴や、中小零細企業に就業する30歳以下の人が多いことなどを提示した。バングラデシュ開発問題研究所（1993）による大規模なバングラデシュ労働者を対象とした調査もある。その後は、樋口・稲葉（2003）がバングラデシュ人の出入国数や強制送還などについて1980年代半ばから2000年代初期までを分析、さらに現地調査も実施している。また樋口（2007）は、イラン、パキスタン、バングラデシュのムスリム移民を対象に、同時期の動向を示した。

**130**　第2部　トランスナショナルなネットワークと国際移動

本稿ではバングラデシュ出身者に特化して、さらに幅広い年度での情報を提供している。年度毎のバングラデシュ出身者の出入国数や強制送還の数は、その時のバングラデシュの国内情勢やホスト国である日本の政策などに影響されてきた。マクロなデータとしては主に入国管理局の統計に依拠し、バングラデシュ・コミュニティについてはインタビューのデータを使用して、国内のバングラデシュ人組織が形成された社会的背景などを明らかにする。

## 2．入国者数の推移

入国管理局の統計で、はじめてバングラデシュ人の出入国が記録されるのは1972年である。1971年バングラデシュは騒乱と戦争によって、「鉄道、道路、橋、工場などの破壊、荒廃による経済的損失」が深刻だった（日本貿易振興機構 1973：610）。この年12月にバングラデシュ人民共和国が宣言されて、1972年1月にラーマンが初代首相に就任した。日本は1972年2月にバングラデシュ建国を承認している。したがって1971年には出入国ともにバングラデシュに関する記録がなく、1972年になって入国者147人と出国者131人となった。1973年と74年には490人の入国数であり、1978年に出入国ともに1,000人を超えた（図1参照）。1970年代半ばは独立戦争後の混乱期にあり、「生産の停滞、物価上昇は国民の生活を圧迫した」（日本貿易振興機構 1975：546）。また1974年には洪水の被害と救済の遅れにより「5万人から10万人と言われる餓死者を出した」（同書）。日本への入国に関しては、年度による増減はあるがその後も千人を越えている。1976年にバングラデシュ政府が国家政策として海外への出稼ぎを位置づけたが（三宅 1993：112）、日本への入国はそれほど多くはなかった。日本にバングラデシュ人の入国が急増するのは、1980年代半ば以降であり、1984年の1,593人が1985年に2,299人に増加、翌年1986年にはほぼ倍の4,417人が記録された。1987年には5,854人、1988年に14,500人となる。この数字は、1970年代に統計がはじまり、2000年代を通じても最も高い数値であった。ここでの入国者は再入国者も含まれるため、新規入国だけの数値ではないが、明らかに新規入国も増加傾向を示している。

日本は1980年代半ばにバブル景気と言われるほどの好景気を迎えており、先述の通り1980年代半ば以降に「ニューカマー」と称される海外からの流入者が増加している。1985年のプラザ合意以降に円の通貨基準が高くなり、日本の輸出中心の製造業が低下、建設業、不動産業、サービス業における労働

**図1　バングラデシュ人の出入国と強制送還数（1971年〜1994年）**

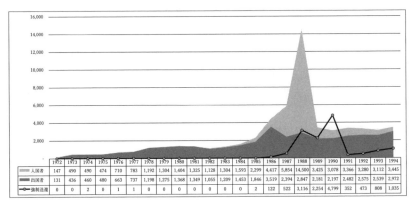

出所：法務省入国管理局（1973年〜1995年）。

**図2　バングラデシュ人の出入国と強制退去数（1995年〜2016年）**

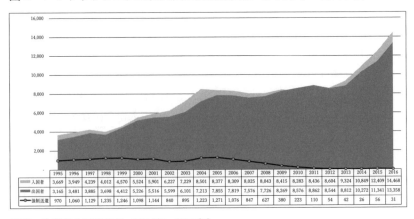

出所：法務省入国管理局（1996年〜2017年）。

力の需要が増えて、日本は出稼ぎ対象国となり、近隣のアジア諸国を中心に外国人住民の増加が顕著になった。1980年代後半にバングラデシュ出身者が急増した背景には、バングラデシュの国内事情もあった。海外出稼ぎ者による送金が、国家の経済に大きな影響力があるバングラデシュにおいて、1987年から88年にかけて大洪水に襲われたことや不安定な政治情勢も移住労働者流出の要因となった。バングラデシュは国全体が平坦な地形で、6月以降に

モンスーン降雨もあり雨期になると洪水の被害を受けやすい。「1980年代に入って雨季の洪水は恒常化しているよう」だった（長田 1992: 202）。1987年7月に記録的な集中豪雨による洪水で、約1,200万人が家屋や農地を失った（朝日新聞 1987）。翌年1988年の豪雨と洪水の被害はさらに深刻であった。大雨の影響もあり「国土の3分の2が水浸しになり、全人口の3分の1以上にあたる約4000万人が家をなくすなどの被害を受けた」（磯松 1988）。2012年（10月4日〜7日）にダッカでインタビューをした際にも、1980年代後半にダッカ大学を中退して日本に行った人が、ダッカ全体が水浸しで、空港もダッカ大学も閉鎖されたことなどを理由に挙げていた。さらに、1980年代には軍政と野党との激しい対立などの影響もあった。1987年にはエルシャド政権が「軍の政治参加を制度化する」（堀口 2009: 315）ことなどを提案したが、この年10月に「野党の反政府運動が活発化」している。「11月には全国で県庁包囲デモや、10万人によるダッカ包囲デモが行われ」、警備隊とデモ隊の衝突による多くの死傷者がでた（同書 316）。

　日本への入国は1988年14,500人をピークに、翌年89年には1万人以上減少して3,425人となる。入国者が減少した理由は、日本政府がバングラデシュとパキスタンからの資格外就労者の増加を制限するため、1989年1月15日に、両国とのビザ免除相互取り決めを停止したことによる。日本はパキスタンとは1960年、バングラデシュとは1973年に、3カ月間の観光や商用には査証（ビザ）なしで互いの国に滞在できる取り決めを結んでいたが、入国審査を厳しくすることで資格外就労者の減少を狙った。1980年代後半には査証免除や観光などのビザで入国した人々の超過滞在（オーバーステイ）による就労が顕著となったことも影響して、1990年6月には改正された入管法が施行された。この改正では、南米の日系人を未熟練労働者であっても受け入れたのに対して、それ以外の「単純労働者」の制限が明確になった。さらに1990年代初期はバブル経済の終焉となり、1980年代半ばから88年の間のような急増はみられなくなった。1989年以降は1990年代半ばまで3千人台で推移してきたが、1990年代半ばから増加傾向を示す。2000年代になって年度毎の増減はあるが、次第に増加して、2000年代半ばから2012年まで8千人台、その後も順調に増加して2016年には88年のピーク時に迫る14,468人となった。2011年は、3月11日に東日本大震災と福島第一原子力発電所の事故の影響で日系人やその他の外国人の入国が減少したが、バングラデシュ出身者の入国にはあまり影響しなかったようである。2017年度（12月）に記録された14,144人のバングラ

デシュ人の在留資格には様々なものがあるが、最も多いのが留学の3,467人であり、次が永住者の3,184人、家族滞在3,060人と続き、これらのカテゴリーで7割近く（9,711人）を占める。ビザ免除の取り決めが停止された1980年代後半から数年間3千人台で入国してきた人たちの多くが観光ビザだった時代と異なり、現在は専門職に従事する層も一定の割合で存在する。

## 3．出国数と強制送還者数の推移

　先述した通り、入国管理局の統計でバングラデシュ人の出入国が記録されるのは1972年以降であり、その時点から1980年代にかけて、入国者同様出国者数も順調に増加した。ほぼ毎年入国者より出国者数の方が少なく、1975年と1978年の数名、1981年の24名出国者数が上回った以外は、入国者の方が多く、この時期に国内のバングラデシュ人の数が次第に増えていることがわかる。しかしながらこの出国者には、退去強制令書により送還された人は含まれていない。強制送還された人々は、1974年の2人の後、1985年の2人まで10数年の合計が6名だったため、ここまでは出国者の合計にほとんど影響しない。しかしながら1986年に122人となった後、急増して1988年に3,116人となり、1990年には4,799人の強制送還があった。外国人全体でも1990年に3万人を越える過去最も多い強制送還があり、1993年には69,136人が強制退去させられた（法務大臣官房司法法制調査部1994）また、日本への上陸を拒否された者も1986年に2,751人であったが、1991年には約10倍の27,137人が記録された（法務省入国管理局 1993）。1989年から1991年にかけて、バングラデシュ出身者は出国した者の数が上回る。その後に出国者数が入国者数を上回るのは、2010年と2011年だけであり、この数からはバングラデシュ出身者が国内で順調に増加してきたことになるが、1990年代から2000年代にかけては千人以上の強制送還者がある年度も多く、これらの数値を含めるとこの間には入国した者より出国した者の方が多いことになる。2012年は強制送還者が54名で、その後も100名未満で推移しており、この時からは明らかに入国者数が上回る。

## 4．バングラデシュから日本への居住地の移動

　増加傾向にあるバングラデシュ出身者は各都道府県に分散して居住してい

**表1　都道府県別在留バングラデシュ人（2017年）**

| | | | | | | | |
|---|---|---|---|---|---|---|---|
| 北海道 | 158 | 東　京 | 4,543 | 滋　賀 | 71 | 香　川 | 32 |
| 青　森 | 3 | 神奈川 | 1,073 | 京　都 | 149 | 愛　媛 | 18 |
| 岩　手 | 19 | 新　潟 | 91 | 大　阪 | 263 | 高　知 | 34 |
| 宮　城 | 192 | 富　山 | 121 | 兵　庫 | 139 | 福　岡 | 369 |
| 秋　田 | 4 | 石　川 | 85 | 奈　良 | 61 | 佐　賀 | 88 |
| 山　形 | 25 | 福　井 | 22 | 和歌山 | 5 | 長　崎 | 26 |
| 福　島 | 63 | 山　梨 | 29 | 鳥　取 | 8 | 熊　本 | 89 |
| 茨　城 | 569 | 長　野 | 69 | 島　根 | 93 | 大　分 | 130 |
| 栃　木 | 450 | 岐　阜 | 132 | 岡　山 | 74 | 宮　崎 | 17 |
| 群　馬 | 871 | 静　岡 | 234 | 広　島 | 172 | 鹿児島 | 40 |
| 埼　玉 | 1,798 | 愛　知 | 572 | 山　口 | 73 | 沖　縄 | 55 |
| 千　葉 | 902 | 三　重 | 72 | 徳　島 | 33 | 未定・不詳 | 8 |

出典：法務省（2018）。

るが、特定の地域への集中傾向がみられる。「在留外国人統計」によると、2017年（12月）に14,144人のバングラデシュ人が記録されて、その内約3分の1（4,543人）が東京に在住であり、埼玉県（1,798人）と神奈川県（1,073人）を含めると、5割を越える（7,414人）。とくに関東地方に比較的多く、千葉（902人）、茨木（569人）、群馬（872人）も含めると関東地方が全体の7割近く（9,757人）を占めている（**表1**参照）。群馬県にはプラスティック加工工場などがあり、APFSには群馬県からの相談も多い。

　バングラデシュ出身者の日本への移動は連鎖移住の傾向が強く、家族や親族、近隣の住民同士のネットワークの中で移動するケースが多い。ホスト国である日本に先に来た人たちが情報提供して、兄弟やその他の親族、近隣の人々、友人などを呼び寄せ、住居や仕事を探す際に手助けをする。そのため同じ住居あるいは比較的近くの居住地区を選択する場合がある。とくに日本に到着した初期段階に、知り合いの住居を訪ねて、その後の日本での生活を営んでいくケースもある。しかしながら移動のパターンは複雑であり、親族や友人を頼って日本に到着するケースだけでなく、ブローカーを通じて到着するケースも多い。また中継地を経て日本に到着する場合もある。

蒲田マスジドでイフタルの礼拝をする人たち

## 5. ビクラムプール・ソサエティと移住者送出のシステム

　バングラデシュ出身者同士の様々な集いがあるが、なかでも大きな組織がビクラムプール・ソサエティである。ビクラムプール（Bikrampur/Vikrampur）は、行政区画の名称ではなく、現在のムンシゴンジ（Munshiganj）県で、通称として使用されている。このビクラムプールはダッカの中心街から30キロほど南下したところであり、かつては古代ベンガルの政治や文化の中心地だった。「8世紀から13世紀初期にかけて、何人かのヒンズー教の王家が収めた首都」であり（Rahman 2010: 288）、1986年からムンシゴンジ県となっている。この地区からは日本に働きに行く人々が多く、先行研究の事例（例えば、長谷・三宅 1993；樋口・稲葉 2003；山本・荒木 2009）でも取り上げている。ビクラムプール出身者はムンシゴンジよりビクラムプールの通称を好む傾向がある。実際バングラデシュの偉人を輩出してきた地で、ビクラムプール出身というアイデンティティもあるようだ。2006年に「ムンシゴンジビク

ラムプール・ソサイティ（Munshiganji-Bikrampur Society）」が創設されて、初代の会長がヌールアリ氏（通称）である。代表、事務局、コミュニケーション担当などのさまざまな役割があるが、選挙を行ったことはなく、役職は毎回話し合いで決まる。イスラム教の儀式で年2回イッド（Eid）があり、多くの人が集まる。ラマダン明けの会もあり、多いときは600人以上のバングラデシュ出身者が集まり、祈りにはじまり日没後に一斉に会食となる。それ以外に、いくつも小さな集まりの企画がある。

初代会長のヌールアリ氏は、ビクラムプールから日本への送り出しのキーパーソンでもあった。ヌールアリ氏か

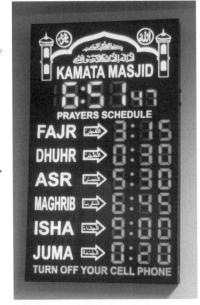

蒲田マスジドの掲示されている時計（世界の時刻が表示されている）

ら東京・蒲田のマスジドでインタビューをしている（2018年5月21日）。現在は中古車と中古車のパーツを扱う事業を行っており、日本とバングラデシュを年に何度も往来している。友人の兄が日本で仕事をしていたため、1985年にはじめて日本にやってきた。日本で知り合った人が一定額を徴収して仕事を斡旋するビジネスをやっていたため、バングラデシュ、主にビクラムプールから労働者を呼び寄せた。1985年の終り頃から1989年までに12,500人ほど呼んだ。東京と東京近郊にいくつかアパートがあり、一日に何十人かバスで空港に迎えに行くこともあった。1989年1月15日に日本がバングラデシュとのビザの免除協定を停止したため、日本でのビジネスが困難となり、同じ事業を数年韓国で行った。彼のところには、当時バングラデシュの旅行代理店から労働者が送られてきていた。1986年から87年にかけてバンコクなどのホテルを借りて、学校のようなところで1週間から1カ月の研修を行ってから日本に入国するシステムも構築した。旅行代理店や仕事を斡旋する人への支払いをしなければならなかったが、払えない人も多かった。彼はバングラデシュのブローカーの仕事で、ビクラムプールを中心に多くのバングラデシュ人を呼び寄せた。実際、数名のバングラデシュ人から彼の話を聞いたが、い

第10章　バングラデシュ出身者の出入国の動向とコミュニティの形成　137

ずれの人も彼のおかげで日本で仕事ができたと感謝している。

## ６．移住労働者からトランスナショナルな移住者へ

バングラデシュから日本への移動の要因は、1980年代後半には日本の好景気などとバングラデシュの政治不安や洪水などの天災がもたらした社会経済的な影響があった。さらにビクランプールと東京の間では、そのネットワークをつないだキーパーソンの存在もあった。東京に留まるものから地方都市へと移動していくケースなど、様々な移動形態があった。また定着のパターンも一様ではなく、「1980年代半ばから1990年代初期にかけて、出稼ぎ労働者と考えられていた外国人住民は、その後に多様な定住形態を顕した」。「出身国との絆を継続したまま日本で生活するトランスナショナルな移住者（transnational migrants）となる者」も存在する（水上 2009：294）。ヌールアリ氏も日本とバングラデシュを往来し、２つの国の社会関係に関与しているトランスナショナルな移住者となって、移住労働者であった経験を活かして、そのネットワークを利用したビジネスを展開している。ITCの増加もまたトランスナショナルなネットワークの中にあり、かつての未熟練労働者以外の移動形態も増加して、滞在や定住形態の多様化がますます進んできている。

### 【参考文献】

・『朝日新聞』1987年８月14日「バングラ大統領、倉成外相に洪水被害への援助を要請」p.2。
・バングラデシュ開発問題研究所1993『日本への出稼ぎバングラデシュ労働者の実態調査』総合研究開発機構（NIRA）。
・樋口直人　2007　「滞日経験のバランスシート──帰国の経緯とその後の状況」、樋口直人・稲葉奈々子・丹野清人・福田友子・岡井宏文　『国境を越える滞日ムスリム移民の社会学』pp. 212-243. 青弓社。
・樋口直人・稲葉奈々子　2003　「滞日バングラデシュ人労働者・出稼ぎの帰結──帰還移民50人への聞き取りを通じて」、『茨城大学地域総合研究所年報』36：43-66.
・堀口松城 2009『バングラデシュの歴史　二千年の歩みと明日への模索』明石書店。
・法務省入国管理局1993『出入国管理　平成四年版』大蔵省印刷局。
・法務大臣官房司法法制調査部　1994『第32出入国管理統計年報』大蔵省印刷局。
・磯松浩滋　1988年９月16日「洪水に疫病追いうち　バングラ、国土の７割水びたし（時時刻刻）」『朝日新聞』p.3。
・三宅博之 1993「バングラデシュの海外出稼ぎ政策」、長谷安朗・三宅博之（編）『バ

ングラデシュの海外出稼ぎ労働者』pp. 107-142. 明石書店。
・水上徹男 2009「メルティング・ポットからトランスナショナル・コミュニティへ
　──国際的な人の移動と同化理論の推移──」高校生のための社会学編集委員会『未
　知なる日常への冒険──高校生のための社会学』pp.284 - 296、ハーベスト社。
・長田満江　1992「Ⅳ.　洪水と山の荒廃＝インド亜大陸　＜総論２＞バングラデシュ
　の環境問題」『発展途上国の環境問題──豊かさの代償・貧しさの病』No. 14 : 201-
　219。
・日本貿易振興機構（ジェトロ）アジア経済研究所 1973「1972年のバングラデシュ
　──試験と混乱の一年──」『アジア動向年報　1973年版』pp. 607-614 アジア経済
　研究所。
・日本貿易振興機構（ジェトロ）アジア経済研究所 1975「1974年のバングラデシュ
　──餓死者と腐敗に悩むラーマン政権──」『アジア動向年報　1974年版』pp. 546-
　557. アジア経済研究所。
・Rahman, Syedur. 2010. "Vikrampur." *Historical Dictionary of Bangladesh* (4th
　ed.).p.288, Lanham, Tronto : The Scarecrow Press.
・山本真弓・荒木一視　2009「バングラデシュにおける人口移動と社会階層–農村部
　から日本への出稼ぎ労働者を中心に」『山口大学文学会志』59巻 : 75 - 95。


Websites :
法務省 2018『在留外国人統計（旧登録外国人統計）統計表』
http://www.moj.go.jp/housei/toukei/toukei_ichiran_touroku.html

（みずかみ・てつお）

# APFS──無力な人々の助け舟

## マスド・カリム アサヒ・コンサルタント株式会社代表取締役
（訳：大野光子）

● 「バングラデシュ　ジャパン　フレンドシップ　ソサエティ」の結成

　日付はよく覚えていないが、それはおそらく1987年11月の第1週目のことだった。寒さが骨身にしみるそんな日、私とバングラデシュの友人であるリアカット（Liakat）は吉成勝男氏の自宅に到着した。それは、私たちにとってかなり緊急の事態だった。失礼な時間帯であったが、私たちは突然、東京の中板橋にある彼の家を訪ねた。玄関のチャイムを鳴らすや否や彼の息子（おそらく当時5歳～6歳であっただろう）が、私たちを出迎えた。玄関のドアを開けた彼は、父親の方に跳ねるように跳んでいき、こう叫んだ。「お父さん、お化けが来たよ！」。私はこの天真爛漫な子どもが、リアカットの立派な口髭を見て、彼をほんとうにお化けだと思ったのかどうかわからないが、少なくとも日本人は顔髭を好まないということはわかった。

　70年代に学生運動のリーダー、そして80年代に労働組合のリーダーであった吉成氏は、非常に有能で立派な学生であったにもかかわらず、共産主義運動へのかかわりが影響して、早稲田大学での学業を終えることができなかった。

　当時のバングラデシュの軍事支配者である大統領エルシャドへの反対運動が、APFSの起源と関連していることは否定できないだろう。1987年11月10日、バングラデシュの人々は、エルシャドの軍事政権に反抗する本格的な運動を実行した。そしてその出来事は、日本にさえ影響を及ぼしていた。バングラデシュの首都ダッカが、1987年11月10日に包囲されたニュースは、日本にも伝わっていた。私たちは、日本の法律を知らなかったため、在日バングラデシュ大使館を包囲するには何をなすべきかについて吉成氏に相談する必要があった。彼は「いかなる抵抗を開始するにも、委員会を組織することが先決である」と助言した。そのため私たちは、11月10日以降となったが組織を立ち上げた。

私たちは、日本にいるバングラデシュ人学生と労働者の支援、同時に私たちの文化活動を展開するため「バングラデシュ　ジャパン　フレンドシップ　ソサエティ」と名付けられた組織を立ち上げた。私マスド・カリム（Masud KARIM）、吉成勝男氏、そしてリアカット・ホセイン（Liakat Hossain）がこの組織の設立時のメンバーであった。

　1987年12月20日、社会福祉活動の計画や権利を確立することを誓い、板橋区の「産文ホール（現在の板橋区立グリーンホール）」で「バングラデシュ　ジャパン　フレンドシップ　ソサエティ」を設立した。組織設立のニュースは、朝日新聞や新聞各紙に取り上げられることになった。組織設立の日、バングラデシュ人を代表して出席した人々はアブドゥラ（Abdullah）、ロビン（Robin）、ユスフ・シャミン（Yousuf Shamim）、サラウッディン（Salahuddin）、ハニフ（Hanif）、ロビー（Robi）、モスタファ（Mostafa）他多数であった。

　組織は、その活動計画の実行によって日本でよく知られるようになった。そして急速に新メンバーも増えた。この時期の組織の活動は、日本とバングラデシュに限定されていなかった。「バングラデシュ　ジャパン　フレンドシップ　ソサエティ」は、ほんとうの意味での福祉団体の地位を獲得した。

● 「アジアンピープルズ　フレンドシップ　ソサエティ」へ名称変更
　1988年2月28日、この組織はバングラデシュと日本という2つの国に限定することなく、その名称を「アジアンピープルズ　フレンドシップ　ソサエティ」（略称APFS）に変更した。APFSはその草創期から地域の左派の政治家たちや国会の有力なリーダーである渋谷修氏（元衆議院議員）によって支援を受けた。1992年、APFSのメンバーは650人であった。そのほとんどがバングラデシュ人であり、他はネパール、スリランカ、韓国、台湾、中国、香港、フィリピン、タイ、マレーシア、ミャンマー、パキスタン、インド、イラン、インドネシア、そして日本からであった。さらにカンボジア、ガーナ、ナイジェリアやアメリカといった国からの人びとも加わった。

　私が、APFSの事務局長を務めていたころから、メンバーの大多数はバングラデシュの人びとであった。バングラデシュ人は、日本における

社会福祉活動にとても敬意を表してきた。言うまでもないがAPFSのメンバーは、いかなる私利私欲もなく活動を行っている。それには正に、吉成勝男代表の名前が思い浮かぶ。彼は、無私無欲の人がいかに存在しているのかという象徴のような人物だ。

　私たちの集合場所は、池袋の喫茶店だった。吉成氏は、外国人労働者の労働災害を助けるためにいつも奮闘していた。私は、1989年の事故（群馬県前橋市で働いていたバングラデシュ人が高所から転落し、重傷を負った事故。事業主は労災保険にも加入しておらず、入院中の彼を解雇した）のことを思い出す。吉成氏と私は、その喫茶店でよくAPFSのニュースレターやチラシを準備したものだ。

　1990年7月15日、APFSはいくつもの困難を乗り越えて、板橋区氷川町の桜井ビルに事務所を構えた。事務所の開設にあたり、下記の人たちが助成金を提供してくれた。

　アブドゥラ（Abdullah）、ロビー（Robi）、ラフィーク（Rafi）、ムサお兄さん（Musa Bhai）、シャフー（ソニー）（Sahu (Sony)）、ラジブ・ホセイン（Rajib Hossain (Rafiq)）、ニザム（Nizam）、ジャマプールのアラム（Alam of Jamalpur）、タプ（Tapu）、モストファ（Mostofa）、スリランカのプラカシュ（Prakash from Sri Lanka）、クランティ（Kranti）、ホセイン・バンドゥラ（Hossain Bandula）、そしてその他の大勢の人たちである。APFSの新たな歴史が始まった。吉成氏と藤谷弘氏（故人）は、休みなく働いた。まだ若い学生であった三宅博之氏（現北九州市立大学教授）もこの時期からメンバーとなった。

### ●APFS事務局長としての4年間

　とくに意識することもなく、私は吉成氏を事務局長として手助けした。1989年から1992年までの4年間という長い歳月を、わずかばかりの報酬を受け取りながら働いた。いつでも私の胸の中には、あの頃、私を助けてくれた人びとがいる。

　バングラデシュ人の間で、シャミン（Shamim）の名前を忘れることはできない。私は現在、オーストラリア在住のシャミンに全幅の信頼を置いている。私の不在時には、彼はよくAPFSの世話をしてくれた。このように私たちAPFSは発展、前進してきた。

当時、私やAPFSの活動を支えてくれた人々の名前を以下に記す。

ナンヌ（Nannu, MD S. ISLAM）、ショウカット・アリ（Shawkat Ali）、アブドゥラ（Abdullah）、ムクル・モスタフィズ（Mukul Mostafiz）、シャフ（Sahu）、セリム・モラー（Selim Molla）、ニザム（Nizam）、アクバル・ホセイン（Akbar Hossain）、ショッカー新聞のアミン（Amin from the newspaper 'Shocchar'）、アシャラフ（Ashraf）、アノワール・ホセイン（Anwar Hossain）、ラハマン・カーン（Rahman Khan）、アジム（Azim）、バブ（Babu）、バブル（Babul）、バングラデシュ大使館のベビー（Mrs. Baby from the Bangladesh Embassy）、チョウドリー（Chowdhury）、デロワール（Delwar）、ディル（Dilu）、ファドス（Ferdous）、ファゼル・カリム（Fazle Karim）、ファラッド（Farhad）、ラジブ・ホセイン（Rajib Hossain）、サム・ハリム（SMA Halim）、ソル（Soru）、ナジムール（Nazmul）、イスラム（Islam）、シュミ（Shumi）、アブドゥル・カシム（Abul Kashem）、モストファ・カラム（Mostofa Kamal）、ランバ・カラム（Lamba Kamal）、ガガン（Gagan）、キロン（Kiran）、コーカン（Khokon）、レオ（Leo）、リトン（Liton）、ムラッド（Murad）、ベラル（Belal）、マムール（Mamur）、ウットロンのマンナン（Uttaran's Manna）、マハブブ（Mahbub）、ナズルール（Nazrul）、プロビル（Probir）、パベル（Pavel）、ペル（Peru）、リポン（Ripon）、ラナ（Rana）、ラタン（Ratan）、アドナン・ロニー（Adnan Rony）、ラジャ（Raja）、ルーベル（Rubel）、カムルール・ホセイン（Kamrul Hassan）、チャルー（Chalu）、サラム（Salam）、サントゥ（Santu）、タレック（Tarek）、タプ（Tapu）、ザヒルール・ハック（Zahirul Haque）、ムサお兄さん（Musa Bhai）、ラフィ（Rafi）、シャミン（Shamim）、マハブブ（Mahbub）、福祉協会のミロンお兄さん（Milon bhai from the welfare society）、そしてその他多数である。

インドのスプラタ・ダ（Subrata Da）は、ほんとうによく私を窮地から救ってくれた。他にはインドのマニ・シン（Mani Singh）、スリランカのプラカシュ（Prakash）、ホセイン（Hossain）、カランティ（Kranti）、バンドゥーラ（Banndula）、ガネッシュ（Ganesh）、ラル・プラサド（Lal Prasad）、ソフィア（Sofia）、ラジャ（Raja）、ネパールのガウチャンとモカタン（Gauchan and Mokatan）、フィリピンのロバート、ダンテ、ロメオ、そしてアントニオ（Robert, Dante, Romeo and Antonio）、イランの

アミール・ババエ（Amir Babae）、ナディル（Nadir）、ザファー（Zafar）、レザ(Reza)、韓国のチェとキム(Che and Kim)、パキスタンのモバシャー(Mobassher)、そして日本人は大島博、加藤清一、明石達子、渡戸教授、長谷安郎（がんのため若くして他界）、成田、高橋正憲（板橋区議会議員）、市川、東ヶ崎、坂井広文、庄賀、小林明、小杉、浦田、そして国会議員の渋谷修である。

　上記に挙げたすべての人々の助けによって、APFSはその目的をつかみ取ることに成功した。その結果APFSは、社会福祉団体として行政からの援助を得られるようになった。

### ●APFSの権利闘争と支援活動

　APFSは、日本にいるすべてのアジアの学生や労働者の権利を守るため休みなく働く。そしてAPFSは日本の外国人住民のためにあらゆる支援を提供する。長年にわたる支援には、労働災害、医療、法的事項、結婚に関係することや保証人になることなどがある。

　APFSは、日本に居るアジア諸国の外国人の権利を取り戻すためだけではなく、他の国々の人々の支援のためにも働いた。例えば、バングラデシュに破滅的な被害を及ぼした1991年のサイクロンの際、APFSは支援に乗り出した。新聞社や各種メディアの力を借りて、バングラデシュ・サイクロンのための基金を立ち上げ、メンバーは駅や街頭に立ち、募金を集めた。そして集められた募金は、人道的支援のためにバングラデシュのNGOであるGONO UNNAYAN PROCHESTA（GUP）に寄付された。

　社会福祉事業という制約を乗り越えて、APFSは研修旅行、メーデーの集いや様々な文化的プログラムを企画した。さらにAPFSは、政府や民間組織の様々な企画やイベントに参加し続けてきた。これらの活動によって、多くのアジア諸国が文化的交流の機会を得ることができる。バングラデシュの多くの文化大使は、APFSの活動に敬意を表してきた。例えば、サビル・ナンディ（Subir Nandi）、シャキラ・ジャファ（Shakila Jafar）、ハニフ・シャンケット（Hanif Sanket）や他の多くの人々がAPFSに尊敬の念を払ってきた。

今日、状況は大きく変わった。30年前までは考えられなかったことだが、現在外国人は就労許可を得ることができるし、結婚したら日本のパスポートを得られる機会もある。唯一私が言えることは、これらはAPFSがなしえた業績である。

　日本に外国人の権利侵害がある限り、APFSはいつでもこれらと闘うだろう。APFSのメンバーの過酷な仕事への称賛として、彼らの名前を記し、ここに永遠に刻みたい。

（Masud KARIM／ますど・かりむ）

＊APFS共同設立者、事務局長（1987年〜1992年）

## 第11章

# 帰還バングラデシュ人の現在①

### 市場主義と出入国管理政策の変転を生きて

# 野呂芳明
#### 立教大学社会学部教授

## １．故国に戻った「外国人労働者」のその後を調査する意味

　すでに各所に書かれているように、APFS（Asian People's Friendship Society）の最初の頃、支援活動の主たる対象でありかつ重要な担い手でもあったのは、バングラデシュから日本に渡ってきた人びとであった。

　ほとんどが20歳前後からせいぜい30歳前後の男性であった若者たちは、その多くが日本で労働する資格を持たない観光などの一時滞在者として入国し、在留期限を過ぎてもそのまま日本国内に留まって、いわゆる「外国人労働者」として中小・零細の工場や店舗、サービス業等の職場で働き続けたのである。彼らが最も多く来日した1980年代半ばから末にかけての日本、とりわけ東京など首都圏のエリアはバブル経済の空前の好況下にあり、引く手あまたの超・人手不足のなか、「３Ｋ」（きつい、きたない、危険）と揶揄されたそれらの職場は、軒並みきわめて深刻な労働力不足に苦しんでいた。単純・非熟練の労働市場において日本人の働き手をほとんど見つけられないなか、労働機会を求めて海外から渡ってきたパキスタン人、バングラデシュ人、イラン人等の外国人の若者たちは、たとえその滞在が非合法であったとしても、欠かせない存在だったのである。

　しかし、短期間に急増し都会の街なかでも可視化され目立つようになった彼らの存在は、世間の警戒心を呼び起こすことになった。統計によれば、1984年に1,593人だったバングラデシュ人の日本入国者数は、４年後の1988年には14,500人と10倍に急増していた。日本政府も1989年にパキスタンやバングラデシュとの相互ビザ免除協定を破棄するなど、出入国管理政策の厳格化に大きく舵を切った。1990年代に入りバブル景気がはじけて劇的に経済情

**146**　第2部　トランスナショナルなネットワークと国際移動

勢が悪化すると、外国人労働者たちの労働環境も厳しくなった。賃金の切り下げや失業、転職や転居を繰り返しながら、それでも日本で働き続けようとする彼ら超過滞在者に対して、入国管理事務所による摘発が進んでいった。また、帰国の道を選択する人びとも相次いだ。

　APFSのネットワークをたどって、私たちがバングラデシュを訪問し面会したりアンケート調査への回答を依頼したりした人たちは、その多くがこうした時期に日本へ渡航して働き続けた経験者である。後ほど詳述するが、彼らの日本滞在期間は平均で約7年半、最も長い人は20年にも及んだ。そして、回答者の7割は日本の入管に摘発されての強制送還、3割は自身の意志による自発的帰国だった。

　彼らの多くが故国に帰還したのは1990年代から2000年代初頭で、その時から2018年の現在まで短いケースでも10年以上が過ぎた。日本に渡った当時は若者だったこれらの人たちも、今は中高年である。バングラデシュも日本もさまざまな政治・経済・社会の変容を経験し、そのなかで日本の出入国管理政策とそれを支えるテクノロジーも、ある種システマティックかつ厳格になった。かつてのように観光など短期滞在の資格で多数の外国人が来日して、そのまま超過滞在の労働者として働き続けるという素朴で荒っぽい道筋は、今はほぼ封じられたといってよい。その結果、1990年代初頭のピーク時に正規滞在・非正規滞在を合わせて3万人を超えていたとされる滞日バングラデシュ人は、1万人前後にまで減少した。近年、再び増勢に転じているが、それでも往事の約半分の1万5千人あまりである。そして、新たに日本に入国するのは、高い英語能力やICTの技能を有し「技術」や「人文知識」等の業務のビザを得ている人たちが少なくない。「外国人労働者」と呼ばれ正規の在留資格を持たないまま日本で働き続けた世代とは、大きく異なっているのである。

　その意味では、かつて「外国人労働者」と呼ばれた人たち、あるいは日本においてそれらの人たちを支援し共に活動を展開した当時のAPFSの経験は、「歴史的」なものになりつつあるといえるだろう。しかし、かれらの人生はもちろんそれで終わりではなく、バングラデシュに帰還してからそれぞれなりの社会的・経済的生活が営まれているのは当然である。また、同時期に日本に来て同じように働き、今は正規の在留資格のもと定住しビジネスを展開しているバングラデシュ出身者も、決して少数ではない。現在、日本国内に確立し、さらに国境を越えてトランスナショナルに広がっているバングラデ

シュのコミュニティや社会的、経済的なネットワークは、中心的なメンバーをはじめその根本において、初期の人びとと経験を共有しており、その連続体として発展した側面を確実に有している。

したがって、故国に帰還したバングラデシュ人のライフヒストリーを収集・記録し理解しようとする試みは、それらの個々人を越えた時間的、空間的な広がりの理解につながる一つの道程である。また現在、少子高齢化と人口減少が加速度的に進む日本では、長く制度的に閉ざしていた単純労働市場への外国人労働力の受入れを公式に開始する議論が急展開している。受入れに向けた詳細な体制整備はこれからなのだろうが、非正規滞在の外国人労働者として日本社会に定住した人びとの経験や帰国後の生活のあり方は、単なる労働力ではなく固有の尊厳を有する「人」として受け入れていくことの意義や課題をわれわれに提示していると思えるのである。

## 2．先行する調査研究と検討課題

日本で働き、後に故国に帰還したバングラデシュ人については、過去にいくつかの先行研究・調査がある。そのなかで統計的な基礎資料としても重要と思われる2つの研究を紹介したい。

総合開発研究機構（1993）に日本語訳がまとめて所収されたライスル・A・マハムード（Raisul A. Mahamood）の調査報告は、かなり早い時期（1991年初頭）における体系的な調査として、これらの人びとを知るための最も基礎的な文献の一つである。510人もの帰還者に対するインタビュー調査を通して、著者は以下のようなことを明らかにした。

・　彼らは中東地域への出稼ぎ者に比べると概して若く、平均年齢は29歳であった。
・　当時、国の人口の60％が全く教育を受けていなかったにもかかわらず、日本への出稼ぎ者で無教育の者は1％以下であるなど総じて教育レベルが高く、約3分の2が中等学校ないしそれ以上、そして大学レベル以上の者も8％であった。出身家庭の生活水準も概して高く、半数以上が何らかのビジネス、約4分の1が農業を営んでいた。
・　日本への入国は当然ながら経済的動機が大きかった。中小・零細のエレクトロニクス、エンジニアリング、ゴム・プラスチック製造、印刷・出版

等の工場や事務所で働き、就労する職種は半熟練・非熟練の工具である場合が大半である。

- 　支払われる給料は同職種の日本人の半額以下と大きな格差があったが、月平均45,000タカ（T.K.と表記。約1,286米ドル、約179,000円相当）を稼いだ。これは、バングラデシュの公務員が得る最高給の４倍以上の額であり、同国の産業労働者の平均賃金の40倍に相当するものだった。
- 　1991年初頭でのバングラデシュ帰還者に対する調査なので、日本への出稼ぎ期間は長くても５年である。その滞在期間中に平均553,000T.K.（15,800米ドル、約220万円）を家に送金していた。日本への渡航費用（約30万円）を除くと474,000T.K.（13,543米ドル、約190万円）になる。これらの貯蓄の４分の３は非消費（家屋の建築、改築、土地の購入、商売の設立等）に向けられ、なかでも商売、ビジネス設立に高い割合が費やされていた。

　次に、2003年に論文が発表された樋口直人・稲葉奈々子の研究（樋口・稲葉 2003）を紹介しよう。論文の著者たちが2002年夏にバングラデシュに赴き50人の帰還バングラデシュ人から聞き取り調査を実施したものである。マハムードによる調査から10年あまりが経過し、調査結果からも年月を経た影響が感じられる。具体的には、以下のような点である。

- 　1989年に日本とバングラデシュのビザ免除協定が停止され、「観光」名目で日本に容易に入国するルートが塞がれた。それ以降は、ビジネス目的等のビザを取得しなければならず、そのためにブローカーを利用する比率が一気に高まった。これは渡航費用の高騰につながり、80〜90万T.K.が相場になった。日本円で300万円以上にもなる。
- 　滞日年数の平均は6.6年で、最長14年だった。送金総額の最頻値は400万円、最大4,000万円で、滞日年数の長さ等と関連がみられた。
- 　送金の使途としては、留守家族の生活費（約３分の２）の他、自宅購入、土地購入、賃貸住宅購入等。そしてビジネスにも過半数の対象者がお金を出していた。

　インタビュー調査の結果をふまえ著者たちは、当時の日本労働市場におけるバングラデシュ人出稼者の位置づけ、日本での生活や就労経験が帰還後の当事者たちの生活や意識にもたらす影響などに着目する必要性を指摘してい

第11章　帰還バングラデシュ人の現在①　149

る。

　そして著者の樋口直人や稲葉奈々子は、2007年に刊行された別の文献において複数のバングラデシュ人やイラン人の事例を具体的に紹介し、日本に渡航して働いたことの経済的な収支勘定、そして当人が自身の経験や現状をどのように意味づけているかを検討した。それによると、送金の総額は人により差が大きいものの、本人や家族の社会的上昇に寄与している。一方、主観的にはそう単純ではない。日本の消費社会を体験しその消費行動や価値観を国に持ち帰った彼らは、帰国後もそれを改めるのが難しい。少数の帰還者は、その経験をビジネスに活用して能動的、生産的に展開し成功している。「下からの」トランスナショナリズムの積極的な側面といえる。しかし、多くの場合は、その消費欲求が充たされないために、さらなる移民の願望や送り出しの喚起につながっている、というのである（樋口 2007；樋口・稲葉 2007）。

　以上のような先行する調査研究を通して、帰還したバングラデシュ人の現在を考察する際には、次のようなことが重要な検討課題であると読み取れるだろう。

- 　日本に出稼ぎしていた際の経験
- 　日本出稼ぎの収支勘定
- 　日本に暮らした経験について、現在の視点からどう見ているか

　われわれの調査時点が2014年・15年と、さらに10年あまりを経過していることからも、これらの論点を改めて検討する意義は高いと思われる。以下、それに留意しながら述べていきたい。

## ３．調査結果から

　われわれの調査は、筆者の所属する立教大学大学院社会学研究科の科目「プロジェクト科目Ａグローバルな人の移動と交流―日本とバングラデシュ間の事例―」と連動する形式で進めたものである。大学院生と教員の共同により調査研究を進める科目で、2014年9月、2015年9月に複数の教員および大学院生が実際にバングラデシュに渡航し、日本への出稼ぎ経験者（延べ20人）に対するインタビュー調査を実施した。

また、2015年10月から11月にかけて現地のコーディネイターに委託する形でアンケート調査を実施した。インタビュー回答者に記入してもらった分も含めて、50人分の回答を集めることができた。現地コーディネイターのA氏は、自身もかつて日本で働いた経験があり、その当時、APFSと連携して在日バングラデシュ人コミュニティの世話役的な立場だったこともあるので、アンケート回答者の依頼もそのネットワークに依存している。すなわち、機縁法という集め方である。統計学的な意味での代表性はないが、後述する結果は先行する研究者の知見と大きく矛盾することはなく、十分に信頼のおけるデータといえる。回答者は、ダッカ市および市内から車で2時間ほど南東に下ったビクランプールと呼ばれるエリアに居住する人たちである。後者の地区からは、かつて大量の出稼ぎ者が日本に向かったことが知られている。

## (1)　日本に渡ったバングラデシュ人の特徴、移住の背景など

　われわれの調査時における回答者は、性別では男性が49人と圧倒的で、女性は1人である。平均年齢（不明や無回答の9人を除く）は43.8歳である。10歳刻みにすると、40歳代14人（34.1％）、50歳代13人（31.8％）、50歳代13人（31.8％）という分布になった。

　一方、かつて日本に来た時の年齢は、最も若い回答が13歳、最年長は40歳、不明を除く有効回答者40人の平均値が24.0歳である。20歳代前半（20〜24歳）が18人（45.0％）、20歳代後半（25〜29歳）が10人（25.0％）と、合わせて7割に達する。これらのデータは、先行する調査研究の結果と整合的である。

　回答者の教育歴については、無回答6人を除く44人のうち初等教育（5年）あるいはそれ以下が3人（6.8％）、中等教育（5年）程度が31人（70.5％）と大多数で、カレッジ（2年）相当4人（9.1％）および大学（4年）以上6人（13.6％）を合わせた高等教育者の割合は22.7％となった。この結果も先行研究と整合的であり、マハムード（1993）が指摘したように、日本に来住したバングラデシュ人の若者たちの教育レベルが相当に高かったことが確認される。

　これら有為の若者たちのほとんど（50人中45人、90.0％）は、バングラデシュにいる時に働いた経験を持たずに日本に飛び込んできたのである。理由を選択肢で尋ねたところ、「経済的困難」25人（50.0％）、「お金が必要」21人（42.0％）と、経済的な動機が圧倒的だった。

　インタビューで得られた回答者の1人は、次のように語っていた。

第11章　帰還バングラデシュ人の現在①　**151**

「なぜ日本に行ったのか？こっちはその時は、働く場所があんまりな
かったから、私はそのときはダッカの大学の大学生だったんだけど、私
は家族の中でも娘さんが２人で、私が１人で、それでみんながそっち（日
本に）行ったらいっぱいお金稼げるって、いろんな所から聞こえたんだ
けど、で、９年間も私お金稼ぐために日本に行って一生懸命頑張って、
こっちに、家族のためにお金送って、少し助かるかなと思って」（2014
年９月のインタビューから）

　この語りからは、経済的動機が主要であることがうかがえると同時に、日
本への出稼ぎにあたって先に行った知人や友人のネットワークの役割が大き
いことも読み取れる。実際、ビクランプール地区からの大量（１万人を超え
たといわれる）の日本出稼ぎは、このようなネットワークにもとづき連鎖的
におこなわれたのだった。

### (2)　日本への入国と渡航費用など

　バングラデシュから日本への入国の推移を検討する時には、日本側の出入
国管理政策を踏まえておかなければならない。政策変更の影響がきわめて大
きいからである。先に述べた通り、1980年代中頃から急増した非正規滞在の
バングラデシュ人やパキスタン人に対する世間の警戒や反発の高まりを受け
て、1989年初頭にビザ免除協定が停止された。これを機に1989年の日本入国
バングラデシュ人は、前年の14,500人から3,425人にまで激減し、一方、退去
強制者数はこの年の2,254人から翌1990年に4,799人を数えピークをつけた。
　こうした動向は、われわれの調査に回答したバングラデシュ人の移住体験
にも色濃く影響している。次の**表１**は、アンケート回答者の日本入国年次お
よびその際に要した費用の平均値、最小値、最大値を集計したものである。
　48人の有効回答のうち、日本渡航が最も早い者は1986年（２人）であり、
87年（３人）・88年（８人）と３年間で13人（27.1％）が日本に入国した。渡航
費用の平均値は98,461.5T.K.で、当時の１T.K.（タカ）を約４円に換算すると
40万円くらいになる。しかし、ビザ免除協定が停止された1989年から1994年
までの６年間に日本に渡ったのはわずか２人（4.1％）に過ぎない。費用も１
人は120,000T.K.、もう１人も350,000T.K.と大きく増えた。
　1995年以降、99年までの５年間の入国者は14人（29.2％）、2000年から2004
年までの５年間の入国者は16人（33.3％）であり、渡航費用の平均値は55万T.K.

**表1　来日した西暦年および日本渡航に要した費用**

| 来日時の西暦年 | 人数（%） | 費用平均（T.K.） | 最小値（T.K.） | 最大値（T.K.） |
|---|---|---|---|---|
| ～1988年 | 13　（27.1） | 98,461.5 | 50,000 | 400,000 |
| 1989～1994年 | 2　（4.1） | 235,000.0 | 120,000 | 350,000 |
| 1995～1999年 | 14　（29.2） | 551,428.6 | 50,000 | 1,100,000 |
| 2000～2004年 | 16　（33.3） | 515,628.1 | 20,000 | 1,150,050 |
| 2005年以降 | 3　（6.3） | 213,333.3 | 60,000 | 500,000 |
| 合計 | 48（100.0） | 367,693.4 | 20,000 | 1,150,050 |

を超える金額にまで高騰している。後述するがタカ（T.K.）と日本円の交換
比率が傾向的に低下している（タカが安くなる）ため仮に１T.K.を約３円とし
て、渡航費用は150万円を上回っている。最後に、回答者のうち最も遅い日
本渡航は2007年だった。それを含め2005年以降に入国した回答者３人（6.3%）
の渡航費用は60,000～500,000T.K.と、それまでよりいくらか安価になって
いるようにも見える。

　査証免除協定停止後の日本渡航費用の高騰について、樋口・稲葉（2003）は、
ブローカーに多額を支払う必要があったことを指摘した。われわれの調査の
回答者についても、航空チケット代を別にすれば、高額支払いのほとんどが
ブローカーに対してであったことが確認できた。インタビューによれば、ビ
ジネスとしての訪問を偽装しビザを取得するために、日本人と共に大使館に
出向き、また日本人と共に日本に入国する、バングラデシュから直接でなく
タイなど第三国を経由する、日本入国審査の際に多額の「見せ金」を提示す
る、等の手段が使われていた。高額な費用の捻出は、「土地の売却」が最も
多く、「ローンを借りた」がそれに次いでいた。

## (3)　日本での仕事、生活、送金など

　バングラデシュから出国する時に日本での仕事が決まっていた回答者は、
無回答の３人を除き皆無であった。全員、日本に入国してから仕事を決めた
のである。

　**表2**（次頁）は、回答者の仕事を整理したものである。複数の仕事を答え
た人がいたので、合計回答数は回答者数を超えている。

第11章　帰還バングラデシュ人の現在①　153

表2　日本での仕事（複数回答）

| | 度数 | 割合（全回答数比） | 割合（回答者数比） |
|---|---|---|---|
| 行政サービス | 1 | 1.9% | 2.0% |
| 私企業の仕事 | 14 | 26.9% | 28.0% |
| 建設作業員 | 1 | 1.9% | 2.0% |
| 庭師 | 1 | 1.9% | 2.0% |
| 自動車運転手 | 2 | 3.8% | 4.0% |
| ホテルのウェイター／コック | 1 | 1.9% | 2.0% |
| 溶接工／電気工事／機械操作／れんが工／大工 | 11 | 21.2% | 22.0% |
| 企業労働一般（店舗、工場） | 15 | 28.8% | 30.0% |
| その他 | 5 | 9.6% | 10.0% |
| 不明／無回答 | 1 | 1.9% | 2.0% |
| 合計 | 52 | 100.0% | 104.0% |

　仕事の種類は、先行研究で得られている知見と整合しており、金属や電気機械の製造工場の工具あるいは店舗や事務所に働く者が多かった。図表には示さないが、勤務先の規模は中小あるいは零細の規模で、勤務地として埼玉県、千葉県、あるいは栃木県や群馬県など北関東エリアの都市名が多く挙げられた。

　回答者たちは、時に職場を変えながら、働き続ける。日本で働いた期間を計算すると、最も短いケースで1年未満（4人、0.5年と計算）、最長は20年（1人）、平均7.62年だった。樋口・稲葉（2003）の調査における平均6.6年よりも約1年延びているが、長期間日本に滞在した回答者の影響など、調査時点が10年以上後であるという時間経過の要因もあるのだろう。

　**表3**は、その就労期間と給与（月額）に関する集計である。給与については、不明の1人を除く49人の平均値を計算したところ253,265円となった。最高値は40万円である。表をみると大半のケースが月額20万円から35万円の範囲であること、給与水準が相対的に高い者は、就労期間も長い傾向にあることが読み取れる。なお、「15万円以上20万円未満」（2人）の平均就労期間が0.75年と短いのは、1人が1年未満（0.5年とした）、もう1人が1年だったからである。前者は1994年に入国してその年のうちに、後者は2004年に入国して翌

**表 3　回答者の給与月額、および平均就労期間**

| 給与（月額） | 人数（%） | 平均就労期間（年） |
|---|---|---|
| 10万円以上15万円未満 | 1　（2.0） | 11.0 |
| 15万円以上20万円未満 | 2　（4.1） | 0.75 |
| 20万円以上25万円未満 | 12　（24.5） | 6.2 |
| 25万円以上30万円未満 | 20　（40.8） | 7.4 |
| 30万円以上35万円未満 | 11　（22.4） | 10.1 |
| 35万円以上40万円未満 | 2　（4.1） | 8.0 |
| 40万円 | 1　（2.0） | 17.0 |
| 全　体 | 49（100.0） | 7.7 |

年に退去強制となりバングラデシュに帰還している。

　次に、送金について概観しておこう。回答者たちが日本で非正規滞在を続け働いた最大の目的は、故郷への送金である。われわれの調査の回答者は、1人を除く49人が送金をしていた。アンケートでは1年あたりの送金回数、1回の送金額（T.K.）等を尋ねて回答を得ている。送金回数は1年あたり2回から12回まで分布していたが、3回から6回の範囲に36人（73.5%）が集中し、12回すなわち毎月送金が8人（16.3%）だった。多くがまめに送金していたことが窺える。平均すると年間6.1回となった。

　この送金は、どのような手段により行われたか。送金をした49人に対する複数回答の選択肢質問によれば、郵便局が13人（26.5%）、送金会社が37人（75.5%）、そして「マネー・ロンダラー」も15人（30.6%）だった。後者は、具体的には「フンディ」等の非正規の送金システムだと思われる。郵便局や銀行を通すよりも手数料がかなり安かった。しかし、利用者が相対的に少数なのは、望ましくなさを感じていたためであろう。実際、インタビューからもそのニュアンスが伝わってきた。

　送金額についてはバングラデシュの通貨であるタカ（T.K.）で答えてもらった。ちなみにタカと円の交換レートは年により変動し、長期的には円高方向といえる。1990年代初頭のマハムードの調査時点では1 T.K.≒4円と換算されていた。しかし、過去20年分の推移をチェックできるサイトで調べたところ、1998年末には1 T.K.≒2.5円になっている。2000年頃には1 T.K.≒2円とさらに円高になり、2003年からは2円を下回った。現在に至るまで、概ね1.7

～1.3円あたりで推移している。

　これを念頭に置いて回答者の送金額を検討したところ、われわれが求めたタカでなく円で回答したことが疑われるケースが複数みられた。すなわち、タカの金額にしては高額すぎるのである。そこで、やや煩雑になるが、［A］1年間の送金額（送金回数×1回あたり送金額で算出）と［B］1年間の給与額（12×給与月額で算出）を比較して、誤回答と思われるケースを取り除くことにした。どんなに節約しても、収入を上回る送金はできないからである。タカ／円のレートは変動するが、中間に近い1T.K.＝3円として、送金額［A］がタカの時に日本円に換算すると3倍の値になる（例：年50万タカの送金なら150万円にあたる）ので、それが年収額（円）［B］を上回るようなら、誤記入と判断するのである。

　この作業により、残念ながら22人の回答者が除かれた。送金をしなかった1人も除く27人について、いくつか集計を試みた。

　これらの回答者の1回あたり送金額は、平均112,185T.K.であり、1T.K.≒3円で換算すると約33万円ということになる。また、1年あたり送金額を「1回あたり送金額×送金頻度」により計算したところ、628,370T.K.となった。日本円では約190万円になる。**表4**は、表3と同じ給与水準別に送金額の平均値を算出したものである。有効ケース数がかなり減ったが、収入が多い者は送金も高額になる傾向が緩やかながら見られた。全体としては、たいへん慎ましい経済生活を送りながら多額の送金を続けていた様子が窺われる。

　また、回答者たちは送金以外の物も故郷に送っていた。アンケートからは、テレビ（8人、16.0％）、衣服（4人、8.0％）、ゴールド（2人、4.0％）などが挙げられた。

## (4)　バングラデシュ帰還から現在まで

　前に述べたように、われわれの調査対象者であるバングラデシュ帰還者たちが日本で働いた期間は、平均7.62年だった。アンケートの回答によると、自らの意思で帰国したのが15人（30.0％）であるのに対し、日本の入国管理局に摘発され、退去強制処分により帰国した者は35人（70％）とずっと多かった。

　望まぬ形での帰還が多かったのだが、「帰還後、以前の人間関係をどのように取り戻したか？」「バングラデシュへの帰還は、当初のプランや期待に添うものだったか？」という自由記述式の質問に対しては、前者について「良

表4　回答者の給与月額、および平均送金額（1回あたり、年換算、タカ）

| 給与（月額） | 人数(%) | 平均送金額（1回） | 平均送金額（年） |
|---|---|---|---|
| 20万円以上25万円未満 | 6　(22.2) | 83,167 | 402,667 |
| 25万円以上30万円未満 | 12　(44.4) | 104,167 | 722,500 |
| 30万円以上35万円未満 | 6　(22.2) | 156,667 | 660,000 |
| 35万円以上40万円未満 | 2　(7.4) | 135,000 | 540,000 |
| 40万円 | 1　(3.7) | 70,000 | 840,000 |
| 全　　体 | 27(100.0) | 112,185 | 628,370 |

好（Good）」や「問題なし（No problem）」、後者についても「問題なし（No problem）」という回答が多かった。

　帰還後の生活に関するこれ以上突っ込んだ質問はアンケートに組み込めなかったので、他の設問の集計や並行して進められたインタビューから、もう少し考察を進めたい。

　ひとつは、日本出稼ぎの収支勘定である。あくまでも試算になるが、「日本での勤労年数×送金額×送金の頻度」を1人ひとりの回答者について計算してみた。厳密さは十分とはいえないが、収入側の目安になるだろう。一方、支出にあたるのは、渡航費用である。多額の場合に土地を売ったり借金をしたりして捻出している場合が多かったので、収入がそれらを補填し相応の超過がなければ、出稼ぎの意味はないだろう。

　この試算によると、送金総額については、有効28人の回答者のうちの最小値が108,000T.K.、最大値が21,600,000T.K.、平均値は5,435,554T.K. となった。それぞれの回答者の渡航費用を差し引いたところ、マイナスになったのは、送金が最少額の1人のみだった。この回答者は、2002年（19歳）に入国し2005年に退去強制となった。日本への渡航にあたり土地を売り借金もしてブローカーに1,100,000T.K. も支払っていたため、上記の試算では992,000T.K. ものマイナスとなったのである。それ以外の有効な回答者は、最少100,000T.K. から最高21,510,000T.K. のプラスであった。

　**表5**（次頁）は、日本への来住時期別に送金総額および収支勘定の平均値を試算したものである。年代の区分は表1と同じだが、有効な回答数が少ないため、5区分を合併して3区分にまとめている。これを見ると、1988年までに入国し働き続けた回答者は、就労年数が長く、渡航費用も安価だった

表5　来日した西暦年別の平均就労年数、平均送金総額、平均収支

| 来日時の西暦年 | 人数(%) | 平均就労年数 | 送金総額(T.K.) | 収支(T.K.) |
|---|---|---|---|---|
| ～1988年 | 10　(27.1) | 13.2 | 9,247,750 | 9,143,750 |
| 1989～1999年 | 7　(4.1) | 6.4 | 3,451,429 | 2,890,000 |
| 2000年以降 | 10　(33.3) | 5.0 | 3,285,800 | 2,673,795 |
| 合計 | 27 (100.0) | 8.4 | 5,536,870 | 5,126,128 |

め、収支のプラスも多額である。これに対して、1989年以降および2000年以降の入国者は、平均の就労期間が5～6年と短い一方、渡航費用が50～60万T.K. にのぼったために収支のプラス金額は大幅に減少したことが推測される。2000年以降の入国者の場合、故国に持ち帰ったプラス額の平均値は、日本円に換算してせいぜい500万円前後というところだろう。この試算は多めに見積もっているので、実際の額はさらに少ない可能性が高い。親やきょうだいたちのための家計・教育費等の支援に費やせば、自分の帰国後の生活設計に備えられる余裕は決して十分とは言いがたかったと思われる。

　実際、われわれがバングラデシュを訪問し約20人の帰還者に直接にインタビューをしたり、2016年11月にはSkypeを使い数人の帰還者に対して追加の質問をしたりしたなかでは、日本で働き蓄積した資産が帰国後現在に至る職業生活に積極的に活かされていると思えるケースは少なかった。多くの回答者は、家に戻りきょうだいや家族と共に自営業の商店で働くなどしていた。あるいは、そのような勤労に加え貯蓄を取り崩しながら、帰国してから結婚し生まれた子女の教育資金を捻出している者もいる。そして、ほとんどの回答者は、日本で過ごした時の楽しさ、ディズニーランドに出かけたり春の花見をしたり渋谷に行き忠犬ハチ公の話を教えられたりしたこと等の鮮やかな記憶をわれわれに語った。できることなら日本にもう一度行って、世話になった雇い主の「社長さん」「奥さん」に会いたい、と。帰国してから10年以上経つ現在でも連絡を取り続けているという回答者もいた。また、世話役的存在のA氏とネットワークを保っている仲間たちは、定期的に「日本語」で語り合う集いを開いているという話も聞いた。

　こうした帰還者の現在について、早い時期に学生として来日し現在は日本に定住し日本人と結婚して働いているB氏は、次のように所感をわれわれに述べたことがある。

「強制送還で戻った時、お金をたくさん稼いだはず、という周囲の期待と、実態（ほとんど蓄積はない）との乖離に苦しむ者が少なくなかった。日本で金を稼ぎ、ビルを建てた成功者などは、実は決して多くないのではないか。むしろ、近年の国の発展により、かつての大学の同窓生で国に残った人のほうが、今は地位を達成している場合も少なくない。そういうことも、本人には辛いことになるのだろう」。

　一方、われわれの調査対象者のなかにも、日本で稼いだ資金を使ってビクランプールの実家に土地建物を購入し、ダッカ市内にも自宅兼用の5階建て賃貸住宅ビルを建築、さらに自動車の整備工場を経営し、マレーシアにも進出して共同ビジネスを立ち上げるなど、ビジネスの展開に成功したケースは少数ながら存在する。樋口や稲葉らが述べたような、日本から「企業家精神を持ち帰った」（樋口・稲葉 2007: 263）例といえるだろう。

## 4．考察——帰還バングラデシュ人の生きた実践とその現代的意義

　1980年代半ばから後半に顕在化した「外国人労働者」たちは、国境を越えたトランスナショナルな人の移動の、"日本的"な形であった。深刻な人手不足に悩む中小零細の職場で働いたが、大多数が非正規滞在のため、事故や病気等のトラブルに遭うと、制度的なセーフティネットはほぼ皆無であった。APFSはそのような人びとが協働して支え合い打開につなげていくプラットフォームの役割を果たしてきたのである。

　われわれが調査の対象とした回答者たちは、日本に滞在している時にAPFSの協働のネットワークに連なりながらも、多くは退去強制という不本意な形でバングラデシュに帰還することになった。日本側の出入国管理システムの厳格化により、再度の日本渡航はきわめて難しい。若い時に過ごした鮮明な記憶を胸に抱き、できれば再び日本に行きたいと願いつつも、帰還したバングラデシュの街なかで日々の生活を営んでいる。経済的には決して楽でないかもしれないが、われわれのような日本人が訪れるといった機会を除き、日本とは無縁の生活世界においておそらくは平穏に日常を過ごしているのだろう。樋口・稲葉は、「消費社会のスペクタクルが魅力的であるほどに、

帰国して消費から剥奪されようともその夢を見続ける。そして現実には不可能であっても、ふたたびビデシュ（引用者注：ベンガル語で「外国」の意味）の力に頼ろうとする」（樋口・稲葉2007：266）と述べたが、調査者として筆者（野呂）が抱く印象も、これに近い。ただし、年数の経過は、夢の不可能性を彼らの内面に深く刻印しているとも感じた。

　その一方で、日本に渡り労働力として尽くした有為の若者たちがその経験や実績を生かせないままに年を取っていくのは、とても残念に思う。もしも日本に滞在し続けることができていたら、彼らは主観的にずっと幸福であったかもしれない。APFS等の支援を受け、一部の者には在留特別許可を得て日本定住への道筋が開けることもあったかもしれない。

　しかし実際には、日本に非正規に入国した彼らに開かれていた単純、非熟練の労働市場は、決して彼らのキャリアに資するものではなかった。多くの先行研究や調査が明らかにしてきた通り、外国人労働者たちは、大きく変動する労働力需要を調整するバッファー的な存在に過ぎなかったのである。単純な労働力にとどまらない人間という存在を忘却する労働市場のあり方を「市場主義」と呼ぶことにすると、そのような市場主義の流れと、それに乗る形で国境を越え先進国の単純労働市場に参入する外国人たちという構図である限りは、おそらく問題の本質は変わらないのだ。一方には正規の在留資格者、在留特別許可などを得て滞在を正規化された相対的に少数の幸運者が日本国内に定住するが、他方には非正規滞在ゆえに退去強制処分に遭って故国に帰還し不本意なその後の人生を過ごす者が存在し続ける。出自と経験を共有する同郷者の間に、市場主義と国家の出入国管理政策の狭間で生み出され、個人的努力では埋めようのない制度的な分断が現前しているのである。

　さて、日本の出入国管理政策がまた大きく動こうとしている。外国人に対し実態はともかく制度的には閉ざし続けていた単純労働の市場を、2019年度からついに在留資格化して開放する方向である。少子高齢化が進む日本において、これらの市場の人手不足は深刻化する一方であり、改善の見込みもまったくないからである。近年は「技能実習生」というステータスで実質的に単純労働力を導入してきたが、最低賃金に満たない低所得や人権上の問題等がしばしば指摘されてきた。正規の在留資格として就労ビザを発給するという大きな政策転換は、1980〜90年代の外国人労働者たちが日本に非正規に在留した時や故国に不本意に帰還して以後に経験してきた類いの諸問題をも構造的に転換する可能性がある。

しかし、この大転換が単純労働力市場における深刻な人手不足という市場要因に押された上での政治的決断であることには、やはり留意が必要だろう。労働と在留が正規化されても、そこに「人」の視点をどのくらい貫通させられるか。その重要性を、かつての「外国人労働者」の経験と帰国後の暮らしのあり方は、われわれに示しているように思われる。悪質なブローカーに搾取されない公正で透明化された入出国に始まり、勤労生活・社会生活における人権の保障、セーフティネット、日本社会への適応支援など、様々な課題に個別的にではなく有機的、体系的に対処していくことが求められる。

　「多文化共生」の語が自治体行政や教育などの場で頻繁に使われるようになってから、すでに何年も経つ。それを観念的な題目にとどめることなく、地域に定住し生活を営むようになる外国人の個性や文化、アイデンティティを尊重し共存する具体的なシステムの整備が不可欠である。

　一方、現時点において日本社会側の関心は高くないが、正規化された外国人出稼者の受入れは、日本において自立的に成長しつつある外国人のエスニック・コミュニティや国境をまたぐトランスナショナルなネットワークにも相当の影響を及ぼす可能性がある。市場主義と国家の出入国管理政策──「上からのトランスナショナリズム」と言えるかもしれない──の狭間で、日本定住の経験を共有する同じ外国人間に制度的な分断が存在することを上に述べたが、希望的に見通すならば、受入れ体制の体系的な整備が進むに連れて新たな外国人の定住と国境を越えた人的交流が増加し──「下からのトランスナショナリズム」と言えるかもしれない──、そのような制度的な分断のリスクをも軽減する可能性は考えられる。そうなれば、トランスナショナルな人やモノの交流が加速し、エスニック・コミュニティやネットワークのさらなる成長と、国境および制度的な分断をも跨ぐ結合や広がりの獲得という循環につながって、引いては日本の社会や経済に新たな活力を注ぎ込むという積極的なストーリーもありうるだろう。

　もちろん、話はそう単純に一筋縄でいくものではあり得ない。1980年代後半から90年代にかけて日本で急増した外国人労働者に対する反感や警戒心が高まったが、同様またはそれ以上の社会的反応が生じる可能性は否定できない。西ヨーロッパ諸国や米国において移民・難民の受け入れに否定的な風潮が高まり政治にも顕著な影響を及ぼしているが、日本でもそのような反発が広がることがあれば、それは国家の政策を大きく左右するだろう。

　肯定的であれ否定的であれ、こうした大きな物語や言説を招来してしまう

と、現実の生活世界における日々の実践が見えづらくなる。われわれの調査研究の対象である日本からバングラデシュに帰還した人たちの日本における生活と帰国後の暮らしの姿を知ることは、それらの生きた実践に私たちの目を開かせる。そればかりではなく現在の日本社会に着実に定着し成長しているバングラデシュ人をはじめ多くの外国人の生活やビジネス活動が意味するもの、可能性や課題について、理解と思索を深め、私たち自身の積極的で生産的な実践につながることだろう。

【参考文献・資料】
・樋口直人・稲葉奈々子 2003「滞日バングラデシュ人労働者・出稼ぎの帰結——帰還移民50人への聞き取りを通じて」、『茨城大学地域総合研究所年報』36：43-66。
・樋口直人 2007「滞日経験のバランスシート——帰国の経緯とその後の状況」、樋口直人・稲葉奈々子・丹野清人・福田友子・岡井宏文 2007『国境を越える 滞日ムスリム移民の社会学』青弓社：212-243。
・樋口直人・稲葉奈々子 2007「消費社会のスペクタクルとトランスナショナリズムの逆説——バングラデシュの移民家族と開発される欲望」、樋口直人・稲葉奈々子・丹野清人・福田友子・岡井宏文 2007『国境を越える 滞日ムスリム移民の社会学』青弓社：244-274。
・Mahmood, R. A.（ライスル・A・マハムード）1994「日本のバングラデシュ人——新世界の現実」（斉藤千宏訳）、中村尚司・河村龍夫編『アジアからみる アジアをみる 外国人労働者と海外投資』阿吽社：142-169。
・総合研究開発機構 1993『日本への出稼ぎバングラデシュ労働者の実態調査』（NIRA〔研究報告書〕）。
・吉成勝男・山田正紀 1996「外国人支援活動 現場からの報告」、駒井洋監修・渡戸一郎編『自治体政策の展開とNGO』明石書店：265-291.
・立教大学社会学研究科プロジェクト研究A 2014年度報告書 2015『グローバルな人の移動と交流——日本とバングラデシュ間の事例——』（生井英考、木下康仁、水上徹男、野呂芳明、吉成勝男、大野光子）。
・立教大学社会学研究科プロジェクト研究A 2015年度報告書 2016『グローバルな人の移動と交流——日本とからの帰還バングラデシュ人の実態調査——』（水上徹男、木下康仁、野呂芳明、吉成勝男、中山由佳、大野光子、久保田仁、範新燁）。

(のろ・よしあき)

# 第12章

# 帰還バングラデシュ人の現在②

久保田　仁

立教大学大学院社会学研究科博士前期課程修了

## 1．はじめに

　2015年9月、バングラデシュの首都ダッカと周辺の農村地域において、日本への出稼ぎ経験を持つ帰還バングラデシュ人へのインタビュー調査が行われた。[*1]筆者も参加したこの調査では、彼らの来日に至る経緯や日本での生活経験、そして帰還後の生活について聞き取ることができた。その結果を踏まえ、本章では、K氏とH氏という2人の帰還バングラデシュ人の語りを中心とし、日本での経験が帰還後の生活にどう影響しているのか、またその経験は、彼らにとっていかなる意味を持つものであるのかを考察してみたい。

　なお、本文中では、日本語でのインタビューによって得られた彼らの語りを直接引用している。一部で日本語の文法規則に沿わない部分もあるが、基本的に修正を加えずに引用することとし、文意が伝わりにくい部分のみ、文脈に照らして適当と思える語句を山括弧で補足するに留めている。

## 2．来日から帰還までの経緯

### (1)　K氏の場合

　K氏が日本へ出稼ぎに行ったのは、当時、既に日本で働いていたK氏の兄が、同様に日本のレストランチェーンで出稼ぎをしていた友人から、「私の

---

*1　この調査は、2015年度立教大学大学院社会学研究科設置科目「プロジェクト研究A」の一環として行われた。本章で引用したK氏とH氏の発言は、いずれも調査時のインタビューで聞き取られたものである。

レストランの手伝いさん、欲しい」と言われたことがきっかけであった。K氏の渡航にあたっては、このレストランチェーンの関係者と思しき"Sさん"と呼ばれる日本人がバングラデシュへ赴き、パスポート等を手配してくれたという。このため、K氏は来日前の時点で日本での働き口が決まっており、ビザもコック（料理人）の技能に基づいていた。

　1996年の2月、6カ月の就労ビザを手にしたK氏は成田空港へと降り立ち、兄の友人が出稼ぎをしていた東京新宿のレストランチェーンで働き始める。新宿の店舗で2～3カ月ほど働いたのち、大阪心斎橋にある別の店舗へと移ったK氏は、6カ月のビザが失効するタイミングに合わせ、入国管理局へ延長の申請を行った。しかし申請は受理されず、ここでK氏は正規の在留資格を持たない"非正規滞在外国人"となる。

　この時のことを、K氏は、「（大阪で）働いていたけど、ビザなくなったら、私は一人だろう。大阪は友達も、バングラデシュ（人の知り合い）もないから」と話す。K氏はレストランでの仕事を辞め、関東で働いていた兄を頼りに上京し、兄が働いていた千葉県の自動車部品工場での仕事に就く。この工場での仕事は、夕方5時から翌朝8時までの夜勤であり、K氏とその兄、K氏の友人からなる3人のバングラデシュ人のほか、2人の中国人、それに日本人も働いていたそうである。夜に働き昼に寝る夜勤の仕事について、K氏は、「すごい大変な仕事やったの。夜でしょう。みんな寝てる。（しかし）私も、お兄ちゃんもお仕事やる」と話しており、負担の大きい生活であったことが窺える。

　この工場での仕事は5年ほど続いたが、仕事が少なくなったため、K氏は友人のバングラデシュ人の紹介で、埼玉県にある別の産業部品工場へと移る。その工場での仕事は昼間の8時間で、バングラデシュ人が15人ほど働いていたという。

　しかし、今度の工場での仕事は長くは続かなかった。働き始めて6カ月が経過した頃、たまたま外を歩いていたK氏は、パトロール中の警察官から職務質問を受け、ビザを持たない非正規滞在者であることが発覚する。そのまま警察署へ連行されたK氏は、入国管理局で2～3カ月間拘留されたのち、バングラデシュへと強制送還された。1996年の来日から約6年、2002年の出来事であった。

## (2) H氏の場合

　H氏が、出稼ぎのために日本へやって来たのは2003年の5月で、来日時期としては、先述したK氏とほぼ入れ替わりであった。当時19歳だったH氏は、首都ダッカにある大学に通っていたが、バングラデシュにいても仕事がないため、「ちょっと日本に来て、なんか働きするとお金が発するかなと思って」、大学を卒業しないまま、日本へ出稼ぎに行くことにした。来日に際しては、"エージェント"を通じて観光ビザを取得、一旦タイを経由し、エージェントに仲介された日本人と合流した後に、その日本人と共に日本へ入国した。来日に際しては、エージェントへの依頼費用として50万円を支払わなければならなかったが、「でも、（バングラデシュでは）仕事なくて。なら、日本行ったほうがいいかな思って。ちょっと友達から借りてとか、親戚とか借りて」費用を工面したという。

　こうして日本へやって来たH氏は、まず千葉県に数日間滞在し、外国人登録証を作った後、茨城県にある自動車の解体工場で働き始める。この仕事も、K氏と同じように、既に日本に来ていた親戚や友人によって紹介されたものであった。しかし、「最初は千葉のほうへ行ったんだけど。千葉のほうは、仕事見つからなくって。その友達が茨城の友達に紹介して」という経緯を経ており、初めから特定の職場まで決まっていたわけではなかったようだ。

　解体工場での仕事は、朝8時から夕方5時までを基本とし、月に数回ほど、2時間から3時間程度の残業があるものだった。H氏にとっても、「そんな忙しくなかった」が、10カ月ほど経ったところで、社長からここでの仕事を辞めてほしいと言われてしまう。H氏の話によれば、入国管理局から、オーバーステイの外国人労働者を雇わないように、会社に警告があったのだという。

　しかし、H氏はすぐに次の仕事を見つけることになった。彼は、解体工場で働くうちに、ある日本人と知り合いになったのだが、その日本人がたまたま別の会社の社長であり、解体工場を解雇されたH氏を自分の会社で雇ってくれたのだという。H氏は、この時のことを次のように話す。

　「その（自動車解体工場で働いていた）ときは、話しして友達みたいになりました。それは、会社から首になっちゃって、じゃあ、あなたは優しいし、日本の友達、それじゃ私の会社に仕事をやってくれる（か）って（聞かれた）。じゃあ、お願いしますって言って（そこで働くことにした）」。

　H氏は、この会社のことを「畳屋さん」と呼んでいるが、仕事の内容につ

いては、「畳持ってきて、現場から。その畳をばらして、豚とか馬の下の、細かいして」と話しており、畳を専門とした産業廃棄物の処理業者だったようである。「豚とか馬の下の」とは、"敷料"と呼ばれる、畜舎の床に敷き詰める稲ワラを指すものであろう。

この会社での仕事は5年ほど続いた。その理由について、H氏は「社長が優しかったんですよ」と話す。そこには7〜8人ほどの従業員がおり、うち6人が日本人、ほかにタイ人もいたそうだ。当初の給料は日給8,000円だったが、「でも、だんだんいろいろ仕事できて、社長も優しくて、じゃあ頑張ってるから」ということで、2〜3カ月ほど経ったところで9,000円に上がり、最終的には10,000円まで上がった。勤務時間は朝8時から夕方5時までで、畳を引き取りに行く時は朝6時からのいわゆる早出残業だったが、残業代もきちんともらえていたという。

その後、H氏は2007年にバングラデシュ人の女性と日本で結婚する。2008年には、二人で働ける職場を求めて茨城県の製菓工場での仕事に移った。その工場では、住み込みに近い形で2年ほど働くことができたが、2010年6月頃に入国管理局の摘発によって身柄を収容され、その8日後、妻と共にバングラデシュへと強制送還された。

## 3．日本への適応過程と日本人とのつながり

ここまで、K氏とH氏の日本での生活を概観してきた。日本で生まれ育った者にとって、より高い稼ぎを得るために母国を離れる"出稼ぎ"という行為は、自らの生活実感からはかけ離れたものであるだろう。だが、習慣も言葉も違う見ず知らずの国へと出向き、そこで生活するということは、おそらくそう簡単なことではない。では、彼らはどのようにして日本での生活に適応していったのだろうか。

バングラデシュから日本への移動、仕事探しや住居の確保といった段階で重要な機能を持っているのが、国境を超えて展開されるバングラデシュ人のネットワークである。既に述べたように、K氏、H氏ともに、来日した時点で日本に親戚や知人がいた。見ず知らずの国への出稼ぎに際し、そうした同国人ネットワークの果たす役割は大きい。親戚や知人、友人といった人間関係によって形成される同国人のつながりは、日本－バングラデシュという国境を超え、トランスナショナルに展開されるネットワークである。こうした

166　第2部　トランスナショナルなネットワークと国際移動

ネットワークは、"呼び寄せ"という形で来日の契機を提供するだけでなく、仕事探しや衣食住の確保といった、来日後の生活基盤をサポートする相互扶助的な側面を持つ。K氏にしろ、H氏にしろ、このネットワークがなければ、日本へ出稼ぎに来ることはなかったかもしれない。

　こうしたトランスナショナルに展開される同国人のネットワークは、出稼ぎをする者にとって大きな強みであり、支えであるといえる。しかし彼らが、日本の中においても、同国人だけのネットワークに頼り、彼らだけの世界で暮らしていたかというと、そうではない。むしろ、彼らが日本での生活に適応していく過程においては、日本人とのつながりが果たした役割に注目すべきである。では、日本へやって来たK氏とH氏は、どのような日本人と、どのような関係を築いていったのだろうか。

　先述したように、H氏は、自動車解体工場から「畳屋さん」へと職を移す際、たまたま知り合いになった日本人の「社長」をつてとしている。H氏は、彼がH氏の働きぶりを評価し、その都度待遇を見直してくれたことで、長く働くことができたと話しているが、この社長は、毎週日曜日になるとH氏の家を訪れ、彼に日本語を教えてくれていたという。このことは、H氏にとって日曜日の習慣になっており、「（社長は）自分の子どもの顔に見えるみたいに、いつも日曜日、休みのときは朝から私の家へ来て、私と一緒に話しして」いたそうだ。日本語の学習について、H氏は、「社長から一番助けてもらった、日本語のことは一番助けてもらいました」と話しており、H氏が日本語を習得する上で、社長による日曜日の"日本語教室"が大きな役割を果たしていたことがわかる。

　同様の例は、K氏の話からも伺える。K氏は千葉県の自動車部品工場で働いていた時、日本人従業員から仕事の手順や日本語を教わっていた。彼らは、K氏に仕事の手順や日本語を教え、必要であれば英語を交えながら説明してくれたという。K氏は、彼に仕事を教えてくれたTさんという日本人従業員について、「私の目では、彼はお父さんみたい。全然怒ってない。何か問題あったら、彼が教える」と話す。

　こうして、職場を起点として形成された日本人とのつながりは、しかし、仕事上の関係に留まるものではない。H氏の例でいえば、社長による日曜日の日本語教室は、休日を共に過ごすような"遊び"の要素が含まれるものであった。こうした日曜日の習慣について、H氏は、「（社長が）日曜日、来て。遊びに朝からちょっと」、「テレビして、2人で。いろいろ料理作ったり、カ

第12章　帰還バングラデシュ人の現在②　**167**

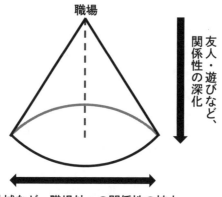

図　日本人との関係性の変化イメージ

レーとか食べたりとか、一緒にビールとかたまには飲んで」いたと語る。時には、二人して一緒に釣りに出かけることも多かったそうだ。この語りから、二人の関係が単に仕事上のものではなく、職場を離れても親しい間柄にあったことがわかるだろう。

　同様に、K氏もまた、職場の日本人従業員と一緒に釣りやボーリングをするなど、遊びに出かけることが多くあったと話す。K氏は、彼ら日本人従業員の名前を今でも覚えており、その名前を挙げながら、彼らのことを、「みんなは、一番いい友達」だと表現する。

　このように、K氏とH氏の例からは、彼らが日本人とのつながりを形成することを通じて、日本での生活に適応していったことを指摘できるだろう。その起点は職場にあり、そこでは、仕事の手順や日本語の"勉強"が行われる。言語的な適応は、彼らが仕事の手順を学び、職場に適応することを可能にする。日本語を習得することは、彼らが周囲の日本人とのコミュニケーションを量・質ともに増大させることに、大きく寄与しただろう。

　こうして彼らは、周囲の日本人との関係を深化させていく。その関係は、職場という場所や労働という領域、同僚という関係性を離れ、時に遊びの要素や友人という関係へ開かれたものとなる。それは、職場を頂点としながらも、円錐状に拡大かつ深化するものといえるだろう（図1）。こうしたつながりによって、彼らは公私ともに日本に適応していったのではないだろうか。

　さらに、こうした日本人とのつながりを彼らの内面からみるならば、そう

した関係性の構築は、母国を離れて生活する彼らへの精神的な支えともなる。H氏は、社長と日曜日に会っていた理由について、「だから、寂しいって。そのとき、1人だったんですね。奥さん、いなかったから。だから、1人で」と話している。バングラデシュ人の友人も近くにいない状況で、休日を共に過ごせるような日本人とのつながりを持てたことは、H氏が孤立に陥らず、日本生活に適応する上で、重要な要素だったといえるだろう。この時の生活について、H氏は次のように話している。

「仕事は頑張ってやっても、1週間に1回休みでも、いつも楽しいって」、「本当に楽しかったんですね」。

もし、日本でのH氏やK氏の生活が、単純に労働に従事するだけの日々であったとしたら、このような感想になっただろうか。「楽しい」という言葉が出てくるほど、日本の生活に適応できただろうか。仕事を教え、日本語を教え、共に遊んだ日本人とのつながりは、彼らが社会的、文化的、精神的に日本での生活に適応していく上で、大きな役割を果たしていたように思われる。

## 4. 日本での生活経験と帰還後の生活

これまでにK氏とH氏の例をみてきたように、出稼ぎで日本へやって来た彼らは、日本人とのつながりを通じて日本での生活に適応していった。しかし、彼らは今、日本にはいない。母国であるバングラデシュへと帰還した今、日本での生活経験は、彼らにとって、どのような意味を持って立ち表れてくるのだろうか。ひとたび日本での生活に適応した彼らは、バングラデシュでの生活に何を感じるのだろうか。

実際のところ、ひとたび日本での生活に適応してしまうと、母国バングラデシュでの生活は苦労を伴うものになる。K氏は、バングラデシュに帰ってきて以来、生活することが難しいと話すが、そこには日本での生活を経験したがゆえの理由を見出すことができる。

まずひとつは、バングラデシュでは雇用が十分に確保されておらず、仕事に就くこと自体が難しいということだ。こうした状況について、K氏は、「商売もないし、仕事もないし。ちょっと難しい」と話す。このことは、日本にいた時のような稼ぎが得られないという、収入に対する不満を生むだろう。しかし、それだけではない。K氏は、母国であるバングラデシュについて、

第12章 帰還バングラデシュ人の現在② **169**

「本当は、ここの人はあまり、うそばかり」、「バングラデシュのいつもは、悪いこと考えてる。偉い人。だから、難しい」と話す。それに対して、「日本に行ったら、人は頭よくなってるでしょう。うそばかり言わないから」。K氏にとって、日本の社会やそこでの生活は、単に経済的な優位性を持つだけではなく、社会的、文化的にもより良いものとして捉えられ、対する母国の社会は、相対的によくないものとしてみられているのである。

こうした語りは、別のインタビューでも聞かれた。現在も日本で暮らしているバングラデシュ人の一人は、バングラデシュに帰省しても、すぐ日本に戻りたくなると話す。

「全部めちゃくちゃでなんだろう、これ。何とかという感じ。車を出したら、キューキューピーピー。何言いたいのとか思うじゃないですか。私が行ったらもう頭がおかしくなっちゃうぐらい[*2]」。

両国の間に横たわる経済的な格差や、生活習慣、商習慣の違いといった社会や文化の相違に触れた際、彼らは対比的に"日本の方がよかった"と感じる。だから、K氏がいうように、「日本から帰った人は、日本のことは忘れられない。全然。いつも覚えてる」のである。そのことは、母国での生活に再適応することを困難にしてしまう。では、なぜ彼らはそこまでして日本にこだわってしまうのだろうか。

既に述べたように、その理由のひとつは、彼らが日本での生活に適応し、自らの経験を通じて、日本の社会を母国よりも優れたものとみていることにある。こうした理由は、移住の「出身地に対するネガティブな要因と目的地のポジティブな生活条件の要因」によって移住行動を説明する"押し出し・吸引モデル"にあてはまる（水上・野呂 2015：5）。しかし、今一歩彼らの内面に踏み込むならば、彼らが自己と日本の間に何を見出していたのかを、よりミクロな視点から捉えることができるだろう。そのためには、なぜ彼らが他でもない日本を選んだのか、その理由に目を向ける必要がある。

出稼ぎ先として日本を選ぶ理由としては、既にトランスナショナルな同国人ネットワークの存在を指摘した。そこでは、親戚や知人を通じた"呼び寄せ"が機能し、出稼ぎ先を選ぶ際に実際的な選択肢として日本が浮上する。しかし、日本を選ぶ理由は、そうしたネットワークによって"行きやすいから"だけではない。K氏は、出稼ぎ先に日本を選んだきっかけが、当時通っ

---

＊2　＊1の調査の一環として、日本国内で行ったインタビューの中で聞き取られたものである。

ていた学校の先生から、日本人はみな優しく、「心が良く」、「仕事もある」
と聞いたことにあると話す。

「私の先生、言ったの、一番日本。日本はみんな優しい人。仕事もあるし、
みんなは、けんかないで、一番」。

出稼ぎ先としての日本の評判は、トランスナショナルなネットワークを通
じて伝播する。彼らは、日本に来る前から日本の評判を知っていて、日本に
対するよい印象を持っているのだ。それゆえ、K氏は、日本へ出稼ぎに行く
ことにした理由を次のように話す。

「だから、私の夢、頭の中に入ったの、日本人一番だろう。だから、こっ
ち（日本）行ったの。ビザもらってこっち行ったの」。

K氏はここで、日本へ行くことを"夢"という言葉で表す。日本に行くことは、
彼にとって"夢"と呼べるものであり、そのことは、単純に"母国よりも稼げ
るから"という経済的な理由だけに留まってはいない。日本へ出稼ぎに行く
ということは、彼らにとって、夢や憧れという言葉に当てはまるものなのだ。
K氏は今でも日本に行きたいという気持ちを、次のように話す。

「これ、本当に、今も、心泣いてるの。こっちは一番だ。自分の国けど、
でも、あまり仕事もないし、何もないし。私、向こうではいっぱい仕事やっ
たでしょう。だから、大好き、今も。今も、夢、日本で一番」。

だからこそ、彼らは帰還後に再び母国の生活に馴染むことができない。日
本に対する憧れは、母国との対比に基づくものだからである。日本にいれば
出来ることが、母国では出来ない。日本では実現できたことが、母国では実
現できない。だからといって、強制送還された彼らは、再び日本へ入国する
こともできない。日本に憧れ、出稼ぎへ行き、その生活に適応した彼らは今、
母国にいながら、そうしたもどかしさを抱えているのではないだろうか。

## 5. 彼らへの意味／私達への意味

本章では、K氏とH氏という2人の帰還バングラデシュ人の語りを中心と
して、彼らが日本でどのような経験をしてきたのか、その経験は帰還後の彼
らにどう影響しているのか、そして彼らが日本という国をどう眼差している
のかを明らかにしてきた。では、彼らの経験や想いは、彼ら自身にとってい
かなる意味を持つのだろうか。そしてまた、そのことは外ならぬ私達にとっ
て、どんな意味を持つのだろうか。いくつかの論点を提示して、本章の締め

第12章　帰還バングラデシュ人の現在②　**171**

くくりとしたい。

　まず、彼らの語りは、出稼ぎ労働者としてみなされる彼らが、単に労働力を提供し、稼ぎを得るためだけに日本に来たわけではないことを示している。もちろん、出稼ぎという行為の本来の目的は経済的な理由にあり、日本とバングラデシュの間の経済的格差ゆえに、彼らは出稼ぎをすることになる。しかし、彼らはそれを仕方のないことだと消極的に捉えているわけではない。バングラデシュ人ネットワークを通じて伝播する日本の評判に憧れ、彼らは積極的に日本に行くことを願う。

　このことを踏まえれば、日本へ出稼ぎに行くという行為は、彼らにとって、ある種の自己実現としての側面を持つものといえるだろう。日本で働くという機会は、彼らにとって、母国にいては叶うことのない夢を実現する機会なのだ。彼らは、経済的な貧しさから脱することだけを目的として出稼ぎに行くわけでもなければ、稼ぎのために仕方なく行くわけでもない。そこには、彼らの積極的で主体的な意思が存在する。

　もっとも、このことは、彼らが自分の都合だけで日本に来た、ということを意味するものではない。"出稼ぎ"という行為が社会的に習慣化されていること自体、それは母国の経済状況に基づくものであり、そうした社会状況ゆえ、ある程度まで選ばざるを得ない選択である。しかし、同時にまたある程度まで、彼らはその選択に主体性を見出している。では、その選択を、日本にいる私達はどう捉えるべきだろうか。

　彼らの主体性の存在をもって、例えば彼らに対する強制送還の措置を全く正当なものとみなし、非正規滞在外国人の存在を否定することは容易い。自分の都合で規則を破ったのだから仕方がない、という見解である。しかし、彼らの日本での生活経験から分かるように、日本に対する彼らの期待は裏切られていない。日本での生活は、彼らにとって、たしかに充実したものだったのである。

　だとすれば、日本に住む私達は、自分の住まう国が誰かにとって憧れの対象であることを、どう捉えればよいのだろうか。制度に対する適不適を楯に、一蹴すべきだろうか。日本に行きたいと願う者に対して、その素朴な心情と、隔たりとしての制度を前にして、どう声をかけることができるのだろうか。

　また、彼らの経験は、非正規滞在外国人という、制度的には正当な地位を有していない存在でありながら、周囲の日本人と良好な関係を築き、日本での生活に適応した例である。これに対し、例えば現在の外国人技能実習制度

では、技能実習生という地位を与えていながら、極端な低賃金や長時間労働、労働災害など、搾取的な労働環境の存在が告発されることも少なくない。では、日本での生活を、「本当に楽しかった」と語るK氏らの経験と、こうした劣悪な労働環境との間に存在するあまりに大きなギャップは、一体何なのだろうか。

さらにいえば、こうした問いは、必ずしも外国人労働者だけに向けられるものではない。なぜなら私達は、日本における"労働"というひとつの社会領域そのものが、様々な矛盾や問題を抱えたものであることを、既に知っているからである。本章で扱ったK氏やH氏は、今でも日本で働きたいとの希望を口にする。しかし、外ならぬ私達自身はといえば、日本社会で働くということについて、数多くの不安や憤りを持っているはずだ。このギャップを、私達はどう扱うのだろうか。私達は、日本に対する彼らの憧れを、違和感なく受け入れることができるだろうか。

いずれにせよ、彼らの日本に対する想いや眼差しを知ることは、私達が彼・彼女らの存在に気づき、そのことを考える契機となる。同時にそれは、日本という社会で私達が置かれている状況に、私達自身の眼を向けさせる"気づき"でもある。

もし、今後日本が本格的な移民政策を取り入れていくのであれば、そのようにして問題を共有する思考が必要ではなかろうか。素朴でミクロな彼らの内面を起点として、「彼・彼女ら、そして私達はどうすべきか」という自省的な思考を巡らせること。彼らの経験を通して、私達は、そう自らに問うことができるのではないだろうか。

【参考文献】
・吉成勝男・水上徹男・野呂芳明　2015『市民が提案するこれからの移民政策』現代人文社。

（くぼた・ひとし）

第12章　帰還バングラデシュ人の現在②　173

### 第13章

# ある「不法滞在外国人」の日本での生活と労働[*1]

元非正規滞在外国人労働者のインタビュー調査から

## 大野光子
立教大学社会学部兼任講師

## 1. はじめに

　「不法滞在外国人」と聞くとどのようなイメージを持つだろうか。新聞やテレビを初めとした各種マスメディアでは、ビザを持たず非正規に日本に滞在し生活を送る外国人のことを「不法滞在外国人」として取り上げ、彼らが犯罪に関与したケースやその犯罪率等を取り上げてきた。犯罪と関連して言及される機会が多かったために、「不法滞在外国人」については一般的に悪いイメージが先行し、「犯罪の温床」等のキーワードが浮かびやすいだろう。

　筆者は、2014年と2015年の2度、立教大学大学院社会学研究科の調査プロジェクトのメンバーとして、バングラデシュの首都ダッカにおいて日本で労働経験があり、現在は本国で暮らすバングラデシュ人複数名に対してインタビュー調査を実施した。彼らのほとんどは、ビザのない状態で日本において生活、労働をおこなっており、いわゆる「不法滞在」の経験を持っている。本章では、そのような、元非正規滞在外国人に対して行ったインタビュー調査の内容を提示しながら、日本入国の動機や経緯、そして当時の日本での暮らしぶりや労働状況、また帰還後の現在の生活や仕事について明らかにする。

　本章で提示するデータは、2015年9月7日から11日にバングラデシュにおいて実施された調査に基づくものである。筆者は、2015年9月8日にバング

---

*1　本章は、大野光子、2015「『不法滞在外国人』というイメージについて──元非正規滞在外国人労働者のインタビュー調査から──」、『グローバルな人の移動と交流──日本からの帰還バングラデシュ人の実態調査』、立教大学大学院社会学研究科プロジェクト型授業2014年度報告書、pp.77-80を大幅に修正、加筆をおこなったものである。

**174**　第2部　トランスナショナルなネットワークと国際移動

ラデシュの首都ダッカにあるホテルのロビーにおいて、H氏という52歳の男性に対して二人一組で半構造化形式のインタビュー調査を日本語でおこなった。以降、本文中で示すインタビュー・データの抜粋は、全て2015年9月8日のものである。また、本章では主にH氏を中心とした人間関係に沿ってインタビュー・データを編集、再構成し提示している。

## 2．H氏と家族

　H氏は、1988年に日本に入国しその後1996年まで日本で労働をおこなうため、滞在し続けていた。彼が26歳から34歳までの8年間のことである。当時はまだ日本とバングラデシュの間でビザの免除協定が結ばれていたため、パスポートを持ってさえいれば観光客として日本に入国し、3カ月間は合法的に滞在することができた。H氏は、日本の入国にあたっては、ビザなどは特に取得せず観光客として日本に入国した。そのため彼は、3カ月間以降の滞在に関しては、一般的によく言われる「オーバーステイ」又は「不法滞在」の状態で日本に暮らしていたのだ。つまり、H氏は、8年間という長期の滞在期間のうち、そのほとんどをいわゆる「不法滞在外国人」として過ごしていたということになる。

　彼は、なぜ日本で働いていたのか。また、彼の日本での暮らしぶりはどのようなものだったのか。

### ⑴　一家の大黒柱として日本へ

　H氏は、日本に働きに出る前はバングラデシュの大学に通う学生だった。しかし、学生のときに父親を亡くし経済的な理由から大学を辞め、日本での出稼ぎ労働を決意する。H氏の家族は、母親と7人の兄妹でH氏は、7人兄妹のなかで一番上の長男である。あとは、弟が2人、妹が4人だ。H氏は、このようななかで日本行きを決意した。彼は、以下のように話した。

> 　私が兄妹のなかで一番うえだから。大学は、最後まで通えないと思った。お父さん死んじゃったから。お金が大事。私のお金で弟や妹たちがハイスクールとか、大学とかみんな行った。結婚式のお金もみんな私が出した。

日本へ行くための飛行機代等の資金は、当時H氏は学生だったこともあり「お父さん、お母さんに借りた」という。H氏は、お父さんが亡くなった後、長男として一家の生活を支えるため日本での労働を選んだのだ。

　では、なぜ「日本」だったのか。バングラデシュでは、そもそも海外での出稼ぎ労働は珍しいことではないが、出稼ぎ先としては近隣の中東諸国やヨーロッパが一般的である。H氏の日本行きを後押しした要因としては、彼より3カ月先に日本に行っていた友人の存在が大きいようだ。H氏は、「友人から日本は仕事もたくさんあるし給料も良いし、ビザ無しで入国できるから是非来た方がいいと勧められた」という。また、H氏が日本での労働を考え始めた1980年代後半、日本は「バブル景気」の真っ只中だった。日本は、かつてない好景気を迎え海外からの労働者を引き付けていた。このような日本社会の状況を背景として、H氏は家族を支えるための労働先として、日本を選んだのだ。

## (2)　母親、兄妹の生活や仕事

　上述のように出稼ぎ労働は、バングラデシュでは珍しいことではない。H氏は、自分を含めた7人兄妹の長男だが2番目の弟は、サウジアラビアの会社で15年間働いていた。そして、H氏と同様現地から家族のために送金をしていたというが、1年前にサウジアラビアで他界した。また3番目の弟は、バングラデシュで現在もビジネスをしており、海外での出稼ぎ経験はない。そして一番うえの妹は、現在バングラデシュの中学校の教員として仕事をしているという。家族のなかで海外での出稼ぎ経験があるのは、H氏と2番目の弟だけである。

　H氏の母親は現在高齢になり、3番目の弟の家族と一緒に暮らしている。そして、弟の嫁が母親のケアをしているという。

　　バングラデシュは、ガバメントシステムが今までは、ジャパニーズシステムと同じじゃないよ。だから、私たち子どもたちが、ケアテイキング（介護）〔する〕けど、私の奥さん（前妻）がケアテイキング嫌い。奥さんは、それは、面倒くさい。邪魔。私は、いつもそれを考えてる。それはお母さんだから。オールドホーム（老人ホーム）とか何か、それは、〔バングラデシュには〕いろいろないんだから、それが一番できるのが、ガバメント。日本は、60歳上になったら年金があるけど、バングラデシュ

はそれない。

　上記のようにH氏は、高齢になった母親の介護のことを気にかけている。バングラデシュでは、かつての日本がそうだったように親の介護は子どもたちやその嫁が自宅でおこなうのがごく当たり前だ。その背景には、バングラデシュには日本のような老人ホームがないからということがH氏の話から分かる。

### (3)　父親から受け継いだ、「ソーシャルワーク」の考え方
　H氏の父親は、彼が大学生の時に亡くなった。当時56歳だった。父親は、化粧品等を扱うビジネスを少ししていた時期もあったが主には、「ソーシャルワーク」を生業としていたという。

　　**「ソーシャルワーク」。お父さんも同じ。お父さん、お母さんといつもいつも、けんか。お父さんが、あっちに手伝った、あれこれ、私の村。エリアね。田舎で、何か問題の人、何か、食べ物とかない人、私のお父さん、手伝った。だから、お母さんと、いつもけんか。どうして、あなた、いつもいつも、あっちこっちお金〔使うの〕。お母さん〔が言ってた〕、お父さんのキャラクター、私のキャラクターと同じ。**

　以上のようにH氏の父親は、地元の村において食べ物がないなど貧困な家族や何か問題を抱えている人びとを助ける「ソーシャルワーク」をしていた。父親が「ソーシャルワーク」のためにあちらこちらでお金を使うため、母親とはよくケンカをしていた。しかしH氏は、そんな「ソーシャルワーク」の考え方が好きだという。

　　**お金は使わないと、全部。お金は銀行、それは私嫌い。〔銀行に〕少し入れて、後は、何でもあっちこっち、地域の村のお友達とか、「ソーシャルワーク」とか、それが好き。**

　そしてH氏もまた、日本からの帰国後父親と同じく「ソーシャルワーク」を生業として近隣の貧困な住民や家族のサポートをおこなっている。H氏の現在は、父親から強い影響を受けている。

第13章　ある「不法滞在外国人」の日本での生活と労働　**177**

## 3．H氏と同胞

　本章では、H氏が日本への出稼ぎを決意した要因にもなっている同胞たちとの関係についてみていく。H氏はどのような経緯で日本に入り、仕事を見つけ、またどのような暮らしをしていたのだろうか。

### (1)　3カ月先に行っていた友人に勧められて

　既に述べた通り、H氏の日本行きを後押したのは先に日本に行っていた友人の存在が大きい。「日本に来ることはいつから考えていたのですか？」との質問にH氏は以下のように答えた。

　　それは、私のお友達、日本語学校に私の3カ月前に行った学生のお友達がいて。そのお友達と電話で時々はなしをした。もし日本に来たら、いろんな仕事があるから、サラリーも、ハイサラリーね。だから日本に来てください。私は、ビザは大丈夫ですか？と言った。お友達言った。ビザ要らない。バングラデシュビザ要らない。エアポートでは大丈夫。それは、1996年までは、バングラデシュはビザは要らない。その後は、エアポートは、ビザないとストップ。どんどん難しくなったね。

　H氏よりも3カ月前に日本語学校の学生として日本に行っていた友人の勧めもありH氏は、日本行きを決めた。また日本に来るときは、バングラデシュから4人のグループで飛行機に乗って来た。その4人は全員友人だったという。

　4人の友人たちと一緒に観光客として日本に入国したH氏だが、その後どのように仕事を得るのだろうか。

　　私日本に行ったら、学生のお友達の家に1日だけ泊まって、そのお友達に、パキスタン人を紹介〔してもらった〕。その紹介マネーは、5万ぐらいかかる。パキスタン人に5万ぐらい〔払った〕。パキスタン人の奥さんは日本人。パキスタン人と、その奥さんと一緒に車で、ダイレクトに会社まで行った。
　　その5万円は、私の学生のお友達が〔パキスタン人に〕払った。それで、

**178**　第2部　トランスナショナルなネットワークと国際移動

**私、1カ月分の給料もらったら、そのお金を、お友達に返した。**

　日本に到着後すぐに、日本行きを勧めたバングラデシュ人の友人を介して
パキスタン人を紹介され、H氏の友人が紹介料の5万円を立て替え払いし、
そしてパキスタン人から1つ目の仕事がすぐに紹介された。H氏が日本に到
着した翌日のことだった。
　さらに、その1ヵ月後には今度はH氏が、バングラデシュから友人たちを
呼び寄せたという。

**それで、その1カ月後に、私がバングラデシュにインフォメーション〔した〕、私のお友達に。今は、エアポートでビザいらないだから、早くにジャパンに来てください。それで、私は、8人ぐらい呼んで。ずっと5年ぐらい〔1つ目の会社で〕一緒だった。**

　移住研究において、移住形態の特徴の一つを説明する用語として「チェー
ン・マイグレーション」という言葉がある。「チェーン・マイグレーション」
とは、ある人の移住をきっかけとして、その人を起点に連鎖的にチェーンの
ように移住が起こることだが、上記で示したH氏の移住とその後の友人の呼
びよせは、まさに「チェーン・マイグレーション」の形態を示している。
　以上のように、バングラデシュから何人もの友人を呼び寄せて日本での仕
事をスタートさせたH氏だが、住居などの状況やその暮らしぶりはどのよう
なものだったのか。

## ⑵　8人一部屋での暮らし

　H氏は、会社の二階部分に用意された大部屋にH氏が呼び寄せたバングラ
デシュ人の友人8人と共同生活をしていた。部屋は、「外に住むよりも安全」
ということで、会社の社長が準備してくれた。H氏は以下のように話した。

**社長はいつも言った。あなたたちは、特別の部屋じゃないと危ない。だから、この部屋は安全。警察とか何かね。ビザがないから、この部屋が安全。でもそのときは、あまり警察も何もノープロブレム。**

　また、部屋にはキッチンなど必要なものは揃っており炊事や洗濯等の家事

第13章　ある「不法滞在外国人」の日本での生活と労働　**179**

は、同居の人びとと交代でおこなっていたという。

それでは次節では、H氏と職場の日本人との関係についてみていく。

## 4．H氏と職場の日本人、送金のこと

H氏は、日本に滞在した8年の間で3つの会社で仕事をしていたが、来日後初めて働いた会社でのことが特に印象に残っている。それは、栃木県にあるプレスの会社だった。5年間働いたという。労働時間は、定時が朝の9時から夕方の5時までで、その後残業として夜9時まで仕事をしていた。会社には、日本人社員がたくさんいるなかでH氏のような外国人労働者は8人おり、全員H氏が後から呼び寄せたバングラデシュ人だった。基本的に日本人社員は残業がなく残業の時間帯（夕方5時〜夜9時）は、外国人スタッフのみで仕事をしていた。時給は、700円で残業では800円もらっていた。最初の1年間はこの時給で働いたが、以降は1年ごとに100円ずつ上がったという。

### (1)　「社長さんとママさん」

以上のようにH氏は、会社の二階部分で集団生活を送りながら昼夜仕事に明け暮れた。彼の暮らしぶりは、一見するとプライベートなどはなく仕事三昧の毎日で辛そうにも思えるが、日本での生活はとても楽しかったという。彼は、この頃の思い出を以下のように話した。

> **毎週金曜日は、仕事が終わってから社長が皆を飲み屋に連れていってくれて。たくさん食べて、飲んで、みんな元気でね。カラオケで歌って。「涙にはいくつもの思い出がある〜」って。毎週、社長がお金払ってくれて、行った。日本人も外国人も一緒に皆で行ってた。そうそう、あとは1カ月に1回、富士山とか、色んなところに、遠いところに社長と一緒に出かけた。**

一日中仕事ばかりで、プライベートがないような厳しい生活を送っていたのかと思われたが、実際は会社の日本人同僚との交流もあり、社長が連れて行ってくれる週末の飲み会や月に1度の観光を楽しんでおり、充実した日本での暮らしぶりが伺える。またH氏は、社長との思い出について以下のように話した。

**180**　第2部　トランスナショナルなネットワークと国際移動

社長とママさん（社長の奥さん）は、本当に面白い。そうそう、私ね、
1回社長とケンカして。すごく社長に怒られて。仕事辞めて、友達のと
ころに行って、泣いて。一週間、友達がいた飲食店で仕事してた。けど、
社長のこと思い出して、ママさんのこと思い出して。また、もう1回
戻って、私どこも行かない社長さんのところがいいって言って…。今、私、
心が寂しくなっちゃうよ……社長さんのこと思い出したら本当に……。
ママさんと社長さん、本当にいい。今でも絶対に忘れない。今でも社長
さんと毎週のように電話で話してるよ。

　「社長さんとママさん」の話をする際のH氏の口調や表情は、非常に情緒
的であった。H氏の話から、彼と会社の社長夫妻との間に深い心的な繋がり
があったことが伺える。そして驚いたことにH氏は、バングラデシュに帰国
して約18年が経った現在（調査当時）でも社長と毎週のように電話で話をし
ているというのだ。社長は現在では約70歳（推定）となり、奥様は既に他界
されているという。

### ⑵　「日本のお母さん」

　また上記の「社長やママさん」以外にもH氏には、深い繋がりの日本人が
いる。彼は、そのひとを「日本のお母さん」と呼んでいる。彼が「日本のお
母さん」と呼ぶ人は、当時同じ会社で仕事をしていた日本人女性だ。彼女の
ことについて語りだすや否や、H氏の目からは次々と涙がこぼれ落ちた。

あの人は、私を子どもみたいにね。あの人、私に何か問題があったら手
伝ってくれた。医者とかショッピングとか、私がお母さん手伝ってくだ
さいと言って、そしたら、お母さん、車でショッピングとか全部……。
最初の1、2年ぐらいは、言葉が分からない。だから何もできない。お
母さん、私にいつも……。

　ここまで話をして、H氏は涙で声が詰まった。彼は、「日本のお母さん」
と頻繁に電話で話をしており個人的な関係は現在でも続いている。

第13章　ある「不法滞在外国人」の日本での生活と労働　**181**

## ⑶　家族への送金

　以上のように、H氏のインタビュー・データからは比較的充実した日本で
の暮らしぶりが伺える。しかしH氏が日本に来た目的は、バングラデシュに
居る家族の生活を支えることである。

　H氏は、日本で労働していた8年間月に約20万円〜22万円、多いときでは
約32万円〜35万円の給料を手にしていたという。では、このうちいくら程を
家族に送っていたのだろうか。

> **日本で、私が食べるとか、電話とか、大体5、6万円くらい残して、後
> は全部バングラデシュに送っていた。**

　毎月20万〜30万円程稼いでいたら、日本での暮らしを楽しめるという意味
も分かる。しかし彼は、このうちたった5万円〜6万円を自分の手元に残し
て、あとは全て家族に送っていた。そして前述したように、彼が8年間毎月
日本から送ったお金によって、バングラデシュに居る家族は生活を送り、ま
た6人の兄妹は、大学まで行った。そして、妹たちは結婚式を挙げたのだ。
さらに、土地を買い家族のための綺麗な家を建てたという。

　以上のように、日本からバングラデシュにいる家族のために送金を続けて
いたH氏であるが、その間に1988年から5年間務めた栃木県のプレス会社を
離れ、その後同県内にあるミシンを製造する小さな会社に移り1年間勤めた
後、1994年からバングラデシュに戻る1996年までの3年間は東京の大田区に
ある個人経営の居酒屋のキッチンで仕事をしていた。では、H氏はどのよう
な経緯でバングラデシュへ帰国したのだろうか。そして、帰国後の暮らしぶ
りはどのようなものなのだろうか。

## 5．バングラデシュへの帰還の経緯、帰国後の生活と仕事

　H氏は、大田区の居酒屋のキッチンで仕事をするようになった頃からバン
グラデシュでのビジネスのことをよく考えるようになっていたという。また、
H氏の8年間の送金により家族にはもう充分な貯えがあったことや帰国して
結婚したいなど自分自身の今後のことを考え始め、バングラデシュへの帰還
を決意した。26歳で来日したH氏は34歳になっていた。

## (1) 帰国後、すぐにはなじめなかった

　帰国にあたりH氏は、自ら入国管理局に出頭し、オーバーステイであることを申告した。そして、出国命令を受けて帰還してきた。8年間という長い歳月を日本で過ごしたH氏の帰国直後の心境はどのようなものだったのだろうか。

　　　日本から帰って、その後、すぐには、6カ月ぐらい、食べるものの問題〔があった〕。何でも、だから時々、私このホテルにきて、日本のことを思い出して。6カ月まで、いろいろ、〔バングラデシュの〕ソサエティーとか、何でも。嫌だな、嫌だな。日本帰りたい、もう一回日本帰りたい〔と思っていた〕。
　　　6か月から1年くらいは、ベリーディフィカルト。いつも日本のことを思い出した。時々、夜寝てたら、泣いたり、夢見た。

　以上のように、帰国後すぐにはバングラデシュでの生活になじむことができず、また日本のことも忘れられなかったという。

## (2) 仕事は「ソーシャルワーク」をすること

　バングラデシュ帰還後のH氏の仕事は、地元の地域で「ソーシャルワーク」をすることである。「今は、お金は全部私の地元の地域での『ソーシャルワーク』につかっている」という。彼は、父親がかつてやっていたことと同じように、地元の貧困な家族や人びとを助けている。また、地元の小さなエリアの政治的なリーダーも担っており、バングラデシュの政治にも関与しているという。

## (3) 結婚、そして離婚

　H氏は、帰国後バングラデシュ人と結婚をしたが5年前（インタビュー当時）に離婚をして現在は独身であり子どもも居ない。前妻は、出会った当時バングラデシュの首都ダッカにある「ダッカ大学」の学生で、ダッカ市内で知り合った。
　H氏によると、前妻とは「色々な文化的な問題」があったという。前妻は、バングラデシュの山岳地帯にある少数民族の出身で仏教徒であった。一方バングラデシュは、国民のほとんどがイスラム教徒でありH氏もその一人だ。

第13章　ある「不法滞在外国人」の日本での生活と労働　**183**

H氏のいう前妻との「文化的な問題」の1つには、宗教の違いがあったことが伺える。また、H氏は以下のようにも語った。

> 奥さん（前妻）〔のことは〕最初は好きだったけど、今は好きじゃない。わたし、全部、人間にヘルプ、ヘルプ。夜とか朝とか、色んなとこに。〔再婚のことは〕考えてない。それ、ぜんぜん考えてない。もし、結婚したら、私、「ソーシャルワーク」できない。だからもう結婚のことは考えてない。

　以上のインタビュー・データから、H氏の「ソーシャルワーク」が離婚の要因の一つになっていることが伺える。「もし結婚したら、『ソーシャルワーク』ができない。だからもう結婚は考えない」とのH氏の言葉から分かるように前妻は、H氏が「ソーシャルワーク」に昼夜明け暮れ、あちらこちらでお金を使うことを良く思っていなかった。また、H氏自身も自分が情熱をかけて行っていることに理解がない前妻を良くは思えなかったようだ。
　また、2．の(2)「母親、兄妹の生活や仕事」で示したインタビュー・データからは、H氏の母親の介護のことが離婚の要因になってる可能性が読み取れる。以下のような内容だった。

> 私の奥さん（前妻）がケアテイキング（介護）嫌い。奥さんは、それは、面倒くさい。邪魔。私は、いつもそれを考えてる。それはお母さんだから。

　先にも述べた通りH氏は、高齢の母親の介護のことを気にかけている。またH氏は、7人兄妹の長男であるため、両親の介護を引き受ける立場にあったのだろう。しかし、上記のインタビュー・データの通り前妻は、H氏の母親の介護には否定的だったようだ。そのことが離婚の一要因になったと考えられる。そして離婚後の現在は、H氏の母親は、3番目の弟の家族と同居し（2番目の弟は既に他界）、その嫁が介護をおこなっている。

### (4)　バングラデシュに老人ホームを造りたい

　上述のように現在H氏は、「ソーシャルワーク」を生業とし、また地元の小さなエリアの政治的なリーダーを担いバングラデシュの政治にも関与して

いる。そして今後は、「日本で稼いだお金で買った土地に老人ホームを造りたい」と話した。一見突飛な発想にも思えるが、バングラデシュでの老人ホーム建設の願望は、H氏のこれまでの経験とどう繋がっているのだろうか。

H氏の老人ホーム建設の願望に大きく影響を与えているのは、離婚の経験であるといえる。繰り返しになるが先ずH氏は、高齢の母親の介護を気にかけてきた。長男であるH氏は、親の介護は自分がしたいと積極的に考えてるようだ。しかしH氏の前妻は、義母の介護に否定的であり、それが離婚の要因の一つになっていると考えられる。このような経験を通してH氏は、バングラデシュにおいても、日本滞在中に知ったような老人ホームの必要性を実感した。

また前妻との間に子どもを儲けなかったH氏は、離婚後の現在独り身である。そして、「ソーシャルワーク」を続けたいため、今後再婚の願望はない。2.で示したインタビュー・データにおいて、H氏が老人ホームのことを語るなかで「バングラデシュには年金制度がない」ということも同時に語られていること、また「この老人ホームには、私が最初のメンバーとして入る」とも話していることを考えるとH氏は、離婚によって独りになり、老後の面倒を見てくれる予定の子供も年金もないなかで、現在自らの老後を心配しており、そのことが老人ホーム建設の願望へと繋がっていると考えられる。

## 6. 考察──元非正規滞在外国人からみる、ホスト社会との「社会的結束」の可能性

本章では、H氏のインタビュー・データを通して、海外から日本に労働目的で到着しビザのない状態で非正規に滞在、そして就労を続けた外国人労働者、つまり、いわゆる「不法滞在外国人」の日本入国の経緯、当時の日本での生活や労働、そして日本人との関わりなどについて述べてきた。本章で提示したデータはH氏の語りであるため、どこまでが事実であるのか疑問の余地はあるが本章の目的は、事実の確認や検証ではなく、H氏にとっては自分の経験を意味のあるものとして再構成しているという捉え方である。

一般的に「不法滞在外国人」という言葉には、犯罪と関連した悪いイメージが付きまとう。しかし、母国の家族の為に昼夜かけて一生懸命働き、稼いだお金のほとんどを家族に送り、また帰国後十数年を経ても当時お世話になった日本人のことを話しながら涙を流すそんなH氏の姿は、一般的な「不

第13章　ある「不法滞在外国人」の日本での生活と労働　**185**

法滞在外国人」のイメージとは異なるものであった。

　またH氏のインタビュー・データから見えてくるのは、実は彼らのような
ビザ無しの非正規滞在外国人は、ホスト社会の人間と連帯的関係を持ってい
たということである。インタビュー・データによるとH氏は、働いていた会
社の「社長やママさん」と心的な繋がりがあり、信頼関係を築いていたこと
が分かる。また、H氏が「日本のお母さん」と慕う日本人従業員であった女
性とも深い交友関係が見られた。H氏に寄ると彼女は、H氏の生活や身の回
りのことを熱心にサポートしていたようだ。そして、彼は現在でもその「日
本のお母さん」と連絡を取り続けており、彼女の話をするや否や涙を流した。

　このような外国人住民とホスト社会との関わりや連帯については、近年特
に欧米圏において注目されてきた、「社会的結束性（＝social cohesion）」の概
念によってその重要性が確認できる。ヒーリー他（2016）によると「社会的
結束性」は、グローバリゼーションの進展に伴い取り上げられる機会が増え
てきた概念で、1990年代の半ば以降研究者や政策の専門家などによって社会
的結束に関する課題への関心は急激に高まってきた（ヒーリー他 2016：3）。水
上（2016）では、「社会的結束性」の概念を理解するための鍵となる用語と
して、「連帯（＝solidarity）」、「一体感（＝togetherness）」や「社会的包摂（＝social
inclusion）」等を挙げている。さらに水上（2016）では、「社会的結束性は、移
民やマイノリティー集団が社会生活における参加者になる方法やそれ故に、
ホスト国の市民との関係において相互に関連付けられる。社会的結束性のダ
イナミクスは、彼らがホストコミュニティとの連帯を発展させる方法の中核
を成す」（水上 2016：33）ことが指摘されており、移民のホストコミュニティ
との連帯や一体感などが重要な視点となっている。

　日本では、1980年代後半以降東京を中心とした大都市圏におけるインナー
シティエリアにおいて、近隣アジア諸国を中心とした大量の外国人労働者が
流れ込み、その後彼ら外国人住民によって、エスニック・ビジネスが展開さ
れるなどエスニック・コミュニティの形成、発展が目覚ましい（大野 2016）。
しかし水上（2016）によると、そのようなエスニック・コミュニティの発展
の一方で、それらが必ずしも地元の商店街や地域住民とうまく結び付いてこ
なかったことが指摘されており、またそのようなエスニック・コミュニティ
との連帯が、近年その衰退ぶりが社会的な課題として取り上げられてきた、
地元商店街や近隣コミュニティの活性化に繋がるという可能性が指摘されて
いる（水上 2016：44）。

**186**　第2部　トランスナショナルなネットワークと国際移動

以上のように「社会的結束性」は、現在の日本社会にとって重要なことであることが分かるが、現在のところ移民のホスト社会との社会的結束は非常に弱いといえ、今後その強化が求められる。しかしながら、本章で挙げたH氏の事例はどうだろうか。先にも言及した通りH氏は、ホスト社会の人間と強い連帯関係を築いていた。本章で取り上げることは出来なかったが、筆者たちが取り組んできた帰還バングラデシュ人たちに対するインタビュー調査において、H氏のように日本滞在中に職場や近隣の住民と強い繋がりを持っていたケースは珍しくない。彼らは、口々に日本でお世話になったひと達とのエピソードや交流について語った。またH氏は、帰還後約18年という歳月を経た現在でも不完全とはいえ、日本語でのインタビューに受け答えできる程の日本語能力を保っており、このことはH氏が日本の人たちと日常的にコミュニケーションをとってきたという事を間接的に裏付けていると捉えられる。

　移民とホスト社会との社会的結束の脆弱性及び今後その強化が課題となるなかで、1980年代後半から1990年代にかけて非正規滞在外国人として日本で生活を営んでいた彼らが、ホストコミュニティの人間と強い結び付きがあったことは興味深い事例として位置付けられる。非正規滞在者たちの「生きられた経験」はその性格上どうしても「不可視化」されがちで、議論の盲点となりやすい。しかし本章では、H氏のような帰還者を事例として詳細に取り上げることで、「不法滞在者」というカテゴリー化された見方の限界を超える可能性を検討できた。社会的結束性を論ずるには、こうした個人レベルの理解も必要であろう。H氏の例は個人としてみると、「不法滞在」中もさまざまな人間関係があり、その中で彼にとって重要な関係にあった人とは帰還後現在に至るまで日常的なコミュニケーションが行われ、関係自体も継続している。本章では、こうした個人レベルでの関係の継続性が社会的結束性の概念の重要なひとつの要素であることを明らかにした。但し、H氏の事例は、「生きられた経験」としては、ホストコミュニティとの親密な関係が示されており、それは重要な事実であるが他方雇う側としては、低コストで外国人の労働力を確保するというメリットがあったことは、留意しなければならない。

　本章で明らかにした通り、移民のホストコミュニティとの社会的結束性を論ずる際には、個人レベルでの理解が重要であり、また個人と個人の関係性とその継続が移民とホストコミュニティとの連帯的関係を可能にする要素と

して重要である。今後は、「エスニック・コミュニティ」や「外国人住民」というカテゴリーの枠内では見落とされがちである現在の日本社会の社会的結束性を、個人レベルでの関係性やそのダイナミクスに着目し調査する必要がある。このような調査によって、社会的結束性の概念の強化を図ることができるだろう。

**【参考文献】**

・Ernest Healy, Dharma Arunachalam and Tetsuo Mizukami, 2016 "Social Cohesion and the Challenge of Globalization," Ernest Healy, Dharma Arunachalam and Tetsuo Mizukami eds., Creating Social *Cohesion in an Interdependent World: Experiences of Australia and Japan,* Palgrave Macmillan, 3-31.

・大野光子、2015「『不法滞在外国人』というイメージについて——元非正規滞在外国人労働者のインタビュー調査から——」、『グローバルな人の移動と交流——日本からの帰還バングラデシュ人の実態調査』、立教大学大学院社会学研究科プロジェクト型授業2014年度報告書、pp.77-80。

・大野光子、「東京のインナーシティにおける「多文化空間」形成に関する社会学的研究——新宿区大久保における保育所と関わる事例を通して」、2016年度立教大学博士論文。

・Tetsuo Mizukami, 2016 "Japan's Social Cohesion in Relation to Immigration Issues," Ernest Healy, Dharma Arunachalam and Tetsuo Mizukami eds., *Creating Social Cohesion in an Interdependent World: Experiences of Australia and Japan,* Palgrave Macmillan, 33-46.

（おおの・みつこ）

# 第14章

# 外国人住民の支援と日本語教育

## 中山由佳
早稲田大学非常勤講師

## 1. はじめに

　ある程度日本語を理解し、日本語でコミュニケーションをとることは、日本で円滑に生活を送るためには大切なことであろう。無論、同国人ネットワークや英語話者のコミュニティの中で日本語を習得せずとも生活を営んでいる例もあろうが、必ずしも存在するとは限らない。地域のサービスの多言語化も少しずつすすんではいるが、自治体による差も大きい。

　留学生であれば、日本語学校や大学等の教育機関で日本語を学ぶ。外国人技能実習生に対しては、入国直後に一定期間日本語を含む講習を実施するよう監理団体に義務付けている。学校・企業等に所属していない外国人は、地域の国際交流協会で開かれる日本語教室を利用することができるだろう。しかし、そうした公的機関を利用することが難しい外国人もいる。非正規で滞在、就労している外国人である。

　2015年にAPFSに関わり、その後帰国したバングラデシュ人に話を聞く機会があった。彼らは、帰国後少なくとも5年以上経っているにもかかわらず、日本語で自分の経験や心情を述べることができた。彼らの多くは、教育機関での日本語学習経験がなく、「日本語力ゼロ」の状態で来日している。では、彼らはどのようにして日本語が話せるようになったのであろうか。

　本章では、まず在留外国人の日本語支援の変遷を概観し、1980年代から2000年代にかけて就労目的で来日したバングラデシュ人がどのように言語を習得したのか、事例を紹介しながら考察を試みたい。

## ２．生活者としての外国人に対する日本語教育の変遷

　法務省の資料によれば、2017年末の時点で、中長期在留者、特別在留者を合せた在留外国人は256万人を超え、前年比で約17万9026人増とのことである。1980年に78万人強であったのが、この40年弱で３倍以上に伸びている。ことに1990年の入管法改正以来、日系人を中心として、日本に在住する外国人数が飛躍的に増加した。**表１**（次頁）は、在留外国人に関連した社会の動きとそれに伴う支援の取り組みの変遷をまとめたものである。

　春原（2007：11-15）は、日本における言語政策の観点から、1980年代以降を次の３つの時期（①1980年代＝プレフロー期、②1990年代＝第１期フロー政策期＋プレストック政策期、③2000年代＝第２期フロー（受け入れ）政策期＋ストック（社会統合）政策期）に区切っている。①プレフロー期とは、日本がベトナム戦争終結にともなうインドシナ難民の受け入れと中国残留孤児の帰国事業を始め、定住者の受け入れに舵を切る時期である。また国際交流の活発化を目指した「留学生10万人計画」が打ち出され、労働力不足・農村の嫁不足を解消するための海外からの労働力受け入れの準備が進み、それに合わせて日本語教育関連の制度が整備された時期でもある。続く②第１期フロー政策期＋プレストック政策期とは、入管法が改正され、大量に労働者を受け入れた時期である。また、1995年の阪神淡路大震災で外国人が情報弱者となってしまったことを踏まえ、「やさしい日本語」のコンセプトが生まれ、研究が進んだ。③第２期フロー政策期＋ストック政策期においては、定住外国人を「生活者」と認知し、社会統合へ向かう動きが加速していった。そして2010年代においては、定住外国人の児童生徒の日本語支援の動きが広がり、学校現場でも支援強化を推進する動きが加速、「日本語教育推進基本法」制定に向けての動きも具体化してきている。

## ３．バングラデシュ人の日本語学習

　ここでは、APFSに関わったバングラデシュ出身の方々の日本語学習に関わることについて述べていく。**表２**は、2015年〜2016年に実施したインタビュー調査協力者の11名の方の日本語学習に関する情報をまとめたものであ

## 表1　国内の在留外国人と日本語教育

| | 社会の動き | キーワード | 支援・日本語教育 |
|---|---|---|---|
| 1970年代 | 1972日中国交回復<br>1975ベトナム戦争終結<br>1978インドシナ難民受け入れ政策<br>1979国際人権規約批准 | ・インドシナ難民<br>・中国帰国者 | 難民定住促進センター、国際救護センターなど開設 |
| 1980年代 | 1983留学生10万人計画<br>バブル経済<br>1989年バングラデシュ、パキスタン等とのビザ相互免除協定凍結<br>国際的民主化の動き<br>冷戦崩壊 | ・労働者<br>・就学生<br>・留学生<br>・国際結婚 | 日本語能力試験<br>中国帰国者定住促進センター開設<br>日本語学校があいついで開校<br>日本語教育能力検定<br>地域ボランティア活動 |
| 1990年代 | 1990年改正入管法<br>1995阪神淡路大震災 | ・日系人<br>・技能実習生<br>・帰国者・難民・日系人の呼び寄せ家族<br>・二世・三世の誕生・学齢期へ | 『やさしい日本語』 |
| 2000年代 | 2007年「生活者としての外国人」のための日本語事業<br>就職困難・帰国を促されるなど<br>2008年経済危機 | ・高度人材<br>・EPA外国人介護士・看護士 | 地域における多文化共生推進プラン(多言語化、やさしい日本語) |
| 2010年代 | | 年少者（日本語指導が必要な外国人児童生徒が10年前の1.5倍、日本国籍児童が2.5倍に） | 地域日本語コーディネーター育成<br>生活者のための日本語<br>DLA（外国人児童のためのJSL対話型アセスメント）<br>特別の教育課程 |

第14章　外国人住民の支援と日本語教育　**191**

## 表2　インタビュー調査協力者バングラデシュ人のプロフィール

| | 最終学歴 | 初来日時期 | 総日本滞在期間 | 勤め先 |
|---|---|---|---|---|
| A氏 | 大学卒 | 1985年 | 約9年 | 飲食業→写真業 |
| B氏 | 大学卒 | 1986年 | 約10年 | 衣服製造→メッキ屋→機械部品製造業 |
| C氏 | 大学卒 | 1988年 | 約8年 | プレス工場→飲食業 |
| D氏 | 大学中退 | 1988年 | 約15年 | ペンキ屋→弁当パッキング→プラスチック工場→ガス会社→解体業 |
| E氏 | 大学中退 | 1988年 | 約10年 | ゴミ分別業→飲食業 |
| F氏 | 高卒 | 1996年 | 約6年 | 飲食業→機械部品製造→パチンコ会社 |
| G氏 | 大学卒 | 2000年 | 約5年 | 自動車部品製造業→機械部品→服飾→パイプ溶接 |
| H氏 | 大学中退 | 2003年 | 約7年 | 車解体業→畳屋→煎餅屋 |
| I氏 | 大学卒 | 1985年 | 〜現在（日本在住） | 雑誌梱包・運搬→サッカー場工事→飲食業 |
| J氏 | カレッジ卒 | 1985年 | 〜現在（日本在住） | 飲食業→プラスチック工場→ホテル→ショットバー経営→中古車輸出 |
| K氏 | 高卒 | 1987年 | 〜現在（日本在住） | メッキ工場→レストラン経営→食料品店経営 |

※「大学」は、本人の申告によるものであるため、短期大学の可能性あり。

る。A氏〜H氏8名は日本に一定期間滞在後、オーバーステイとなり帰国したバングラデシュ人（以下帰還バングラデシュ人）、I氏、J氏、K氏の3名は現在日本に在住しているバングラデシュ人（日本在住バングラデシュ人）である。全員が初来日当時は10代〜20代の若者であった。また、協力者11名のうち、2名が高校卒業、他は大学中退ないし大学卒業と、高学歴である。このように日本に来る労働者に高学歴を持つ者が多いという傾向は、他の移民研究（鈴木2009：263-264）においても見受けられる。

　インタビューは基本的に日本語で行われ、不明な部分は単語単位の英語で確認がされた。日本在住のバングラデシュ人のみならず、帰国して相当時間が経っている帰還バングラデシュ人も日本語での1時間程度のインタビューに対応していた。

　全員が、初来日時には、日本語学習の経験が全くなかった。来日のきっか

**表3　バングラデシュ人の日本語学習**

| | 日本語学習の場・人・ツール |
|---|---|
| A氏 | 日本語学校（2年間）、職場ほか、上司や同僚 |
| B氏 | 職場ほか、社長や社長の奥さん |
| C氏 | 社長の奥さん |
| D氏 | 職場のスポーツの先生他 |
| E氏 | 人と話しながら |
| F氏 | テレビ（兄と見る）、会社の同僚 |
| G氏 | 辞書、テレビ、会社の上司と話す |
| H氏 | 会社の上司、近所の人 |
| I氏 | 日本語学校（1年半）、人と話しながら |
| J氏 | 地域の施設で公文（2～3か月）、職場、友人 |
| K氏 | 日本語学校（1年10か月） |

けを「友人がいるから」「きょうだいが働いているから」「仕事があると言われたから」「お金を稼いで家族を支えたかったから」などのように述べており、もともと日本についての関心があったわけではないようであった。バングラデシュの日本語教育は、1972年に在バングラデシュ日本大使館内に日本語学校が設置され、同年にダッカ大学で日本語を外国語科目として開講したことに始まり、90年代以降は他大学でも日本語教育が提供されるようになった。(国際交流基金 2012、アンサルル 2015：1) しかし、初等、中等教育において日本語科目を設置しているところはほとんどなく、今回お話を伺った方々が教育課程において日本語に触れる機会はほとんどなかったようである。

### (1)　学びの場・人・ツール

　インタビュー協力者が日本語を学んだ場は、日本語学校、地域の公文教室が3名いたが、それ以外は、職場関連の人、または自宅で独習ということであった（表3）。

### ①　教育機関

　日本語学校の授業は、通常クラスの場合、月曜から金曜まで毎日3時間程度というのが一般的である。午前のクラスのコースか、午後のクラスのコー

スかに分かれており、空いている時間をアルバイトに充てることができる。日本語学校に通った経験があるのは、A氏、I氏、K氏の3名で、来日後日本語学校に入学し、それぞれ1年半から2年という期間日本語を学んだ。しかし、K氏、A氏の日本語学校入学の目的は、学習そのものよりも、ビザ取得のためであるようであった。

**K氏：1番本当の目的は、日本語の学校に入らないとビザがなくなる。だから、日本語学校入りました。**

A氏も、日本にいるためには日本語学校に入る必要があると当時日本に留学していた兄の同級生にすすめられてのことであった。

**A氏：日本で、もし勉強とか日本でずっといたいと思ったら、何をしたらいいか聞いたんです。それだったら日本語の学校に入らないといけないです。それで最初、バングラから行ったときは、もう一人友達、私の同級生と私一緒に2人で行ったんです。**

**—中略—**

**★：このときは、もう留学という。**

**A氏：最初行ったときは、観光ビザで行ったんです。3カ月の観光ビザをもらったんです。それで、観光ビザが切れる前に日本語学校に入ったんです。**

**A氏：日本語学校に入って、それで日本の入管からCertificate of eligibilityもらったんです。**

I氏もまた、当初は大学の長期休暇中に働くために来日したが、日本語学校修了後は大学に進学した。I氏は、日本語の学びを次のように振り返っている。

**I氏：話と仕事場と、いろいろ、テレビで、それで、勉強になったんです。やっぱり学校に行ってあまり勉強にならないんですね。日本語学校。本当。日本語学校は、例えば、友達と一緒に話しするとか、それが一番勉強だと思います、私は。**

I氏は、日本語学校で教科書に沿って学んでいくのではなく、職場環境や友人間で、自身のコンテキストの中で学ぶことの方に意義があると感じたようである。また、J氏は役所で紹介された地域にある公文のクラスで2、3か月ほどひらがな、カタカナ、会話を学んだということであった。J氏が公文に通ったのは、仕事をするにあたって「ちょっと日本語しゃべんないといけないから」ということであった。

## ②　インフォーマルな学習

　上述以外の協力者は、系統だった日本語学習は行かず、主に仕事関係者(社長、上司、同僚) や、その家族からインフォーマルな形でのインプットがあり、習得していったようである。B氏は、仕事をする中で社長や社長の奥さんから日本語を学んだと言っている。

　★：[日本語は] どうやってそんなふうに [上手になったんですか]。

　B氏：社長とか社長の奥さんが、毎日仕事をやりながら話しして、その後ちょっとできてきた。

　特に、社長の奥さんが日本語を教えてくれたということであった。

　C氏：[日本に] 行く前は [日本語が] 全然分からないよ。初めて、ママさんに、私のうちに言って、きょうは何を食べます。

　★：ママさんって、社長の奥さん。

　C氏：私、言ったのは、ママさんが、ディクショナリー、ライスライスはご飯。それでママさんかえて。

　★：優しい。

　C氏：あったときには、どんどん、私覚えた日本語。

　B氏やC氏にとって、社長の奥さんは、いわば日本のお母さんであった。社長および社長の奥さんとは、職場のみならず、プライベートでの付き合いもあった。H氏は、会社の近くに住んでいたが、やはり会社の近くに住んでいる独身の社長が日曜日に家へ来て一緒に過ごすうちに日本語を学んでいったということであった。

　H氏：(社長が) 日曜日、来て。遊びに朝からちょっと。私も一緒に。

　★：きょう、何やるのみたいな感じ。

　H氏：私、何をやったら、やりたいんでしょう。だから、寂しいって。そのとき、1人だったんですね。奥さん、いなかったから。だから、1人で。はい、しゃべっていいですねって。じゃあ、一緒にテレビ見て、いろいろ教えてもらって。

　★：家の中でテレビ、一緒に見たりとか。

　H氏：テレビみて、2人で。いろいろ料理作ったり、カレーとか食べたりとか、一緒にビールとかたまには飲んで。そのときは、ちょっと話が慣れちゃった。

　★：日本語の話。

　H氏：日本語の話が慣れちゃいました。

第14章　外国人住民の支援と日本語教育　**195**

★：じゃあ、社長から日本語を教えてもらったみたいな。

H氏：そうですね。

社長の他、同僚とからいろいろ教えてもらったと感じている協力者もいた。

★：会社の人は、日本語の勉強を助けましたか。

F氏：会社の人は、Xさん、Yさん、もう一人ある。彼が教える。全部、Xさん一番。

XさんやYさんとは、プライベートでもボウリングや遠出など一緒に遊びにいったりしていたそうである。

こうした学びは、教育機関で行われるようなカリキュラム・シラバスに基づいた系統的な学習ではなく、その場の文脈や必要性に応じ、自身の体験と直結している点で印象に残りやすく、定着が図れると言えよう。

③　辞書・テレビ

何人かの協力者は、辞書やテキストを使ったり、テレビを視聴して日本語を学ぼうとしていた。G氏は、上司や同僚と話す以外では、辞書を購入して使ったり、テレビを見たりして日本語を学んでいた。

G氏：私は辞書買いました。それで英語分かるから、英語とローマ字で、あと、テレビを見て、日本人と一緒に話をする、それで。

★：一番よく話した日本人というのは、どういう人ですか。会社の。

G氏：会社の社長とか、課長さんと。

また、F氏も会話は同僚に教えてもらっていたが、読み書きは誰も教えてくれないので自分で本を購入して勉強していたという。そのほかには、F氏より日本語力が高いF氏の兄と一緒にテレビをみながら日本語を教わることもあるという。F氏はこう言う。

F氏：こっちから、いつもテレビでは見たの、だから、ちょっと教える。学校も行かないでしょう。だからいつも、テレビだけ、何が言うの、何が。ビザもないでしょう。どこへ行くの。だから、問題あるから、いつもテレビだけ。テレビが何を話をするの。それが何が、それだけ。だから、ちょっと大変よ。日本語のこともちょっと大変。

ビザが切れ、オーバーステイとなったF氏には、万が一を考えて外を自由に出歩くことが憚られる。それゆえ、地域の日本語教室に参加することもできず、日本語学習のリソースは限られてしまうという状況にあった。こうしたことは、F氏以外の非正規滞在者にも言えることである。

**196**　第2部　トランスナショナルなネットワークと国際移動

**表4　バングラデシュ人の日本語能力観**

| | 日本語能力観 |
|---|---|
| A氏 | 1年でだいたいコミュニケーションの日本語を全部できるようになった 日刊アルバイトニュースを見て仕事を探した |
| B氏 | ひらがな、カタカナは読み書きできる。漢字はできない。 |
| C氏 | 最初の1、2年は日本語ができなかった |
| D氏 | 1年で生活のための日本語力をつけたひらがなカタカナは学んだが体に入らなかった |
| E氏 | （言及なし） |
| F氏 | ひらがな、カタカナ、漢字で漢字が一番難しい。機械の説明などは同僚に英語に訳してもらっていた。 |
| G氏 | 習得までの期間：1年半 |
| H氏 | （言及なし） |
| I氏 | 漢字がわからなくて大学の試験で失敗。 |
| J氏 | 話すことはできる。読み書きはできない。 |
| K氏 | 話すことに特に困ったことはない。 漢字はかなり忘れた。（カーナビのセッティング、住所、駅名程度は大丈夫） 日本語のメールは書かない。 |

## ⑵　日本語能力観

　**表4**は、インタビューデータの中で本人の日本語能力に対する認識が見受けられる部分を抽出したものである。ここからわかることは、①会話はできるが読み書きはできないまたは苦手、②漢字の習得またはメンテナンスに困難を感じている、③系統だった日本語教育の有無にかかわらず1～2年で生活に必要な日本語力を身に着けたと感じているインタビュー協力者が多いことである。

　まず、読み書き能力および、漢字に関しては、教育機関で日本語を学んだかどうかで違いがあるのではないかと考える。おそらく日本語学校では、教科書を用いて、4技能（読む・書く・話す・聴く）を網羅したカリキュラムが組まれていると考えられる。A氏、I氏、K氏は、1年以上日本語学校に在籍しており、読み書き、漢字はある程度学んでいたと考えられる。それに対し、インフォーマルな形で学んだ協力者は、会話に重点を置き、読み書きの

第14章　外国人住民の支援と日本語教育　**197**

学習は限定的であったと思われる。漢字に関しては、「難しい」という認識が日本語学校で学んだ協力者、インフォーマルに学んだ協力者に共通している。I氏は、大学に入学したものの、漢字がわからなくて試験ができなかった、と述べている。ある程度学んでいても、漢字のハードルは高いようである。

　習得期間に関しては、インタビュー協力者の複数名が1〜2年で日本語の日常会話はできるようになったと認識している。興味深いのは、インフォーマルに、いわば自然習得のような形で学んだ協力者もそう認識していることである。メタ的な文法構造の説明のないところで、彼らは日本語をどのように認知し、習得していったのであろうか。

　宮崎(2001 : 156)は、外国人力士の日本語習得を研究し、その学習方法を「日常のあらゆる場面を日本語習得場面として有効利用するもの」であると分析している。力士は、日本語ゼロの状況で入門し、わからない中で先輩や師匠、おかみさんを観察したり、まねたり、その都度指導を受けたりしてその発話の意味を社会的文脈の中で理解し、運用につなげていく。厳しさや密接さの点では、相撲部屋にはかなわないかもしれないが、類似した関係性が職場の人間関係の中にもあるのではないだろうか。相撲部屋の親方やおかみさんの役割は、社長夫婦が担っている場合もあるかもしれない。

### (3)　不安や困難

　全員が「日本語ゼロ」の状態で日本の地に降り立ったが、彼らの心持はどうであったのだろうか。インタビューの結果から、協力者は、楽観的に考えている人が多かった。K氏は、事前準備は特に何もしていなかった。

　★：最初に、高校を卒業してこられる前に、日本に行くとなって何か準備みたいなものとか。

　K氏：何もしてない。

　★：事前に何か日本語とかっていうのを。

　K氏：それも勉強してない。当時は、そういうシステムもなかったし、取りあえず日本に行けば何とかなると思って日本来て、新聞見て日本語学校探して行きました。

　また、D氏は、ボディランゲージで切り抜けられると述べた。

　★：全くの分からない状態で、[日本に]初めてポンと行った。

　D氏：そうそう。

★：それって怖くないですか。

D氏：私は考えてる、外国に行くときは、どこの国でも英語しゃべる人
誰かいるでしょう。だから。

★：英語でどうにかしようと。ほぼ、全くできない。

D氏：それで、たまに、今でもマルシェ行っても、店行ってバングラ語
しゃべる。

★：バングラ語しゃべる。

D氏：これが、コーヒーちょうだい。分かるでしょう、コーヒーが。ちょ
うだいって分からないでしょう。

—中略—

★：そういう身ぶり手ぶりで何とかしちゃうのね。

　また、来日当初、日本語がわからなくて大変だったという協力者（B氏）
もいる中、E氏は特に問題を認識していないようであった。

★：最初はすごく困ったでしょう。日本語が分からないと。

E氏：全然。

★：誰か助けてくれる人いましたか。日本語について。

E氏：日本人に一緒に話して、何度か、いろんな人が、持ってくれる。

　また、日本語がわからなくて困ったことがあるかという問いに対しては、
①道の説明ができない②駅の表示が読めない③ビジネス上でのトラブルなど
があったが、「特に問題はない」とする人もいた。

　こうしたことから、協力者らの日本語の社会で生活することに対するポジ
ティブな態度が見て取れる。これは、元来の性格によるものなのだろうか。
または家族なり友人なり、頼れる人がいるという安心感なのだろうか。

　もうひとつ重要な要素として、コミュニケーションをする相手との相互関
係性も考えられる。以下はI氏の話である。

★：1年半だから、本当に、基礎的なことは勉強されたと思うんですけ
れども、例えば、お仕事をしている中で、日本語を使っていて、ちょっ
と大変だなと思われたこととかって。

I氏：仕事のときは、日本語はそんなに使わなかったから、周りの人が
理解してくれた。仕事の仲間が理解してくれた。間違えても、彼はこれ
が言いたいなと、そういう理解してくれたから、それが助かったんです。

　これは、日本語を発する外国人側からの投げかけだけではなく、日本人の
受け止める姿勢もあるからこそコミュニケーションが成立するということで

第14章　外国人住民の支援と日本語教育　**199**

ある。

### (4) 帰国後の日本語メンテナンス

　帰還バングラデシュ人は、日本滞在中に培った日本語能力を帰国後も活用
しているのだろうか。今回のインタビュー協力者の帰国後の日本語使用に関
しては、次の4つに分けられる。①ビジネスで使用、②日本の雇用先の社長、
同僚との連絡、③NHKニュースなどの視聴、④特にしていない。

　①は、A氏のケースであるが、帰国後、日系企業にも勤務し、その後は日
本企業相手のコンサルティング会社を設立した。しかし、そのようなケース
は稀である。多くの帰還バングラデシュ人は、帰国してもなかなかその日本
語能力を発揮できる場がない。日系企業もなかなか彼らを採用するには至ら
ない。また、日本とバングラデシュの商習慣のギャップにも悩み、逆カル
チャーショックのようなものを感じているようである。

　②は、電話等で定期的に元の雇用主との連絡をしているというものだ。し
かし、中には連絡が途切れてしまった人もいた。③は、日本の情報が少ない
中、NHKのニュースを聞くことで、日本の情報を得て、日本語の聴解力を
保つという協力者の能動的意思の表れであるように思う。しかし、中には④
のように特段に何かをするわけでもないという人もいた。但しブランクにも
かかわらず日本語が出てくるのは興味深い。

## 4. おわりに：言語的人権（社会権）

　本章では、働き手として来日したバングラデシュ人の生活を日本語学習と
いう視点から考えた。そこには、日本語力がなくとも新しい環境に入り込ん
でいこうとする前向きさとバイタリティが見られた。非正規滞在者の日本語
学習の場は限定されてしまうが、職場を中心とした家族的な人間関係の中で、
日本語を習得していく。しかし、こうしたインフォーマルな形の学習は、そ
の恣意性ゆえに抜け落ちが生じ、職務遂行上の安全が損なわれてしまうこと
があるかもしれない。例えば、工場などで指示が文字で書かれていた場合、
それを理解しないことによって事故の危険性を高めてしまうなどが考えられ
る。

　言語は、人間がある社会において人間らしく社会生活を営む上で重要な要
素である。鈴木（2000: 8）は、「言語権とは、自己もしくは自己の所属する

200　第2部　トランスナショナルなネットワークと国際移動

言語集団が、使用したいと望む言語を使用して、社会生活を営むことを、誰からも妨げられない権利である」と定義している。佐藤（2007：13）は、憲法の保障する人権の観点から、外国人が受けるべき「日本語教育」は非正規滞在者も含む多様な類型の外国人がいることに留意するべきであると主張する。そうした観点からどのような日本語教育の環境を整えられるのか、考えていきたい。

## 【参考文献】

・アラム　モハメッド　アンサルル 2015『在日バングラデシュ人の日本語しようと社会的関係の構築——バングラデシュの日本語教育の改善を目指した政策への提言——』創作研究大学院大学。
・佐藤潤一 2007「多文化共生社会における外国人の日本語教育を受ける権利の公的保障」『大阪産業大学論集．人文・社会科学編』no1, pp.1-30.
・鈴木江理子 2009『日本で働く非正規滞在者——彼らは「好ましくない外国人労働者」なのか？』明石書店。
・鈴木敏和 2000『言語権の構造』成文堂。
・国際交流基金 2018「日本語教育　国・地域別情報　バングラデシュ（2014年度）〔2018年3月20日〕」
https://www.jpf.go.jp/j/project/japanese/survey/area/country/2014/bangladesh.html96843_r03.pdf
・春原憲一郎（編）2007『移動労働者とその家族のための言語政策——生活者のための日本語教育』ひつじ書房。
・法務省 2018『平成29年末現在における在留外国人数について（確定値）〔2018年8月1日〕』
http://www.moj.go.jp/nyuukokukanri/kouhou/nyuukokukanri04_00073.html
・宮崎里司 2001『外国人力士はなぜ日本語がうまいのか——あなたに役立つ『ことば習得』のコツ』明治書院。

（なかやま・ゆか）

## 第15章

# インドネシアから日本への看護師および介護士の移動

## サリスチョワティ・イリアント

**インドネシア大学教授**

（訳＝西口里紗）

### 1．はじめに

インドネシアから日本への移住、また、グローバルなケアのために私たちが送り出す人材については問題がある。まず、概念的な枠組み、手段、手法から説明したい。移民については、プッシュ・プル理論だけでなく、学際的、多面的な研究が必要となっている。人類学や社会学、あるいは歴史学などの研究が必要だと言われている。移住労働者という点では、多くの面から語られるが、主に在宅での介護人材として語られている。

家族の幸福や家庭内の維持管理に関する諸活動の概念は、継続的で歴史的な固有性があり、文化的に定義されている。たとえば家事労働者やソーシャルファクトリー（Social factory）、セカンドシフト、介護人材の不足、国際分業、あるいはグローバルなケアの連鎖という形で語られてきた。

本報告では、最新のグローバルなケアの連鎖の観点から論じたい。研究方法は、マクロで量的な調査から量的調査とエスノグラフィーやライフヒストリー法といった質的調査とを組み合わせた方法へと発展している。

### 2．社会経済的な背景

（送り出しにおける）社会経済的な背景においては、看護師、介護士を送り出す理由は以下の３つが考えられる。まず、グローバルな必要性である。世界の人口は高齢化を迎えており、20〜25年後にはインドネシアも高齢化を迎えると言われている。高齢者には、幅広い介護・ケアが必要であり、介護の

担い手は先進国の女性から途上国の女性へと入れ替わっていくと考えられる。また、5,300万人の家事労働者が世界中にいると言われているが、そのうち約83％が女性だと言われている。IVY氏からの性別、ジェンダーの問題が介護の問題では重要だという指摘は、まさにこの点にある。

　日本は、介護の担い手を受け入れている目的地の国である。経済連携協定は８カ国で結ばれたが、そのうちフィリピン、インドネシアとは2007年９月に協定が締結された。その受け入れ側が日本である。インドネシアとフィリピン双方が、看護師および介護福祉士候補として、最初の２年間で1,000人を送ることを約束したが目標は達成できなかった。

　インドネシアでは、移住者の送り出し要因は１つではない。労働者の観点から考えると、インドネシアには２つのタイプがいると言われている。１つ目のタイプは、未熟練労働者の女性が多く、海外にいく理由は所得を稼ぐことである。また精神的、宗教的に親しみやすいという理由を持つ女性の多くは中東のサウジアラビア、アラブ首長国連邦、ヨルダンやドイツなどに行く。

　次に２つ目のタイプは、高い教育を受けている女性である。専門知識を持ち、高学歴で、より高い所得を望む人は台湾、香港、日本、一部はヨーロッパにも行く。

　では、政府の観点から考えた場合にはどうか。移住労働者の需要の高まりに応えたい、というのがインドネシア政府側の視点である。移住労働者は、海外からの雇用の"安全バルブ（安全弁）"になり得る。すなわち、国内では存在しない雇用が海外で提供されることで、（インドネシアに）送金が起こる。送金は経済的な貢献として1984年の第４次国家戦略５カ年計画に盛り込まれ、現在まで国家歳入とみなされてきた。

　ではなぜ、看護師、介護士を日本に送るのか。インドネシアと日本とのEPA経済連携協定合意の下で、何百人というインドネシアの介護士が日本に送られた。2009年の調査によれば、すべての看護学生のうち28％が海外に出たい、そのうちの56％が日本に行きたいと答えた。その主な理由としては、高い給料が得られる、あるいは、日本の生活様式や宗教が好きだという回答があった。

## ３．日本での障壁

2008〜2011年の３年間に800人の候補が送られた。これは正介護士、正看

## 表1　日本におけるインドネシア看護師候補者および介護福祉士候補者の国家試験の結果

(単位：人)

| 年 | 第1陣 看護師 | 第1陣 介護福祉士 | 第2陣 看護師 | 第2陣 介護福祉士 | 第3陣 看護師 | 第3陣 介護福祉士 | 第4陣 看護師 | 第4陣 介護福祉士 | 第5陣 看護師 | 第5陣 介護福祉士 | 第6陣 看護師 | 第6陣 介護福祉士 | 第7陣 看護師 | 第7陣 介護福祉士 | 再入国 看護師 | 再入国 介護福祉士 | 合計 看護師 | 合計 介護福祉士 | 合計 |
|---|---|---|---|---|---|---|---|---|---|---|---|---|---|---|---|---|---|---|---|
| 2009 | 0 | – | – | – | – | – | – | – | – | – | – | – | – | – | – | – | 0 | 0 | 0 |
| 2010 | 2 | – | 0 | – | – | – | – | – | – | – | – | – | – | – | – | – | 2 | 0 | 2 |
| 2011 | 13 | – | 2 | – | – | – | – | – | – | – | – | – | – | – | – | – | 15 | 0 | 15 |
| 2012 | 8 | 35 | 22 | – | 3 | – | – | – | – | – | – | – | – | – | 1 | – | 34 | 35 | 69 |
| 2013 | – | 10 | 14 | 75 | 3 | 1 | 3 | – | – | – | – | – | – | – | – | – | 20 | 86 | 106 |
| 2014 | – | 1 | – | 5 | 7 | 40 | 5 | – | 3 | – | – | – | – | – | 1 | – | 16 | 46 | 62 |
| 2015 | – | – | – | 2 | – | 11 | 2 | 34 | 1 | – | 4 | – | – | – | 4 | – | 11 | 47 | 58 |
| 合計 | 23 | 46 | 38 | 82 | 13 | 52 | 10 | 34 | 4 | 0 | 4 | 0 | 0 | 0 | 6 | 0 | 98 | 214 | 312 |

出典：2015年インドネシア労働省

護師である。しかし、日本での国家試験を2011年に通過したのはわずか17人、2015年になると、国家試験を通過し登録されたのは看護師98人と介護士214人のみであった。詳しい数字を示すと（**表1**）、第1陣、第2陣、3、4、5、6、7陣までであり、合計が312人になる。わずか312人の看護師、介護士しか国家資格を持つための国家試験を通らなかった。障壁は何か。インドネシアにもフィリピンにも共通するが、言語の障壁があり、国家試験に通りにくい。さらに、医学用語や看護用語を日本語でマスターするのが極めて困難である。また、学習時間もまちまちである。彼ら候補生たちの意見によれば、6カ月の言語訓練では不十分だと考えているようである。さらに、看護教育と実践との違い、乖離、看護教育における日本とインドネシアの教育体制の違いも障壁となっている。看護師に関しては、職務規定が東南アジアと日本とでは異なっている。また、意思疎通、コミュニケーションの障壁については、(学習した)日本の医療用語や介護用語が、病院や施設職員が普段使う「現場での言葉」と異なっているため、インドネシアの看護師たちは「看護助手」として扱われる。たとえば、爪を切る、髪を洗うといったことはできるが、それ以上のことはできるのにやらせてもらえないことがある。配属も不適切で

ある。たとえば外科やクリニックでの勤務経験がある看護師であっても、日本で事前の説明なく突然精神病棟に配属されたりすることがある。そのため、配置が不適切だと感じているようである。さらに、日本では衣食住、光熱費や税金といった生活費が高額であるため貯金も送金もできない。その他の問題として、故郷から遠く離れていることで、非常に孤独感にさいなまれることもある。

## 4. 移住労働者の背景

　さらに深刻なのが、出発前の情報が不足しているという問題である。出発直前に空港で契約書に署名をさせられる、という経験をした人もいるようだ。フィリピン政府は、この意味では看護師及び介護士を我々より非常によく扱っていると思われる。

　看護師と介護士になるための教育背景および学歴について論じたい。まず政府では高校レベルで介護職に就くための数年間を拡大し、介護士養成学校にするという計画がある。次に看護師の教育では、職業学校で准看護師を養成している。准看護師のほとんどがこの専門学校の卒業生となる。職業学校の卒業生であるため、実践、理論の知識もあり、経験もある。看護学士、正看護師では、ＡとＢの２つのプログラムがある。どちらも正看護師の資格を得られるが、Ａプログラムは５年間訓練を継続し、Ｂプログラムは学士を継続する内容である。ＡとＢを終えた人たちがよく日本に送り出されるが、たとえ学士課程を継続・修了しても、看護助手として日本で扱われることがある。これが不満につながっている。

　次に看護修士では、学位を持ち、博士まで進学できる可能性がある。私の在籍する国立インドネシア大学にも看護学修士、博士双方のプログラムがある。

　ここで移住労働者の一般的な学歴についての資料を示し、さらに日本に来た人々の学歴について示したい。一般的には、インドネシアの移住労働者の数は、現在およそ600〜700万人だと考えられるが、そのうち80％が教育課程では６〜９年、つまり小中学校程度の学歴である。こうした人のほとんどは中東へ行く。学歴が低いことで、知識や交渉力、あるいは洞察力が不足し、権利の知識もないため脆弱な立場に置かれ、搾取や不正、詐欺や暴力の被害を受けたり、他の当事者から搾取を受けることがある。

第15章　インドネシアから日本への看護師および介護士の移動　**205**

ここでアブダビのシェルターで出会った人々について紹介したい。シェルターはアラブ首長国連邦のインドネシア大使館に隣接している。全員が小学校を終えた程度で、一切、教育を受けていない非識字の状態の人も1名いた。約70名が暴力や性的な乱暴によりエージェントや雇用主から逃げてきていた。男性だけでなく、女性から被害を受けた人もいた。

私は1つの手法として、社会に埋め込まれた構造がどのようになっているか、女性と家族、女性とブローカー、そして採用の担当者、さらにインドネシア人とアラブ人との関係を書いてほしいと依頼した。多くの人たちが描いたのは、中心に「カーバ神殿（メッカの中心部にある建物でイスラム教における最高の聖地とみなされる聖殿)」のある図である。メッカを目指す人たちが行くカーバ神殿はアラブ首長国連邦ではなく、サウジアラビアにある。しかし彼女たちは、カーバ神殿に行くことを想像している。彼女たちには、こうした宗教的な同一性が非常に重要であるがゆえに、この国に行ったことが分かる。

## 5．送金

次に送金について論じたい。送金額はかなり巨額になってきており、2014年には80億ドルを超えている。さらに国際的援助や海外からの負債を超えており、かなりの多額になっている。

この送金は主に中東、米国、ヨーロッパ、アジア太平洋地域からのものが大きい。そして日本からもある。送金を受ける金額として、何位にあるのかを見たデータでは、2009年インドネシアは16位にあった。労働省のある部門の長は、この送金の使い方として、ビジネスの設立・発展に使われているのが2割であり、8割は消費されてしまうと指摘した。その理由は（送金する側の）知識がないためである。送金を正規のチャンネルを通して行う知識がないために、送金の途中できちんと管理されていないということになる。もう一つの理由としては、家族に送金されてきたものを生産的な目的に使うという知識がない。多くが家族に送金されているが、学期ごとに、学費として送っている例もある。

法的保護について触れたい。2004年の第39号、「移住労働者の配置及び保護法」という法律があるが、法的保護はこの法律のみである。これは保護よりも人を配置するということに力点を置いており、名前でも移住労働者の「保護」ではなく、まず「配置」が最初に来ていることからも分かるように

**206** 第2部 トランスナショナルなネットワークと国際移動

## 表2　2009年　送金からの国家歳入が最も高い国

| 順位 | 国名 | 送金額<br>（単位：百万米ドル） | GDPに対し送金が占める割合（%） |
|---|---|---|---|
| 1 | インド | 49,256 | 3.9 |
| 2 | 中国 | 48,729 | 1.0 |
| 3 | メキシコ | 22,153 | 2.5 |
| 4 | フィリピン | 19,766 | 11.7 |
| 5 | フランス | 15,551 | 0.6 |
| 6 | ドイツ | 10,879 | 0.3 |
| 7 | バングラデシュ | 10,523 | 11.8 |
| 8 | ベルギー | 10,360 | 2.2 |
| 9 | スペイン | 9,904 | 0.7 |
| 10 | ナイジェリア | 9,585 | 5.6 |
| 11 | ポーランド | 8,816 | 2.0 |
| 12 | パキスタン | 8,720 | 6.0 |
| 13 | レバノン | 7,558 | 22.4 |
| 14 | エジプト | 7,150 | 4.0 |
| 15 | イギリス | 6,847 | 0.3 |
| **16** | **インドネシア** | **6,793** | **1.3** |
| 17 | ベトナム | 6,626 | 7.0 |
| 18 | モロッコ | 6,271 | 6.6 |
| 19 | セルビア | 5,406 | 12.6 |
| 20 | ロシア | 5,359 | 0.5 |

出典：世界銀行2010年（Kompas　2010年11月26日記事）

効力はかなり弱い。この中で、保護に関しては8つの条文しか該当しない。
配置に関する条文は86ある。また、2006年の大統領令第6号がある。また、
すべての移住労働者の権利の保護に関する国際条約もある。これは、政府が
圧力をかけられ、学術界のほうからプレッシャーを受けて初めて批准された。
また、2007年の第21号という人身売買に関する犯罪の撲滅に関する法律があ
る。しかし、この法律にはかなり弱いところがあり、移住労働者の相当数が

参加してデモ、抗議が行われた。

## 6. むすび

　最後に、私からの推奨案を提示したい。看護師と介護士のインドネシアから日本への移動に対しては、両国相互の利益と相互理解によって支えるべきである。インドネシア政府側については、まずは採用段階と出発前の段階でモニタリングが必要である。具体的には人材を選ぶ際の専門知識などを保証できるようなモニタリングや教育レベルや技能の認定である。政府サイドで、より高いレベルでの統制を行うことが省庁内でも必要だと考えている。また、出発前の段階でインドネシア政府がやるべきこととして、日本の文化・社会に関する情報や知識をトレーニングのカリキュラムに入れることを推奨したい。アラブ首長国連邦に行ったインドネシア人の移住労働者において、出発前のカリキュラムが採用エージェントにより行われていたために、政府側からの監視がきちんとされていなかったことが明らかになった。法的知識やその他必要な知識を身に付けさせることが真剣に考えられていなかった。トレーニングがきちんと行われなかったため、アラビアの文化についても、行先の国の家族に関しての情報も全く知らされていない状態であった。

　今度は逆側から見てみたい。アラブ首長国連邦の採用側のエージェントに対してはパンフレットや書籍といったものがあった。その中では労働者、家事労働者が関係するような資料などの情報がかなり細かく伝えられていた。名前と住所だけではなく、どのような技能を必要としているか、どのような技能を持っているのか、写真なども、すべて行先の家族に関する情報が揃っていた。しかし、そうした雇用主に関しての情報は、女性たちには伝えられていなかったため、女性たちは到着しショックを受けてしまうことがあった。というのも、雇用主の1家族だけではなく、3家族、3世帯の面倒を見なければいけないということになり、驚くことが多いからである。突然部屋が10室以上あるかなり大きな邸宅に行かされるというケースもある。従って事前に行先の情報、また文化・社会についての知識を伝えることが大切である。もちろんインドネシア政府側が行うことだが、インドネシアの看護師、介護士に関しても保護すべきだと考える。

　日本政府に対しては、まずは言葉の壁を解決するための突破口を考え、言語の教育方法を考案していくべきだと考える。病院や介護施設における責任

**208**　第2部　トランスナショナルなネットワークと国際移動

者や指導者からのサポートも必要である。社会や地域社会からの協力も得て、日本の文化教育を導入することも必要である。また、看護と介護に関するインドネシアのトレーニングカリキュラムについては、日本のものとのギャップを埋めるようなトレーニングが必要となるだろう。

(Sulistyowati Irianto／Professor of Anthropology at Faculty of Law, Universitas Indonesia)

＊著者紹介：法人類学を専門として、インドネシア大学のジェンダーおよび女性研究所の所長を務めた。インドネシアの多様な民族、言語、宗教で構成される社会の法体系や女性の地位に関して国際的な研究報告を行ってきた。

＊訳者＝西口里紗（にしぐち・りさ）フェリス女学院大学及び横浜市立大学非常勤講師。

〔本章は、2016年3月5日、立教大学池袋キャンパスで行われた国際シンポジウム「介護人材送り出しにおける課題と外国人住民支援——フィリピンとインドネシアの経験に学ぶ」第1部「介護人材の送り出しにおける課題——フィリピンとインドネシアにおける経験から——」での報告の邦訳である〕。

# 第16章

# フィリピンにおける日本への看護師および介護士の送り出しに関する課題

## アイビー・ミラバレス
海外フィリピン人委員会ディレクター

（訳：西口里紗）

## 1．はじめに

　本報告では、まずフィリピンから日本への介護人材送り出しにおける課題について論じる。次に家事労働者と介護士も含め、介護士・看護師はほとんどすべて女性であることから、女性の重要性について述べたい。また、最新情報を紹介する。私は海外フィリピン人委員会事務所（Commission on Filipinos Overseas Office）という海外にいるフィリピン人に関する事柄を扱う組織に所属しており、専門は結婚し移住している「結婚移民」と言われるフィリピン女性や永住者のサポートを行っている。また看護・介護に関心を持っている。ぜひ、ウェブサイトに載っている調査やスピーチ、移住者のための討論を活用いただきたい。

　まず移住者とは何か、という概要から述べたい。フィリピンにはさまざまな機関があり移住者の支援を行っている。海外フィリピン人委員会や海外移住者の福祉局、パスポートを出す外務省、大使館、総領事館などがある。フィリピン移住者の協会もある。海外には1,000万人以上のフィリピン人がいると言われており、困難に直面している人たちもいる。非正規の移住者の中には、労働者や元学生、法的な立場が失効した後、保護されていないという人もいる。一方、定住している人たちの中には日本人と結婚した人たちやその子どもたちも含まれる。

## 2．フィリピンにおける移動の女性化

　フィリピン人の人口の10%が、世界の200の国と地域に住んでいると言わ

### 図1　世界における女性移住労働者の割合

れていることからも、フィリピン人のグローバル化は顕著である。このため、私が所属する「海外フィリピン人委員会」では、海外のフィリピン人の安全確保・促進、権利と安全の保護などに努めている。海外フィリピン人のコミュニティを誇り高く、また尊敬されるものとして形成し、かつ母国と強い絆を保てるよう支援もしている。外国人の婚約者、配偶者、パートナーが出国する前に議論するのもこの組織の仕事である。

　45万5,000人～50万人ぐらいが外国人と結婚すると言われている。日本はその中で第2位となっており、フィリピン人の相当数が日本に行っている。そして女性たちの人口のほぼ半数の49％が移住派である。移住者が女性化しているとも言えるが、移住者の展開として何が起きているのか。第一に、このスライドで示したい（図1）。国連経済社会局（UNDESA）による女性移住労働者のデータである。また、OECDの2013年のデータによると1960年に比べ、2010年には女性の率が46.7％から49％に上昇している。ただ、地域ごとに違いがあり、女性の比率は、アジアでは42％、アフリカ46％、ヨーロッパ52％となり、全体的な女性移住労働者は全世界で42％となっている。地域別で見ると、フィリピンからさらに先進国へ移動するというときには、52％になり、男性より女性が多くなっている。

第16章　フィリピンにおける日本への看護師および介護士の送り出しに関する課題　211

## 3．女性の移住労働者

　アジアにおける女性移住労働者について考察したい。日本及び詳細については別途論じるが、アジアからの女性移住労働者の多くが熟練労働者である。より高等な教育を追求し、より良いキャリアの機会を求め外に出ることが多いとされている。家族との再会や、配偶者と一緒になるという理由だけではない。機会やスキルの向上を求めており、そこには看護師や介護福祉士が該当するだろう。経済的な目的もある。しかし熟練労働者であっても高学歴であっても、悲しいことに非常に非熟練の雇用、例えば家事労働などしかなく、法的保護も弱いという現実がある。

　現在、家事労働は女性たちの本来の仕事とは思われていない。女性が行う仕事については男女格差や偏見が高まっており、母性本能といったものを自国で発揮できなくなっている。女性の大部分はかなり高技能だが、他の国では資格ではないと考えられてしまっている。

　現時点での我々のMDG（ミレニアム開発目標、開発分野における国際社会共通の目標）のゴール、「5.4」というジェンダーの平等をデータベース化するものがある。公共サービス、インフラおよび社会保障の提供ならび各国の状況に応じた家族内における責任分担を通じて、無報酬の育児、介護や家事労働を評価、認識するというものである。これが目標とされているため、我が国およびパートナーを組む２国間の合意においては、概ねグローバルなSDG（持続可能な開発目標）の発展のための目的を理解している。これはかなり議論があるように見えるかもしれないが、この目標に向け厳密にルールを守っていきたいと考えている。

　我々フィリピン政府側では、積極的に国内及び国際間の努力を行い、方針や政策、メカニズムなどが移民にとってベストになるよう努めている。特に海外に行く女性については、よく理解している。フィリピン政府は、ILO（国際労働機関）のセッションに行き、その中で「第189号」という、家事労働者条約を締結した。実際にこの条約によって、何百万の家事労働者の生活を改善する結果につながった。伝統的に女性がやってきた家事労働は、今までその価値を低く見られていたということである。

　このような国際的な仕組みが、インフォーマルなスキルである家事労働に適用されたのは初めてである。この会議、この条約の重要性に鑑み、フィリ

**図2　フィリピン政府による女性移住労働者保護の取り組み**

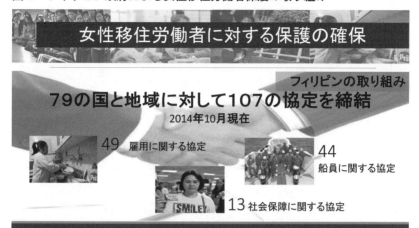

ピンでは2012年に国内法を制定した。これは国内の家事労働の法律といったものを包括的にかつローカルでも守ろうとするものである。

　移動においては送り出し国にも責任があると考えている。ただ、最近この責任が相手国にも移ってきている。つまり、最近のいくつかの協定において、受け入れ国もきちんと協力し責任を負おうということになっている。フィリピンのような送り出し国と責任を分けるということである。

## 4．女性移住労働者の保護

　これは、日本も含め各国との協定に表れている。2013年には、サウジアラビアとフィリピン間の労働雇用が、その草分けとなる協定を締結した。その中では、両国が認める標準的な雇用契約があり、労働者には24時間365日のアシスタントがあることや、契約完了後または危機的な状況が発生した際にはすみやかに出国できるビザを発行するとしている（**図2**）。また、ドイツとは医療従事者の分野で、「トリプルウィン」の協定を締結した。内容としては、フィリピン人介護者の実際の雇用において、キャリアのチャンスに加え配置についても考慮されている。

　フィリピンの看護師と介護人材については、日本でも同じことをやろうとしている。国内の労働者との共通かつ平等な扱いをしてもらおうと考えてい

**図3　JPEPAにおける看護師及び介護福祉士候補者受入れ人数**

| 年/陣 | 受け入れ枠人数 | 計 | 受け入れ施設数 | 計 | 受け入れ人数 | 合計 |
|---|---|---|---|---|---|---|
| 2009/第1陣 | 126 (看)* ・ 240 (介)* | 366 | 42 (看) ・ 93 (介) | 135 | 93 (看) ・ 190 (介) | 283 |
| 2010/第2陣 | 62 (看) ・ 62 (介) | 124 | 29 (看) ・ 29 (介) | 58 | 46 (看) ・ 72 (介) | 118 |
| 2011/第3陣 | 102 (看) ・ 85 (介) | 187 | 41 (看) ・ 39 (介) | 80 | 70 (看) ・ 61 (介) | 131 |
| 2012/第4陣 | 43 (看) ・ 93 (介) | 136 | 15 (看) ・ 28 (介) | 43 | 28 (看) ・ 73 (介) | 101 |
| 2013/第5陣 | 76 (看) ・ 100 (介) | 176 | 32 (看) ・ 37 (介) | 69 | 64 (看) ・ 87 (介) | 151 |
| 2014/第6陣 | 51 (看) ・ 46 (介) | 197 | 22 (看) ・ 66 (介) | 88 | 36 (看) ・ 147 (介) | 183 |
| 2015/第7陣 | 83 (看) ・ 253 (介) | 336 | 29 (看) ・ 100 (介) | 129 | 75 (看) ・ 218 (介) | 293 |
| 2015 帰国者/受け入れ先変更 | | | | | 1 (看) ・ 5 (介) | 6 |
| 合計 | 543 (看) ・ 979 (介) | 1,522 | 210 (看) ・ 392 (介) | 602 | 413 (看) ・ 853 (介) | 1,266 |

*(看)看護師候補者　　(介)介護福祉士候補者

る。これについてはフィリピンは79の国と地域に対して9つの領域で107の協定がある。いろいろな法律があり、すべての省庁に対してフィリピンの女性や海外にいる労働者たちを守るようきちんと担保している。

## 5. 日本との協定

　次にフィリピンと日本との2カ国間協定について論じたい。一般的には多国籍間で行うが、これは2国間である唯一のものだろうということで、かなり特殊だということが伺える。これはかなり議論があり、まだ早期かもしれず、どういった影響があるかを評価するには時間がかかると思っている。これからのトレンドを設定するようなものでもあると考えている。特にこれはニューエイジの自由貿易協定だと言われ、かなり包括的なものでもあるが、人材問題について見ていきたい。

　これはJPEPA（日比経済連携協定）のことだが、これはフィリピンの経済を日本の産業システムの中に取り込もうとするものである。国境を越えた人、物品、サービス、そして資金がフィリピンと日本を自由に行き来できるようにするものである。日本は現在70％がサービス業であり、外国人が浸透するには大変な大きな分野である。言い換えるなら、私たちが歓迎されているとも言える。日本がオープンに、看護師のようなプロの人材をフィリピンから

受け入れてくるというのは、良いニュースだと思う。これにより、外国人に対して差別なき処遇がなされていくことを願っている。

## 6. 候補者受け入れの人材要件と受入れ人数

　次に、看護師と介護福祉士について論じたい。これには公式の取り決めがあり、その他諸要件がある。まず、最初にこの協定は政府間の雇用に関する制度になっている。例えば、人材育成、情報、コミュニケーションといったものなどがある。フィリピンの官庁もきちんとかかわっている。フィリピンの看護師候補者たちは、フィリピンで3年間の業務経験と4年間の学位取得プログラムを修了した国家資格を持ったものでなければならない。介護福祉士の候補者については、4年制大学を卒業しフィリピン政府がプロの介護士と認めた国家資格を持つものでなければならない。この協定は2006年にできたが、実際に批准されるまでに2年かかった。2009年あたりからの7年間に関しては、海外雇用庁からデータが出ている（**図3**）。まず第1陣は、日本での看護師候補者枠が126名、介護福祉士候補者枠が240名の計366名の枠があった。看護師候補者42カ所、介護福祉士候補者93カ所の施設にフィリピンから実際に登用されたのが合計283名である。次の第2陣は数字が小さくなったが、安定しており118名が登用された。現在のところ合計1266名の看護師候補者と介護福祉士候補者が、JPEPAのもとで活用されている。ただ、数字とは別にそれぞれの物語を見てみるとユニークなものがあり、私たちへの教訓がとても多い。

## 7. 残された課題

　数字のみに目を向けるのではなく、実際に個人個人の中で何が起きているのかを見ていきたい。どのようなギャップがあったかについては介護福祉士や専門家、研究者などと面談を行った。大きく1点目は、とにかくいろいろなギャップがあり、日本・フィリピン両政府で規制を緩め入国を楽にしようと考えているが、実践にはまだまだ難しい状況である。ただ、看護師、介護福祉士の国家資格を取得するのが大変だという事実は変わらない。トレードオフということがあるが、もし緩めてしまうと、もしかしたら質が変わってしまうかもしれない。しかし一方で、何らかの保護策をもってこの課題を解

第16章　フィリピンにおける日本への看護師および介護士の送り出しに関する課題　**215**

決できるかもしれない。また、フィリピンと日本の両政府も努力しており、予備的な対応、例えば出国前の教育をきちんとするようにしている。

　2点目は、フィリピン側で見てみると、フィリピンにいる間に相当、日本語を勉強するよう求められており、日本に入ってからも、トレーニングに加え言語教育を受ける。ガイドもフィリピン政府がきちんと行っているが、言語はまだまだ障壁であり続けており、これも恒久的に取り組まなければならない。もっと積極的なアプローチが必要だと考えている。現在、フィリピンのシステムでは、言語を選べるため、例えば教育システムの中で、人の移動性も考慮し、外国に行きたい人や海外でサービス業に就こうとしている人たちに対し、言語教育の選択肢を増やすことも必要だろう。また、心理的なストレスについては、3度目の挑戦で試験に不合格だと帰国しなければいけないという恐怖がある。これは、試験を受けようとする人にも、落ちた人にも、どのプロにもかなりのトラウマを負わせることになる。試験に落ちるのではないかと思うことが自己認識にマイナスに働き、作業にも影響している。3つ目は適切なモニターの必要はあるが、プロの看護師、介護福祉士であるフィリピン人を不当に扱い、いじめや差別につながるケースがある。また、研修期間を理由に賃金が非常に低いケースもある。

　もし自分が試験に合格できず、自分が提供できるサービスでお金を稼ごうとするならどんな給料でどんな仕事でも、とにかく稼ぐために残るだろう。その結果、本来は質の高いフィリピンの看護師でありながら、力量を無駄にしていることになる。4つ目に、日本で働く際の看護師の業務条件や給与体制が改善されない場合は、フィリピンの看護師を入れることは不可能である。これは多くの人が様々なケースを聞いていると思われるが、この雇用システムの間に介在する人物によって、システムが機能不全となるケースがある。5つ目として、かなり高い言語レベルが求められており、これが乗り越えがたい障壁となっている。特に看護師にとって極めて困難であり、積極的に対処していかなければならない。言語の専門家を使い、早期に重点的な訓練をする必要がある。これにも政府の力が必要となっている。次に6点目として、安価な労働力として使われてしまう現実がある。3番目とも繋がっており、適切なモニターが必要だが、不合格者が他の職場に移ってしまうことがある。信頼できない施設に移り、社会的な問題を起こしかねず、さらに非正規のフィリピン人として日本に滞在することになる。7番目はJPEPA下での看護師に特化しているが、単に経済分野での商品として扱われるべきではない

216　第2部　トランスナショナルなネットワークと国際移動

と考える。この点については人材要件にとどまらず、フィリピンでも活発に議論されている。インドネシアでも同様にグループによる撤廃を目指す動きがある。つまり、２カ国のGDPに寄与しているため、経済分野での変化や投資レベルでの変化が生じている。

　その他として、試験合格者が帰国してしまうという問題がある。人数は少ないが、そもそもインドネシアとフィリピンの合格者自体が少ない中、合格後に帰国してしまう。ほぼ全員女性だが、理由は少しお金を稼いだら帰国しないと自分の母性を発揮できないということになる。つまり自分の子どもの世話ができないということになってしまう。若い年代を含めて看護師は日本だけでなく、各国が労働力として必要としている。それに加えて、日本に対する期待と現実に差がある。フィリピンで試験を通過しプロの看護師としてフィリピンから日本に来ても、日本ではアシスタントとしてしか扱われないということが起きている。そうなると給与を含め、良い経験を積むこともできない。こうした状況の改善や日本の要件が緩和されないと、フィリピンの看護師はほかのアジア諸国に移ってしまうだろう。しかしながら規制を緩くするとほかの問題が起きる。

## 8．むすび

　最後に、私が実践者として提案するステップがある。移住者問題に取り組むプロとして、まず１つはフィリピンと日本のパートナーシップにおいて、両国が協力し改善していかなければならないと考える。看護師、介護福祉士のトレーニングから開始することが可能である。この必要な教育を日本政府は提供できているが、フィリピン政府も誠実に取り組むと改善できる。２つ目は、日本入国後の問題である。海外で仕事をする人にとって大事なセーフティーネットを作ることである。政府間での雇用システムであるため、これを民間レベルにしてしまうと大きな問題になる。３つ目は、労働に関する違反である。例えば研修生という立場のため、残業代が払われない、給料が非常に低い、人身売買といった問題も出てきている。こうしたものは無視できない。どこかで起きており、それがまかり通ると、非正規移民につながる。人身売買問題には、適切な監視と管理の必要性がある。確かな高いレベルで採用・雇用し、適切な監視体制を敷く政府機関の体制が必要である。情報キャンペーンも、一層必要となっている。一般市民に対して、こうした問題

についてどのような支援が必要とされているのか。JPEPAはなぜあるのか、我々の利益になるのか、その中で何が起きているのかなどの情報を広く伝えることは不可欠である。こうした情報を積極的に提供し、キャンペーンを強化すべきである。反対派や、女性問題や協定に関する情報不足により、辞めさせようとする人が出る可能性もある。情報キャンペーンは不可欠である。

　協力体制や受け入れ施設に関するプロジェクトやプログラムの立案も必要であり、看護師、介護福祉士が日本に溶け込めるよう一層の議論が重要である。プログラムで数年滞在した後の進路の問題である。日本はこれら看護師・介護福祉士に対して定住者として認定するのか、帰国を促すのか、そうした進路に関する健全的なプログラムがあるのか。政府間の雇用システムには、こうした検討が不可欠である。

　このほかに、別の文化的・専門的な知識を持つ若いフィリピン人や日本人と結婚している移住者にも力を入れる必要がある。日本にはフィリピンの若者が大勢おり、結婚によって日本に移住した人も多い。言い換えるならフィリピンと日本の多文化は、かなりの経験を積んでおり、もっと社会心理的なサポートを提供できるのではないかと考えている。さらに、日本は短期的な労働力ではなく、長期的な定住プログラムを進める必要がある。

　最後に、フィリピン政府は、女性の移住者の保護に努めている。雇用、生活、社会保障など様々な面に関して79カ国と107の協定を結んでいる。フィリピン政府は各協定及び日本とのJPEPAも深刻に考えている。大使館も目を配っており、来日前の出国前トレーニングなども行っている。日本入国後のトレーニングも進めている。このようなプログラムにおいて我々はもっと女性に関することを考えなければならない。女性にフレンドリーな政策が必要である。なぜなら看護師や介護福祉士が主に女性だからである。

（Ivy Miravalles／Commisson on Filipino Overseas, Director）

＊著者紹介：海外フィリピン人委員会のディレクターとして、フィリピン人の国際移動の分析や海外でフィリピン人が直面する問題対応などに関わってきた。経済問題だけでなく移民の家庭や子孫の教育問題などについて国際会議などで報告してきた。

〔本章は、2016年3月5日、立教大学池袋キャンパスで行われた国際シンポジウム「介護人材送り出しにおける課題と外国人住民支援——フィリピンとインドネシアの経験に学ぶ」第1部「介護人材の送り出しにおける課題——フィリピンとインドネシアにおける経験から——」での報告の邦訳である〕。

# タイ人の涙とほほえみ

山村淳平

## ●エイズ患者

　タイ人のソンさん（20代男性）は、やせた体でけだるそうに横たわっている。しゃべることはできず、終始寝ているのが苦痛なのか、おこしてほしい、とゆがんだ顔で体をうごかしながら、何度もうったえてくる。食事のときも上半身をおこし、介助しながら食べさせなければならない。水を飲ませたところ、うまく飲みこむことができず、むせてしまい、くるしそうに咳をしはじめ、その飛沫がわたしの顔や服にかかってしまった。看護師さんをよびたいところだが、それもできない。ここは病院の一室ではない。タイにむかう飛行機のなかである。

　ソンさんは、ねたきり状態のエイズ末期患者である。ビザ（在留資格）なし移民として工事現場ではたらいていた。ある時期から体の具合がおもわしくなかった。しかし、彼は病院を受診することなく、意識をうしなうまではたらいていた。昏睡状態となったため、救急車でいくつかの病院を「たらいまわし」されたのち、都内の病院にようやく入院がゆるされた。

　診断は、エイズ・肺炎・脳炎であった。さいわいにも肺炎と脳炎は治癒した。しかし、脳炎の後遺症で彼は寝たきりの状態となってしまった。しかも、余命は数カ月であった。家族のつよい希望でタイに帰国することになり、タイ大使館をとおして、タイへの帰国同伴依頼がわたしのところにきた。

## ●入管通報による診療拒否

　それまでも、わたしは重症患者の本国への帰国同伴をなんどかひきうけていた。直接あるいは間接にかかわった患者は、かなりの数にのぼる。こうした患者は、はやいうちに診断と治療をおこなっていれば、重症化をふせげたはずだ。

　彼/彼女らに共通する点がいくつかある。ビザがないため、健康保険

タイ航空の機内－6席の座席をたおして、患者をねかせて移送する。
タイ航空会社には、たいへんお世話になった（2010年4月14日筆者撮影）。

に加入できず、高額な医療費を支払わなければならない。言葉はつうじず、症状をうまくつたえることができない。そして、医療情報が不足している点である。それらがかさなりあい、病院への受診がとおのく。

しかし、その背後に、病院を受診しない、もうひとつの理由がひそんでいる。病院から法務省・入国管理局（入管）へ通報されることを、彼/彼女らはおそれているのである。よほど体調がわるくならないかぎり、病院にかかろうとしない。

こんな例がある。ビザなし日系ペルー人が交通事故にあい、重症となり、四国地方の病院に入院した。3カ月以上の入院が必要とされたにもかかわらず、病院の職員が入管に通報したのである。治療が不十分なまま、入院数週間後に退院させられ、本国への強制送還がおこなわれてしまった。

おなじような例が、ほかにもみられる。脳梗塞となったビザなしフィリピン人が横浜市の病院に緊急入院したが、数日後に警察に通報されてしまった。ビザなしタイ人が仕事中に目にケガをおって、厚木市の病院を受診したところ、これも警察に通報されてしまった。入管や警察への通報は、形をかえた病院の「診療拒否」である。ソンさんがうけた「病院のたらいまわし」も、その一形態であろう。

本来であれば、病院は治療を優先しなければならない。しかし、現在の日本では「診療拒否」が、さまざまな形でおこなわれている。こうした対応は移民・難民に恐怖感をもたらすと同時に、日本にたいして不信感をうえつける。

## ●タイ人の涙

バンコクの国際空港に到着すると、ソンさんは突然おおきな声をあげ、涙をながしはじめた。今までおとなしかったソンさんが、帰国した喜びを全身であらわしている。まえもって連絡をうけた社会福祉省のソーシャルワーカーが空港まで出むかえ、救急車で彼女と一緒にエイズ専門病院にむかった。病院では、ソンさんのお父さんが待っていた。

ソンさんはお父さんをみると、ふたたびおおきな声をあげた。大粒の涙がほほをつたわる。お父さんは息子をだきしめ、ソンさんの涙をハンカチでぬぐった。無事生きて故郷の土をふむことができた喜びを、おたがい確かめあっている。お父さんは、自宅で息子を看病したい旨をつたえ、その日のうちに彼らは故郷のタイ北部にむかった。

その後、お父さんから便りがとどいた。

**「帰国して、10日後に息子はなくなりました」**

## ●ほほえみの社会

タイではHIV感染者/エイズ患者がふえている。彼/彼女らのほとんどは、タイの地方出身者である。タイでは、経済成長にともない、貧富の格差がいちじるしくなっている。エイズウイルスは、農村地帯や都市のスラムなどの貧困層を直撃する。HIV感染者/エイズ患者の増加とともに、ソンさんと彼の家族があじわった深い悲しみは、あとを絶たないだろう。

そのいっぽう、タイはHIV感染者/エイズ患者などの社会的弱者をささえている面があり、社会の健全さをもちあわせている。社会的弱者のために精力的にうごいているタイ人に接すると、タイ社会のたおやかさをかんじる。

タイ人のほほえみは、よくしられている。日本にくらすタイ人の権利をまもるため、献身的な努力をしているタイ人をみると、いつもおもう。人をやさしくうけいれるほほえみは、タイ人の心にしっかりと根づいていると。

ビザがないというだけで「診療拒否」や強制送還をおこなう日本で、ほほえみの社会となる日が、はたしてくるのだろうか。

（やまむら・じゅんぺい）

# 第3部

外国人住民の
福祉・教育・自立支援事業

# 第17章

# 外国人女性の自立と
# 介護労働の役割

在日フィリピン人女性介護職を通して

井上文二
一般社団法人外国人介護職員支援センター代表理事

## 1. はじめに

### (1) テーマの主人公

　介護現場や病院で、日本人に混じって、フィリピン人女性たちが笑顔をふりまいて働く姿をよく見かけるという。実際、私が関係していた船橋市内のある介護施設では、職員総勢17名のうち、6名が在日フィリピン人女性といったところもあった。実に3人に1人が在日フィリピン人女性なのである。ちなみに、そのうちの2名が、私が活動している外国人向け介護福祉士国家試験対策講座の生徒でもあった。

　今回のテーマ「外国人女性の自立と介護労働の役割」では、その在日フィリピン人女性に焦点を当てた。公益社団法人国際厚生事業団作成、2017（平成29）年4月20日付け資料によると、国籍別外国人介護労働者数はフィリピンがトップであり、中国及び韓国を除けば、その他外国人介護労働者の6割以上が在日フィリピン人である。さらに、私が以前経営していた介護資格取得スクールでは、外国人受講生の9割以上がフィリピン人女性であった。そのため、外国人女性と介護労働を語るには、フィリピン人女性に焦点を当てるのが、今の日本の現状にふさわしいと考えた。

### (2) 在日外国人女性の自立とは

　いきなり答えを出してしまうが、フィリピン人女性たちにとって、それは一言で言うと、「自ら希望する仕事に就いて、家族を養える」ということではないだろうか。そして、その養う家族には、遠く離れた母国にいる親族も

224　第3部　外国人住民の福祉・教育・自立支援事業

含まれる。日本で希望する仕事に就くことによって安定した収入を得、一般市民の一員として自信を持ち、日本で同居する子どもたちだけでなく、母国で離れて暮らす親や兄弟、場合によってはわが子が、健康で幸せに暮らせるように、経済的及び心理的支援を続けられるということだろう。

### (3)　フィリピン人女性の希望する仕事は

　日本人に混じって働く環境の中で、最も生き生きした姿が見られるのは、おそらく介護現場だろう。私の周りでは、介護職になるのが小さいときからの夢だったと、多くのフィリピン人女性たちから聞いたことがある。そして彼女らは、介護職として働く中で、なにか自分に合った「自立」という方向に一歩でも二歩でも近づいていっているように感じるのである。

## 2．在日フィリピン人女性の自立

### (1)　かかわってきた在日フィリピン人女性たち

　街を歩くと、いたるところで外国語が聞こえてくる。中国語や韓国語に混じって、明るい声の英語やタガログ語の会話が聞こえることも案外多い。そう、タガログ語だけでなく、英語にも流暢なフィリピン人女性の人たちである。

　以前は仕事場近くの埼玉県川口市や通勤で通過していたJR小岩駅近辺に特に多いと感じていたが、今ではそれらエリアにかかわらず、どこに行っても彼女ら、明るいフィリピン人女性たちを見かけると感じる。

　私が以前経営していた介護資格取得スクールでは、2007年から在日フィリピン人女性たちが当時のヘルパー2級の資格取得を目的に通ってくるようになった。きっかけは、「KAFIN」というフィリピン人団体が近くにあり、そこのVice Chairmanなるフィリピン人女性の受講であった。彼女は他の日本人生徒たちにすぐに溶け込み、熱心に明るく、勉強に励み、ヘルパー2級の資格を取得した。その後、介護施設で介護職としてデビューし、KAFINの仲間たちにもヘルパー2級取得を勧め始めたのである（「KAFIN」は日本人夫からの家庭内暴力を受けているフィリピン人女性や生活に問題のあるフィリピン人シングルマザーたちが助け合うグループ）。

　やがて、2014年1月からフィリピン人女性の受講生が一挙に増え始めた。

第17章　外国人女性の自立と介護労働の役割　**225**

ヘルパー2級より難易度が高くなった介護の新資格「介護職員初任者研修」講座の受講である。介護職員初任者研修のフィリピン人受講生が2016年4月までの2年余りで356名にも達した。その間の受講生全体の約半分を占める勢いだった。また、外国人受講生全体は377名だったので、実にその9割以上をフィリピン人女性が占めていたのである。

## ⑵ 在日フィリピン人女性にフォーカス

　とにかく、私が知るヘルパー資格を取得しようとする外国人のほとんどがフィリピン人女性である。もちろん、他にもブラジル、ペルー、ネパール、ミャンマー、タイ、インドネシア、ルーマニア、イギリス、アメリカ等、十数カ国からの出身者がいたが、その人数は限られていた。

　介護講座開講日の自己紹介で必ず「なぜ介護の勉強をしようと思ったのか」を話してもらうが、フィリピン人女性の大方の答えは下記のいずれかであった。

「ケアギバーになるのが夢だったです」。

「おじいちゃん、おばあちゃんが大好きだからです」。

「日本に来たときに、日本人がお年寄りに冷たいと感じた。かわいそう。だから私が優しくしてあげたい」。

「フィリピンの親やおばあちゃんたちをお世話できないから、日本のおじいちゃん、おばあちゃんを自分の家族だと思ってお世話したい」。

「今の仕事は夜の仕事だから子どもたちと一緒に寝てあげられない。だから、昼の仕事に就きたい」。

「工場の給料は安い。資格を取ってもっとお金を稼ぎたい」。

「今生活保護だから、早くケアギバーになって、子どもとちゃんと生活したい」。

「トガ（卒業式のガウン）を着たいから」。

　彼女らのほとんどは10年～20年前に日本人と結婚し、そこで生んだ子どもを育てていた。また正確に調査したわけではないが、かなりの人が離婚してシングルマザーで頑張っていた。日本語の会話はまったく問題ないが、漢字の読み書きが問題なくできる人はほとんどいなかった。そのため、一般日本人対象の介護資格取得講座で勉強についていくのはとても大変なことである。

また、早朝まで仕事をし、仮眠1〜2時間で通学してくる人、授業が終わったら駆け足で夜の仕事やその他バイトに向かう人、片道3時間近くかけて通学してくる人など、私たち日本人には想像を超える苦労をしながらも、真剣に講師の話を聞き、メモをとりながら必死に頑張る姿があった。

　講座の最後に4日間の現場実習がある。不安と緊張のあまり、胃痛を訴える者もいたが、実習が終わってスクールに戻ってくるときは満面の笑顔があった。「たのしいかった。」「利用者さん、みなかわいいよ。よくしてくれてうれしかった。わかれるとき、ないたよ。」と口を揃える。そして卒業の日、実習報告会という最後の授業のときに、こんな言葉もよく聞かれた。「しせつの人（日本人介護職）、みな暗い。利用者さんにやさしくないね」「だから、わたし帰るといったら利用者さんが「かなしい、またきてね」と言ってくれた」「えがおがだいじね」「だから、わたしたちが笑顔で介護してあげるの。わたしたちがんばる」。

　上述のようなことは不思議と他の外国人や日本人にはあまり見られないことだった。私はここに、フィリピン人女性とは、今の日本の介護現場で一番介護職に向いている、必要とされている外国人なのではと思った次第なのである。

　　介護職にあこがれている
　　日本での生活で自立したい
　　高齢者をとても大事にしている
　　笑顔で明るい
　　フィリピン語（タガログ語等）に加えて、英語とボディランゲージにも
　　長けている

　私が「外国人女性の自立と介護労働の役割」を語るに、フィリピン人女性にフォーカスを当てるのはごく自然の流れである。


## ⑶　フィリピン人女性の一般的な評価

　ここまでは、私見によるフィリピン人女性を語ったが、では、一般的にはどのように評価されているのだろうか。インターネット上で多くの文献や記事を探して目を通したが、おおよそ以下の意見が大半を占めていた。

　　お年寄りを大事にする

陽気で明るい
フレンドリー
ホスピタリティー
英語力

　どうだろう。これからは外国人労働者にも頼らざるを得なくなると言われている日本の介護現場。そこで、フィリピン人女性は、最も介護労働に適している国民性ではないだろうか。私が個人的に思っているものと、完全に一致する評価なのである。

　ただし、課題も多い。大半のフィリピン人女性たちは、漢字の読み書きができない。ひらがなやカタカナを書けたとしても、つづりや文法の間違いが多く、意味が正確に伝わらないことも多い。そのため、介護現場で職員間の申し送りを主導したり、介護記録を書いたりする職務を任されないままの人が多いのが実情だ。また、急なシフト変更や呼び出しに白羽の矢が当たるのはフィリピン人が多いようではあるが（私の知るフィリピン人たちの言葉を借りれば）、子どもやその他家庭や個人的な理由による欠勤や遅刻が多いともよく言われている。私が介護資格取得スクールを経営していたときも、日本人に比べると同様の欠席や遅刻が多かったのも確かだ。

　前述の課題のうち、後者は日本人も五十歩百歩のところだと思って受け入れ側の対応も可能だろう。しかし、日本語の、特に漢字の読み書きが苦手だという点については、介護現場では大きなマイナス要因である。日本人もフィリピン人も、そのことは共通の理解の上、前向きな対処が望まれる。

## ⑷　在日フィリピン人女性にとっての「自立」とは

　第1節でも書いたが、日本在住外国人女性にとって、「自立」とはどういうことだろうか。一言で言えば、自ら希望する仕事に就いて、家族を養うことができるということに尽きると思う（フィリピン人女性の場合は、母国にいる親族も養う家族に含まれることが多い）。自国なら経済的に裕福でなくても、普通に結婚し、普通に子どもを育て、普通に仕事や家事をして、普通に親の面倒をみ、普通に暮らしているだろう。

　では、日本で普通にできないもの、課題はなんだろう。以下のことが考え

**228**　第3部　外国人住民の福祉・教育・自立支援事業

無料の介護日本語教室で勉強するフィリピン人女性介護職（2016年12月10日、市川市八幡地域ふれあい館にて）

られる。
① 子どもの学習指導
　それは、日本語、特に漢字ができないため
② 職業の選択肢が少なく、希望する仕事に就けないこと
　それは、日本語が不自由なため、資格がないため
③ 相対的に低い収入、不安定な収入
　それは、日本語が不自由でも可能なパートや派遣仕事というように、職業の選択肢が限られているため

　さて、ここで彼女らが日本において、自分が育てたい方法で子どもを育て、家族を守り、希望する職種に就き、安定した収入を得て、さらに母国への仕送りを継続できる。そのために何が必要なのかが見えてくるのではないだろ

介護福祉士試験対策講座で学ぶフィリピン人女性介護職たちと筆者（2017年9月7日、市川市八幡地域ふれあい館にて）

うか。

　それは、日本語の上達と、希望する職業に就くための専門資格の取得である。

## 3．介護現場でのフィリピン人女性の役割

### (1) 今の介護現場では

　いたわり、思いやりのある介護を実践している。明るい、笑顔の介護であり、高齢利用者に喜ばれている。現場の前線に限れば、かなりの介護戦力になっていると思う。しかし、一方、言葉の壁が原因で、日本人職員による指導・育成に手間がかかり、教える側の負担につながっている。また、申し送りや記録がしっかり、正確にできないために、一人夜勤やユニットリーダーのような、少人数のリーダーを任せづらいことも多い。

### (2) 今後のフィリピン人女性介護職に期待すること

　2018年秋以降にフィリピン人等の外国人技能実習生導入が本格化する。これによる現場の混乱を最小限に抑え、彼ら技能実習生の戦力化を最大限に期

待するためには、フィリピン人女性たちの力が必要になってくる。いち早く
介護現場でのリーダー的存在になって、外国人技能実習生のよき世話役とな
り、また、日本人職員と外国人職員間のバッファーになってほしい。いや、
少し大げさに言うならば、そうなってもらわなければ、日本の介護現場は破
綻するかもしれない。これからの外国人スタッフのリーダー・相談役を担い、
やがて押し寄せてくる外国人技能実習生の力を活かしてほしいものである。

　また、明るく、高齢者にやさしいフィリピン人女性が現場に増えることに
よって、高齢利用者もさらに活力を感じ、喜び、介護現場そのものも明るく
なることが期待できるだろう。

### (3)　フィリピン人介護職がキャリアアップするために必要なもの

　正しい日本語の習得と、介護職最高位の資格、介護福祉士国家資格を取得
することに尽きると思う。

　日本語については、次のステップでスキルアップしてもらいたい。

　　ひらがなとカタカナのきれいな書き方を習得

　　　↓

　　小学生１－３年生の漢字と介護記録で使用する漢字を習得

　　　↓

　　介護記録の書き方の基本を習得

　　　↓

　　日本語検定のＮ４取得（JLPTのＮ４※）

　　　↓

　　JLPTのＮ３取得

　　　↓

　　JLPTのＮ２取得

　日本人からすれば、わが子を幼稚園や小学校の時から見て思うように、時
間をかければ自然に日本語が身につくものと思ってしまうのだが、フィリピ
ン人たちはそうはいかないのである。なぜなら、フィリピン人たちは、母国
でフィリピン語（地方の人は、地元の言語と公用語のタガログ語の二つを使える必
要がある。）と公用語の英語を使いこなしている。その上で、文字や文法のまっ
たく異なる日本語を習得するのは、母国で英語を使わない、ベトナム人やイ

ンドネシア人と比べても、相当に困難なはずである。

> ※JLPTとは、国際交流基金と日本国際教育支援協会が運営する日本語能力試験
> であり、レベルは初歩的なN5から上級のN1まである。N2レベルが大学や専
> 門学校への留学基準相当し、N4は外国人技能実習生が日本入国前に必要とされ
> ているレベル。

　介護専門資格には、初級の「介護職員初任者研修修了資格」、最高位の「介
護福祉士」と、その中間に、介護福祉士国家試験受験に必要な「実務者研修
修了資格」の3つがある。
　介護職員初任者研修と実務者研修は、自治体から指定を受けた民間スクー
ルが国の定めたカリキュラムを使って研修を行い、その研修をすべて履修し、
スクール独自の修了試験に合格すれば、修了資格を得ることができる。しか
し、介護福祉士資格は、国家資格であり、実務経験3年以上を経て、実務者
研修を修了した上で、年1回の国家試験に見事合格しなければ得ることはで
きない関門である。
　介護福祉士国家試験は、2017年1月実施回から、外国人が希望すれば漢字
で書かれた問題にふりがながふられた問題用紙を選択することが可能になっ
た。しかし、それでも、全125問を日本人と同じく、220分で解答し、少なく
とも60%以上の正答率に達しなければ試験に合格することはできない。長文
問題も含め、1問あたり2分の時間も与えられていないのは、日本語が不自
由なフィリピン人女性にとっては、難関中の難関であろう。

## (4)　フィリピン人女性介護職の成長を支援する仕組みが限定的

　日本の介護現場で本当に求められる能力は、排泄・入浴・食事介助といっ
た、いわゆる身体介護、単なる看護業務の助手的な技術ではなく、多職種(介
護にかかわる介護職以外の専門職)との連携による「心身の状況に応じた生活
自立支援」能力である。そのためには、日本語によるコミュニケーション能
力(対利用者だけでなく、対関係者とのコミュニケーションも含むため、会話力だけ
でなく、読み書き能力も必要)や専門知識を身につけた上で、「傾聴・受容・共
感」の精神を発揮することが必要である。しかし、日本語の読み書きが不自
由な彼女らにとって、これらの知識をしっかり身につけられるように配慮さ

232　第3部　外国人住民の福祉・教育・自立支援事業

れた研修や講座があまり存在しないという問題がある。そのため、一旦、介護職としてスタートを切ったあとのキャリアアップが難しいという問題が存在する。一人前の介護職としての自信がつき、さらに上を目指そうとするモチベーションが生まれにくい問題を私たちは認識し、対応しなければならない。

## 4．おわりに

フィリピン人女性介護職が、介護労働を通じて、自信をつけるステップは、次のとおりと考える。

身体介護技術を身につける。
↓
利用者や職員の言葉を正確に理解できる。
↓
利用者の気持ちを正確に理解でき、要望に対応できる。
↓
申し送りや記録を正確にでき、チームの一員としての存在感を確認できる。
↓
担当シフトの当日責任者として従事できる。
↓
後輩を育成・指導できる。
↓
チームリーダー・フロアリーダーを任される。

これらのキャリアアップの道、すなわち、彼女らがこのキャリアパスに乗ることができるなら、日本においての真の、彼女らの「自立」が得られるのはないだろうか。また、2025年には介護職が38万人不足するといわれる、待ったなしの介護危機を乗り越えることができる、その大きな武器となって日本に貢献してくれることとなろう。

最後に、個人的な紹介になるが、私が代表を務める一般社団法人外国人介

第17章　外国人女性の自立と介護労働の役割　**233**

護職員支援センター（http://caregiverjapan.org）と、その教育部門「マリー
アンドパートナーズが、本フィリピン人女性介護職の自立とキャリアアップ
の支援を展開していることを記したいと思う。


（マリーアンドパートナーズの取組み）

| | |
|---|---|
| 外国人向け介護の日本語ベーシック講座（無料） | 2016年7月～ |
| 外国人向け介護の日本語アドバンス講座（無料） | 2016年10月～ |
| 外国人向け介護福祉士試験対策講座 | 2017年2月～ |
| 外国人向け介護記録の書き方勉強会（無料） | 2017年6月～ |
| 外国人向け実務者研修添削課題勉強会 | 2017年8月～ |
| 外国人向け介護福祉士国家試験対策オンライン講座 | 2017年12月～ |
| 外国人向け日本語検定試験対策講座 | 2018年3月～ |
| 外国人向け日本語オンライン学習講座（無料） | 2018年3月～ |
| 外国人向け実務者研修添削課題オンライン指導（無料） | 2018年4月～ |
| EPA介護福祉士候補者向け介護福祉士試験対策講座 | 2018年6月～ |
| 外国人向け介護福祉士受験準備オンラインセミナー(無料) | 2018年7月～ |


（いのうえ・ぶんじ）

# 第18章

# 外国人女性の自立と福祉的課題

南野奈津子
東洋大学教授

## 1. 外国人女性における自立の壁

　対人援助における「自立」の概念は、高齢者や子どもなどの他領域では意味合いは多少異なる。女性においては多くの場合「地域において安定した生活を営むことができるようになるために、経済的、社会的、心理的な基盤が整うこと」が重視される。そしてその際には、子育ての担い手という側面も踏まえたうえで生活上の課題をとらえ、支援していく必要がある。

　そもそも外国人であるという事だけでも異国で安定した生活を築くのは容易ではないが、そこで「生活を営む上で経済的、社会的、心理的な基盤が整う」状態をつくることは、女性にとっては非常に難しい。外国人女性の場合、制度や情報、言葉の壁に加えて男女間の賃金格差などの労働上の不利を経験しやすい。特に母子世帯は、国籍問わず厳しい経済的状況に直面するが、さらに外国人女性が経験する困難の一つであるドメスティックバイオレンス被害や難民等の要素が加わると、生活基盤を安定させ、自立した生活を構築するためには様々な障壁を乗り越えなければならない。

　本章では、まず自立の大きな要素となる外国人女性の経済的な状況について、いくつかの統計をふまえて確認していく。なかでも母子世帯における自立上の課題について、特にジェンダー要因に触れつつ、女性を社会的に孤立しやすい立場に留まらせる複層的な構造を示す。そして、女性の自立支援において今後どのようなアプローチが求められるのか、APFSが行ってきた事業にも触れつつ提案したい。

**表1　平成27年度　被保護外国人世帯数、世帯主の国籍・世帯類型別**

〔単位：世帯数〕

| 世帯類型 | 総数(日本人) | 総数(外国人) | 世帯主の国籍 | | | | | | | | |
|---|---|---|---|---|---|---|---|---|---|---|---|
| | | | 韓国・朝鮮 | 中国 | フィリピン | ベトナム | カンボジア | アメリカ合衆国 | ブラジル | 中南米(ブラジル以外) | その他 |
| 総数 | 1,602,551 | 44,965 | 29,482 | 4,966 | 5,333 | 627 | 67 | 144 | 1,396 | 953 | 1,997 |
| 高齢者 | 803,298 | 19,575 | 17,607 | 1,106 | 63 | 95 | 24 | 40 | 257 | 130 | 253 |
| 母子 | 99,726 | 7,022 | 1,304 | 749 | 3,394 | 196 | 13 | 15 | 370 | 324 | 657 |
| 障害 | 178,092 | 3,524 | 2,610 | 415 | 96 | 45 | 2 | 25 | 108 | 59 | 164 |
| 傷病 | 243,849 | 6,587 | 4,233 | 1,197 | 376 | 97 | 9 | 27 | 204 | 131 | 313 |
| その他 | 277,586 | 8,257 | 3,728 | 1,499 | 1,404 | 194 | 19 | 37 | 457 | 309 | 610 |

出典：厚生労働省（2016）「平成27年度被保護者調査」より筆者作成

## (1) 外国人女性の経済的脆弱性

　いくつかの公的な統計が、外国人女性の経済的状況の厳しさを示している。髙谷ら（2015）は、国勢調査のオーダーメイド集計と分析を行い、外国人女性の経済的基盤の弱さを複数の観点から明らかにしている。例えば、日本国籍の女性に比較して外国人女性の方がホワイトカラー職よりもブルーカラー職に就く割合が高く、職業も飲食店や運搬、生産工程等の職業の割合が高い。また、国際結婚で妻が外国人の持ち家率は、日本人夫婦や妻が日本人の国際結婚夫婦よりも低いことが明らかになっている。髙谷らの分析からは、ひとり親であるかどうかに関わらず、外国人女性の生活基盤が脆弱である傾向がわかる。

　生活保護の受給世帯数からも、外国人女性の世帯が貧困に対して脆弱であることがわかる。2015年度における生活保護受給世帯数をみると、世帯主が日本人の生活保護受給世帯において母子世帯が占める割合は約6％であるのに対し、世帯主が外国人の生活保護受給世帯において外国人母子世帯が占める割合は約16％となり、日本人の世帯よりもその割合が高い（**表1**）。外国人の生活困窮層のなかでも、母子世帯の困窮世帯はさらに貧困へのリスクが高いことがわかる。

　生活困窮や夫からの暴力その他の事情により、自立生活が困難となった母子が入所している施設が、母子生活支援施設である。平成26年における母子生活支援施設の入所者状況をみると、新規入所者のうち約10％は外国籍となっている（全国母子生活支援施設協議会 2015）。日本に暮らす在留外国人にお

表2　母子生活支援施設における外国籍の母親の入所状況（平成26年4月1日現在）

| | 在所人数 | | 新規入所者 | | 入所理由がDV | |
|---|---|---|---|---|---|---|
| | 数 | ％ | 数 | ％ | 数 | ％ |
| 母子生活支援施設全体 | 3,458 | 100.0 | 1,571 | 100.0 | 1,750 | 51.0 |
| 日本人入所者 | 3,181 | 92.0 | 1,410 | 89.8 | 1,559 | 50.0 |
| 外国人入所者 | 277 | 8.0 | 161 | 10.2 | 191 | 69.0 |

出典：全国母子生活支援施設協議会「平成26年度全国母子生活支援施設調査報告書」
　　　より筆者作成

ける女性の比率が約2％であることを考えると、このデータからも、外国人女性の生活基盤が日本人よりも明らかに不安定であることは明らかである（表2）。

## (2)　外国人女性の社会的自立とソーシャルサポートネットワーク

　仕事をもち、人や社会とつながること、そして地域の人や資源とつながりをもつことは、自立において不可欠である。しかし、外国人女性は必ずしも日本人と同じような機会やソーシャルサポートネットワークをもつことができておらず、そのことが自立にも影響を与えている。移住女性と子どもたちのエンパワーメントのための相談・カウンセリング事業を行っている神奈川県の認定NPO団体「カラカサン」が2011年に実施した、討論ワークショップでのフィリピン人シングルマザー10名へのインタビュー調査では、全ての人に開かれた就職ルートでは採用まで至らないことが多いこと、雇用主が信頼する相手による紹介であるか否かが採用の可否を左右することとなるなど、どのような知り合いがいるか、そして多くの知り合いがいるか否かにより就職の可能性が変わるという実情があることが明らかになっている。誰でもアクセス可能なハローワークやインターネット、新聞広告といった方法で仕事を見つけるためには、日本語能力があることが鍵になると指摘されている。この調査は川崎市の関係部署に対しても行われているが、移住外国人女性に理解のある就労先の開拓が重要であり、資料への振り仮名の記入といった支援だけでは就労支援の効果は表れにくいといった課題も示されている。

　多文化共生センター大阪による調査（2015）では、母が接客業に従事したり、長時間の工場労働をしたりしながら子育てもしており、雇用の打ち切りや健康上の理由で就労困難になればたちまち困窮するほか、雇用状況により日本

第18章　外国人女性の自立と福祉的課題　**237**

語習得の機会が持てず、また制度の知識も不足しているといったことにより、新たな就労機会の獲得が困難であるという実態が示された。日本語理解に困難があれば、日本人、そして日本社会のネットワークや社会資源を使いこなすのは難しい。しかし、ブルーカラー職やサービス業、製造業などに従事する外国人女性のなかには、夜間の就労形態の職に従事していたり、複数の仕事を掛け持ちしたりする例は少なくない。こうした労働環境の中で日本語習得の機会を安定的に得ることの難しさも、日本社会にある社会資源の活用やネットワークとのつながりを持つことを妨げ、自国のネットワークに頼る状況を生んでいる。子育て女性、あるいは地域社会とのつながりの強さといった要素も女性のサポートネットワークには影響を与える（南野 2017a）ため、女性のライフステージや日本国内の地域特性との関係を含む生活環境を踏まえ、女性が社会的なつながりを持つことができる機会を日本社会側が提供していく必要がある。

### (3) 社会的孤立と心理的な自立

　平成28年度、配偶者暴力相談支援センターにおける配偶者暴力に関する相談件数は10万6,367件となり、増加の一途を辿っている（内閣府 2017）。ドメスティックバイオレンス被害を経験した女性は、心理的なストレスやトラウマも重なることが自立に影響を与える。暴力被害を経験した外国人女性の場合、避難を決意し、離婚の手続きを終え、在留資格の変更なども行い、心身の健康を回復しながら自立生活を構築する道のりを進むまでには相当なエネルギーを必要とする。仮に自立の道を歩んだとしても、十分な経済的・社会的・精神的な支援を得ることができない場合、自立への不安から再び加害者のパートナーの元に戻る女性もいる。また、夫から暴力を受けていることや、離婚することは母国では恥ずかしいこととみなされるゆえに支援を求めないこと、言葉の問題により情報から疎外されがちであることなども、暴力的関係に女性を留まらせる（移住労働者と連帯する全国ネットワーク・女性プロジェクト 2011）。こうした母国文化に根差す価値観、そして異国で自立生活を送ることに対する不安が女性の選択や支援を求める行為にも影響を与え、時には女性を支援機関や制度から遠ざけ、問題の深刻化を招くこともある。

## 2．外国人女性の自立を阻害する要因とは何か

### (1) 国際社会における女性のジェンダー不利

　近年は、国境を越えて移動する女性の多くが夫の帯同ではなく、自身も労働者として移住し、あるいは移住後に労働者として母国家族への仕送りや扶助を担うようになっている。一方で女性たちは、未だに移住先国では女性が伝統的に家庭で担ってきたことに関連するような業種、いわゆる再生産労働に就く傾向があり、家事労働やエンターテイナー、介護労働や工場でのラインでの生産過程など低賃金労働市場を中心に雇用されていく（小川ら 2010）。こうした職はもともと安定職として位置づけられてはおらず、ジェンダーのネガティブな影響を受けやすく、移住プロセス、またはホスト国での就労において差別や排除を経験しやすい（United Nations 2007）。背景には、母国では女性が男性より低学歴傾向という社会状況、あるいは女性が社会参加の機会に乏しい社会であったゆえに、女性が男性と同等の法的知識を得る機会も得ることができないといった背景もあるなど、来日前に暮らしていた社会の構造や事情がホスト国でも差別や排除を経験しやすくさせる（Lee et al, 2013；Rubin et al, 2008）。また、外国人女性は「Trafficking」、人身売買の被害に遭いやすく、「女性」という属性が商品として売買の対象になるといった人権侵害の被害も含め、男性以上に様々な形で就労に関連する犯罪被害を経験しやすいことも指摘される（Lee et al, 2013）。さらに、母国での男女格差や女性の結婚への適齢期に対する価値観などの影響を受けて国際結婚を選択するといった、送り出し国でのジェンダーも存在する（賽漢 2009）。

### (2) ホスト国での国際結婚とジェンダー不利

　カラカサンの調査報告書（2013）では、調査対象のフィリピン人女性の多くは、結婚前は有職者であっても結婚後に無職・パートへと移行した比率が高いことが明らかになっている。日本人男性との結婚という、一見ホスト国社会の一員に属することを促進するようにもみえるライフイベントを経験したにもかかわらず、結婚後社会参加の機会が減少しているのである。ではなぜ、彼女らはホスト国の男性の家族となってもなお社会との接点が乏しいのか。

　日本における外国人女性と日本人男性の国際結婚は、男性を中心に位置づ

けられる家族文化や規範、社会構造が今も根強く存在しており、女性が家庭や社会で従属的な立場におかれるような結婚生活が形成されてきた経緯がある。この点は、外国人女性は農村部での国際結婚、そして「興行」の在留資格での来日を経た国際結婚、という２つの形態の結婚においても顕著である。農村での外国人女性のあっせんが活発に行われた1985年頃には、国際結婚のあっせんを行う業者が日本人男性と外国人女性が主従関係を構築できるかのような宣伝文句を用いることも多かった。また、1990年代に「興行」の在留資格で滞日したフィリピンやタイなど東南アジア諸国出身の女性にとって「仕送りをして母国家族を支えたい」という思いは、来日を選択させる動機となっている。さらに、「日本人の配偶者等」という在留資格が滞日を法的に支えることも、女性の立場を不利にしている。在留資格の更新の際には、家族による書類への署名も必須となるため、日本での生活を継続するためには、夫の意向や協力に頼らざるを得ない。こうした中で、家庭生活における日本文化重視の強制、家族扶養の拒否や暴力が行われたり、離婚の際には在留資格を盾にして離婚の自由が制限されたり、ビザの更新を拒否されたりするといった人権侵害が行われてきた（初瀬 2009）。嘉本（2014）は、結婚移住女性を“ジェンダーとエスニシティというダブル・マイノリティ（p22）”と称し、“女性が家父長的核家族を異国の地で形成する場合、社会・経済的により強いと相対的に考えられる国の男性と、より弱い国出身の女性という組み合わせになりやすく、就労できない（しない）状況は、親密性の高い空間から脱出するための資金の供給を困難にするだけでなく、在留資格のために、あるいは自らの生存戦略のために、その状況に我慢する女性たちを生む（p23）”と指摘している。平成27年における国際結婚は２万976件となり、全婚姻の3.3％を占めている（厚生労働省 2015）。しかし離婚率は全離婚の約6.4％で、婚姻率を大きく上回ることから、国際結婚では家族関係において摩擦や関係上の困難を含みやすいことが窺える。

　外国人女性が母子世帯となった場合困窮に直面することは、前節の統計で示したとおりである。ただ、だからといって外国人女性の自立困難の要因を外国人という側面に求めすぎるのは誤りである。日本における母子世帯の母親の貧困率は、先進国でも突出して高い（内閣府 2014）。日本社会に生きる以上、日本の母子世帯の脆弱性をうむ社会構造を、外国人女性も同様に経験することとなる。男女間の賃金格差、就労と子育ての両立を困難にする雇用環境の不足、保育所の不足や子育て支援不足などは、日本の女性の地位の低

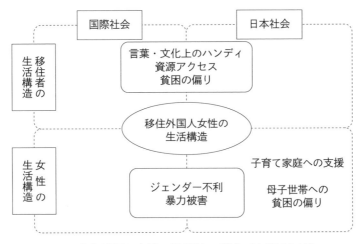

**図1　移住外国人女性の脆弱性の構造（南野 2017）**

さや貧困の偏りを生む要因として指摘されてきた。外国人女性の場合、言葉や情報の壁がさらに加わることで、自立の困難度が高まる。外国人女性に立ちはだかる自立の壁は、日本人の女性が経験している自立の壁がまずあるのであって、日本社会のジェンダーの解消こそが外国人女性が抱える福祉課題の改善につながる。

　親の社会的脆弱性から生じる福祉的課題は、国籍を問わず子どものウェル・ビーイングにも重大な影響を与える。平成27（2015）年における日本の子どもの相対的貧困率は13.9%と、OECD加盟国の平均値を上回る（厚生労働省 2016）。子どもの貧困率の高さは、女性や母子世帯の貧困率の高さとも連動していることからも、外国人女性の自立の課題を離婚と貧困、そして子育て、子育て環境や制度との関係のなかでとらえたうえで、実効性のある自立支援を提供することが喫緊の課題である。

　要約すると、日本における移住外国人女性の自立困難は、国際社会、そして日本社会の構造的問題それぞれの影響を複層的に受けながら形成される構造が背景にある（南野 2017b；図1）。国際社会におけるジェンダー不利や暴力被害、そして日本社会においては移住者ゆえの社会的・文化的な壁、さらには日本社会に固有のジェンダーや支援の不備に直面する。そこに日本における子育て家庭の支援不足や母子世帯への貧困の偏りなども加わることで自立を阻む壁が形成される。こうした幾層もの不利や障壁が、移住外国人女性

の自立を阻む壁となっていくのである。

## 3. 自立支援事業の意義

　ここで、APFSにより実施された外国人女性への支援事業を例に、外国人女性に対する今後の自立支援事業のあり方について考えたい。APFSでは、2014年度に『独立行政法人福祉医療機構　社会福祉振興助成事業（WAM）』の助成を受けて、特定非営利活動法人高島平 ACT（ASIAN COMMUNITY 高島平）との共同事業である「多文化家族の自立に向けた包括的支援」を行ってきた。この事業では、日本語の学習支援を受けながら介護職員初任者研修を受講した外国人女性を対象として、日本語、特に介護現場で多用される用語や制度の講座を開き、そして資格取得のための基礎知識や日本の職場で必要となる情報提供を行った。

　このプログラムから筆者が感じた、自立支援における今後の課題をいくつか挙げる。まず、自立や就労により直接的に影響を与える日本語習得機会の重要性である。就労支援講座に参加した女性の滞日年数は約 3 年〜25年程度と多様であり、皆日常会話にはほぼ支障はなく、母親としての役割も果たしてきた経験をもっていた。講座の受講時にはすでに介護職に従事している女性、かつて従事していた女性、そして様々な仕事の経験を持つ女性がいたが、日本語理解に今も苦労していることも語られた。滞日20年になる女性は「朝礼や電話メモなどの理解が難しい」と語り、多くの女性にとって介護現場で使われる漢字の理解は大きな壁となっていることが窺えた。外国人女性でも、漢字圏の国の出身者は日本語の全般的な理解が早く、難解な漢字や漢字の組み合わせで表される病名なども理解するのは比較的容易であるといわれる。しかし、英語圏やローマ字表記を使う、あるいはそれ以外の言語を使う国の出身女性にとっては、カタカナ・ひらがな・漢字、そしてそれぞれの組み合わせの語を理解するのは難しい。言葉で伝えれば「ああ、それか」と容易にわかるものでも、漢字を読み取って理解することについては困難である様子が窺えた。さらに、医療・介護現場での表現、例えば「水を飲む」を「水分を採る」「水分摂取」と表現したり、「ごはん」が「朝食・昼食・夕食」と表現されるなど、医療や介護の現場で多用されたりする言葉が、対処に困難を感じるとも語られた。日本人としては、女性の滞日年数から困難度を予想してしまうこともある。「滞日10年を超え、子育ても日本でこなしている女性

であれば大抵のことは理解できており、日本人と結婚しているのであればわからないことはすぐに教えてくれる人がいるのだろう」と考えてしまうかもしれない。しかし、日本で長く生活している女性であっても、日本語理解への支援は継続的に提供されることが重要であることを痛感した。

　次に、日本の就労システムや考え方などの知識提供が行われる必要がある。介護現場についていえば、日本の介護をめぐる考え方やしくみ、職場の規範や文化、資格の位置づけ、生活文化の違いの理解に対する支援も重要である。前述の自立支援講座でも学習機会を設けたが多くの女性にとって初めて学ぶ内容であった（**図2**）。外国人女性のなかには、高齢者を施設に入所させるのは家族扶助を重視するという文化からすると批判的にみられてしまう国の出身者もいれば、出産や看取りを病院ではなく自宅で行うことが多い国から来日している女性もいる。病気の治し方、病気になった時のケアの仕方は国によって異なることも、違和感や戸惑いを覚えさせるだろう。こうした文化を背景にもつ女性にとっては、日本の医療やいのちに関する価値観に戸惑いを覚えることもあるはずである。同じ職場に勤務する者同士のコミュニケーションを支えるという点でも、言語そのものの支援に加え、その仕事に関連する文化知識を提供することが、自立において重要である。

　また、ある日の講座で外国人女性と雑談をしていた時に介護保険料の話になった。自治体によって納付額が違うという話をしたところ、「そういうことは全然知らなかった」という声が複数の女性から聞かれた。ほかの雑談の場でも、保険や年金のしくみについては正確な情報を得る機会がないことが窺えた。日本の社会保障制度や介護の考え方に対する理解を支える支援が、女性が自分の人生設計を主体的に考える権利の保障につながる。

　自治体のパンフレットに載っていない情報が、実は日々の生活では重要であったりする。こうしたことは医療・介護現場での就労に限らない課題であるはずであり、「日本で働くこと」に関する情報を細やかに伝えるような支援が必要であると思われる。

　最後に、外国人女性のもつスキルや姿勢へ着目しながら自立支援を行うことが重要である。母国での価値規範としての年上や高齢の人への礼儀を重んじる価値観、高齢者に対する温かい接し方など、多くの女性たちが自立を成功させ得る高い素養をもっている。それらを強みとして活かすことが、自立支援では不可欠である。日本での生活経験者としての知識・経験を活かし、本人が自立に自信を持つことができなければいくらスキルを持ち、資格を取

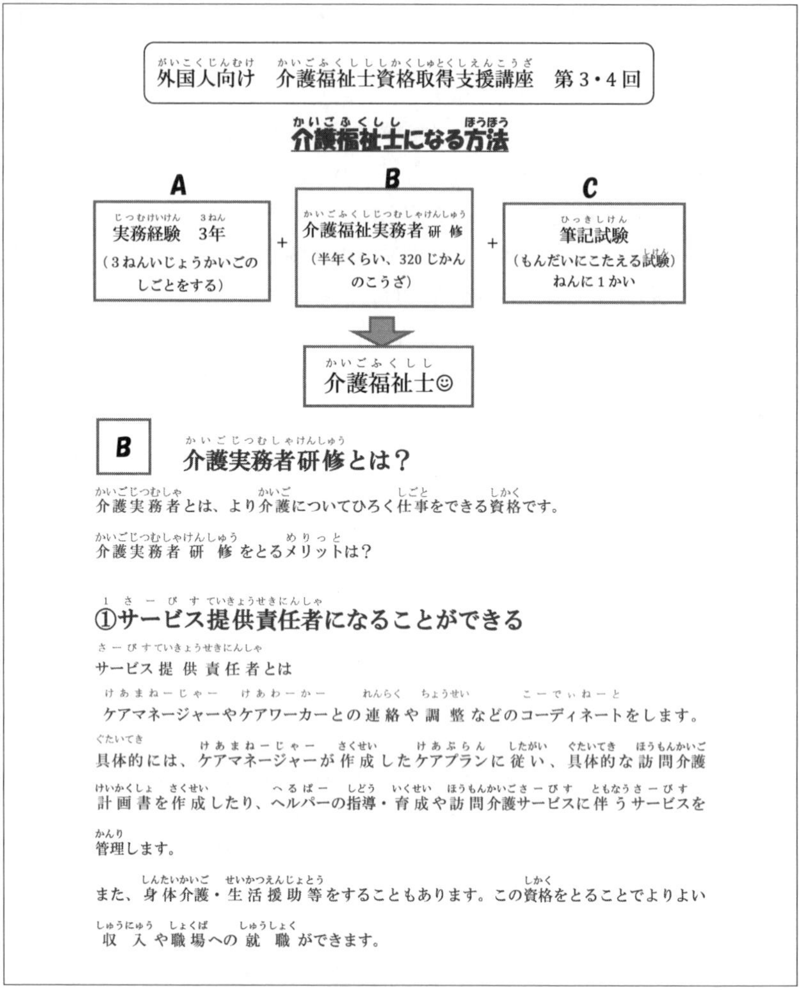

外国人向け　介護福祉士資格取得支援講座　第3・4回

## 介護福祉士になる方法

**A**

実務経験　3年

（3ねんいじょうかいごの
しごとをする）

＋

**B**

介護福祉実務者研修

（半年くらい、320 じかん
のこうざ）

＋

**C**

筆記試験

（もんだいにこたえる試験）
ねんに1かい

↓

介護福祉士☺

---

**B**
## 介護実務者研修とは？

介護実務者とは、より介護についてひろく仕事をできる資格です。

介護実務者研修をとるメリットは？

### ①サービス提供責任者になることができる

サービス提供責任者とは

ケアマネージャーやケアワーカーとの連絡や調整などのコーディネートをします。
具体的には、ケアマネージャーが作成したケアプランに従い、具体的な訪問介護
計画書を作成したり、ヘルパーの指導・育成や訪問介護サービスに伴うサービスを
管理します。
また、身体介護・生活援助等をすることもあります。この資格をとることでよりよい
収入や職場への就職ができます。

**図2　自立支援講座での資料例**

得していても真の自立にはならないのである。

　APFSは、2015年度も「多文化家族の自立に向けた包括的支援事業」を行い、日本語学習支援やキャリア形成のための職業訓練コースなどを提供している。こうしたNPO/NGOによる取り組みが、今後は行政や職能団体との連携により、より効果的な自立支援策として継続、発展していくべきである。日本は介護・看護を中心として外国人労働者の受け入れを進めることを表明してい

244　第3部　外国人住民の福祉・教育・自立支援事業業

る。今後は、増えていく外国人の送り出し国と移住先国、男女間の力関係や構造のネガティブな影響にも配慮しつつ、女性の自立を支える支援体制を構築していくことが重要である。


【参考文献】

・初瀬龍平 2009「人権と国際結婚」『アジア・太平洋人権レビュー2009』8-15.現代人文社。

・移住労働者と連帯する全国ネットワーク・女性プロジェクト 2011『移住（外国人）女性DV施策に関する自治体調査と提言』移住労働者と連帯する全国ネットワーク・女性プロジェクト。

・Jennifer Rubin, Michael S. Rendall, Lila Rabinovich, Flavia Tsang, Constantijn van Oranje-Nassau, Barbara Janta (2008) *Migrant women in the European labour force : Current situation and future prospects.* RAND Corporation.

・嘉本伊都子 2014「結婚移住女性と多文化共生-震災と離婚という視点から-」『現代社会研究科論集：京都女子大学大学院現代社会研究科紀要』8, 1 -33。

・カラサン～移住女性のためのエンパワメントセンター・川崎市男女共同参画センター（すくらむ21）(2013)『フィリピン人シングルマザーの就労実態と支援にかんする調査報告書』、カラサン、川崎市男女参画センター。

・厚生労働省 2016「平成27年度被保護者調査　年次調査　個別調査『世帯主が外国籍の被保護世帯数、世帯主の国籍・世帯人員・世帯類型別（1 -26)』」http://www.e-stat.go.jp/SG1/estat/GL08020101.do?_toGL08020101_

・厚生労働省 2017『平成28年 国民生活基礎調査の概況』http://www.mhlw.go.jp/toukei/saikin/hw/k-tyosa/k-tyosa16/dl/16.pdf.

・南野奈津子 2017a「移住外国人女性の子育て困難とサポートネットワークに関する研究社会福祉学評論」『社会福祉学評論』18,1-12。

・南野奈津子 2017b「移住外国人女性における生活構造の脆弱性に関する研究-子育ての担い手としての立場に焦点をあてて-」『昭和女子大学人間社会学部紀要』916,61-74.

・内閣府 2015『平成26年版　子ども・若者白書（全体版）』http://www8.cao.go.jp/youth/whitepaper/h26honpen/index.html.

・内閣府男女共同参画局（2017）「配偶者からの暴力に関するデータ（平成28年度）」http://www.gender.go.jp/policy/no_violence/e-vaw/data/01.html.

・小川玲子・王　増勇・劉　暁春 2010『東南アジアから東アジアへの国際移動と再生産労働の変容 KFAW客員研究員研究報告書』アジア女性研究・国際フォーラム。18-38。

・賽漢卓娜 2009「周縁化される中国人女性の結婚移民」『アジア・太平洋人権レビュー2009』

・社会福祉法人全国社会福祉協議会・全国母子生活支援施設協議会 2015『全国母子生活支援施設実態調査報告書』社会福祉法人全国社会福祉協議会。
・Sohoon Lee & Nicola Piper (2013) *Understanding Multiple Discrimination against Labour Migrants in Asia An Intersectional Analysis.* Friedrich-Ebert-Stiftung Dept. for Asia and the Pacific.
・髙谷 幸・大曲由起子・樋口直人・鍛治 致・稲葉奈々子 2015「2010年国勢調査にみる在日外国人女性の結婚と仕事・住居」『文化共生学研究』14,89-107。
・特定非営利法人多文化共生センター大阪 2015『平成26年度　独立行政法人福祉医療機構　社会福祉振興助成事業　外国人母子の生活支援ステップアップ事業報告書』特定非営利法人多文化共生センター大阪。
・United Nations (2007)「Feminization of Migration 2007」*United Nations instraw working paper1.* http://www.renate-europe.net/wp-content/uploads/2014/01/Feminization_of_Migration-INSTRAW2007.pdf#search='ferminzation+Of+migration+2007+instraw'.

（みなみの・なつこ）

**第19章**

# 学校空間と「非正規滞在」
・「家族滞在」の現状

### 福本　修
元公立（神奈川県）高等学校教員・APFS相談員

## 1. はじめに

　依然として同質性神話に基づく同化圧力が強い日本の精神風土の中にあっ
て、学校空間に置かれた「外国につながる生徒たち」（外国籍者、日本国籍取
得者、日本国籍で外国にルーツを持つダブル等を含む）はどのような世界を生き
ているのか。とりわけ、在留資格がない「非正規滞在」や就労資格のない「家
族滞在」という立場に据えられた彼ら・彼女らにとって学校世界はどのよう
な意味を持つのか。前者を中心に、私自身のわずかばかりの経験などを手掛
かりにスケッチしてみたい。
　そのために、まずは最低限必要な限りで日本の学校空間（以下、それは主と
して私が所属してきた高等学校を指す）の特質、その一断面を素描することから
始めよう。

## 2. 学校空間を覆う時間の在り様

### (1) 学校空間の一断面
　まず、学校生活の日々がどのように構成されているのかを考えてみたい。
そのために、どの学校にもある「年間計画（表）」あるいは「各学期の計画（表）」
を思い浮かべてみる。それは、おそらく、中間試験や期末試験・さらに学年
末や卒業試験を軸にして毎日の授業が組まれているだろう。そうして、その
合間に遠足や修学旅行（研修旅行）、球技大会や文化祭・体育祭といった特別
行事がバランスよく配置されている。「社会の縮図」にふさわしく、学校も
また見事なまでに一年後（最終的には3・4年後）の「実り」を目指して日常

の授業日＝「ケ」と非日常的な「ハレ」の日から成り立っている。言うまでもなくハレの日はケの日々の中で堆積したさまざまなウップンやストレスを発散させ、爆発させるガス抜きの場なのであり、そうすることで全体としての学校秩序を維持・再生しようと図っているわけである（もっとも、運動嫌いにとっての体育祭を想像すれば容易にわかるように、ハレの場が誰にとっても解放の瞬間とは限らないし、逆に想定を超えた乱痴気騒ぎとなって、教員たちをオロオロさせることしばしばであるのも世の常なのだろう）。

　さて、わずかこれだけの記述からも学校空間の特質の一つは明らかであろう。端的に言えば、学校とは本来、〈明日（将来）〉のためにあるのである。〈今〉は〈明日〉のための手段にすぎず、それ自体に価値があるわけではない。その意味で、学校には〈今〉はないのだ。耳にタコができるほど聞き慣れた保護者や教員の決まり文句＝「遊んでばかりいないで、勉強しなさい！」、を思い起こすだけで良い。それ自体が目的である「遊び」を学校はあまり好まない。あるいはしばらく前の流行語であった「いつやるか？　今でしょ！」（林修 2013）がピタリと言い当てているように、「勉強（文字通り、“勉めて強いること”だ！）」こそ「明日」とそこに宿る「希望」のために我慢して「今」やるべきことなのだ。ハレの行事とは「今」やるべき辛い「勉強」に耐え、弛みがちな日常に「喝」を入れる再活性剤なのである。

## (2)　明日の保証手段

　問題は、一日平均 6 時間ほどの授業に生徒諸君はいかにして耐えるのかである。興味のある分かる授業ならば、さして問題はない。しかし全ての教科目にわたって自発的な興味や関心を持ち続ける者などまずいないだろう。それどころか、さっぱり興味も関心もわかず訳も分からぬ授業ともなれば、それはもう「知的拷問」というに等しい。

　それに耐え、席に座り続けることを可能にするものは何か。おそらくそれは、学校が保証しようとする「明日（将来）への展望」が自分には開かれている、と思えることである。ならば、その間主観的な保証手段とは何なのか。まずはそれが問われなければならない事柄であろう。

　その保証手段の一つが、学業や部活動での成績や業績であり、それを支える知的・芸術的あるいは身体的な能力に他ならない。周知の通り、日本国憲法は「すべて国民は、法の下に平等であって、人種・信条・性別、社会的身分又は門地により、政治的、経済的又は社会的関係において、差別されない」（14条1項）、と規定している。属性による差別は許されない。だが、そこに

能力差別だけは問われていないことに注意すべきであろう。それどころか、憲法は「すべて国民は、法律の定めるところにより、その能力に応じて、ひとしく教育を受ける権利を有する」（26条1項）、としているのだ。能力は問われている。運悪くその能力に乏しく、成績や業績が振るわなければ、それに応じて明日への希望はおぼつかなくなるように思えてくる。

　もしも人間から「明日への希望」が失われていくのならば、「明日のために今をガマンすること」などバカバカしい限りだ。その時、「今この瞬間を生きよう」とするのは人間として至極当たり前のことではなかろうか。かくして学校秩序にとっての大敵ともいうべき刹那主義が忍び寄る。その象徴こそ、あるいは「バイク」であり、「セックス」であり、今日只今の「スマホ」であり、そうして「茶髪」等なのである。いずれも学校文化が忌み嫌うものであり、今日的トピックである入学直後の「地毛」登録を含む頭髪指導など、ハタから見れば「悪い冗談」としか思われぬ「生活指導」が真顔で演じられるのも—そこにはジュリアーニ元ニューヨーク市長の施策で有名になった「ブロークン・ウインドウズ（割れ窓）」政策に通じる発想（＝些細な犯罪を見逃すことが秩序破壊に至る！）があるように思われる—ひとつにはこの故なのであろう。

　しかし、明日への希望にとって成績や能力だけがすべてではない。人は誰もが傷つき易い。友人や教員の口をついて出た何気ない一言が思いのほか深く心に突き刺さり、ときに校門をくぐることすら難しくさせることもある。キャサリン・A・マッキノンのタップリとアイロニーを効かせた著書名を借り受けるならば、それは「ただの言葉（ONLY WORDS）」などではない。紛れもなく一つの「行為」なのだ（マッキノン 1994: pp. 4, 51〜52等）。

　にもかかわらず、イヤ、だからこそというべきなのだろう。社会的存在としてのわれわれ人間は、お互いに他者からの「承認（人として様々な形で肯定的に認められること）」を求めてやまない（ホネット 2003: pp. 89〜188）。例えば、SNS上で「いいね！」を求める人々の切なる思いを想起すればよいだろう。何故なのか。自己は他者と無関係に成り立つ独立した実体ではない。子がいなければ親としての私は無いように、すべて他者との「関係を通して、自己というアイデンティティは現実化される」からである（レイン 1969: p. 94）。さらに言えば、他者による適切な承認という対話的関係こそが自己の生とその意味、つまりはアイデンティティを保障し、自己肯定感（自尊心）を持って我々に明日への希望を夢見させてくれるからである（テイラー1994: pp. 38〜39、50、ホネット同上）。傷つきやすくも、他者を求めてやまない我々社会

的存在は、かくして学校空間の至る所で、すなわち、クラスの中で、クラブ活動の場で、生徒会や各種委員会の席上で、さらには遠足や修学旅行、文化祭や体育祭といったハレの空間等々で、相互行為としての「承認をめぐる闘争」（ホネット同上）を繰り広げる。首尾よく他者からの承認を勝ち得た者は幸いである。しかし、誰もが保障の限りではない。逆に承認拒否に遭う恐れすら常に潜んでいよう。「イジメ」はそうした承認拒否の一つに他ならぬ。それはまさに生死をかけた熾烈な闘いなのである。

## 3.「非正規滞在」・「家族滞在」という位相

### (1)「明日」の剥奪

では、在留資格のない者にとって、あるいは高等学校から日本の学校に通う「家族滞在」者にとって、学校とはいかなる場なのだろうか。

これまでの粗いスケッチだけからでも以下に記すような問題を指摘することができよう。

まず第1に、未来への希望や展望が「今」やる「勉強」に価値を付与する学校の中にあって、彼ら・彼女らは、多くの場合それこそが未来の保証手段の一つである能力がたとえ高く、努力によって優れた成績を収めようともその保証はどこにもなく、いわば端から暴力的に剥ぎ取られているのである。考えても見て欲しい。先にも引用したように、日本国憲法は26条において子どもに「教育を受ける権利」の保障と保護者や国家に「普通教育を受けさせる義務」を負わせている。要するに、社会の中で「一人前」の市民として生きていく上で必要な「読み書きソロバン」を身に着けることを社会権として保障しておきながら、肝心かなめの出口のところで社会への参入を拒否しているのだ。我々はこの矛盾を彼ら・彼女らにどう説明するのか。「すべての者」そして「すべての子ども」の教育権を認め、初等教育の義務化を謳う「社会権規約（A規約）」や「子どもの権利条約」等を批准しながら、なお外国人には就学義務はないとし、「入学を希望する外国人の子どもを無償で受け入れる」（傍点筆者）という姿勢を崩さぬ文部科学省―政府やそれを支えるマジョリティとしての日本人の姿勢が問われていることを忘れてはなるまい。

第2に、同質性が高く、「郷に入っては郷に従え」という諺が示すごとく、日本社会は同調圧力が強い。今も、通名（日本名）で生きることを強いられることが多い在日コリアンの生徒たちのことを想い起したい。「外国人であること」や「外国につながること」はスティグマ（負の烙印）となりやすい。

事態はニューカマーにとっても同様である。それは「桐生いじめ自殺事件」一つとっても明らかであろう。2010年10月23日、フィリピン人の母を持つ、当時12歳の上村明子さんが自ら命を絶った。周囲の同級生から「お前の母さんはゴリラみたいだ。お前の母さんがゴリラだからお前は上ゴリだ」と言われ、「近寄るな」、「プールに入るな」と排除された、その先での自死であった（桐生いじめ裁判を支える会 2017: p. 18）。これは明らかに、J・ウォルドロンが『ヘイト・スピーチという危害』の中で、法的に「制限する見込みが大きい」とした、動物視による貶め以外の何物でもない（ウォルドロン 2012: p. 225）。「外国につながる生徒たち」は大なり小なりこうした承認拒否＝差別と排除の危険にさらされているのだ。そうして、ときに、個人の「尊厳」とそれを支える暗黙の公共財としての「安心」が奪われる怖れに怯えねばならない（同上書: pp. 76〜171）。

### (2)　学校の両義性

　「非正規滞在」、さらに就労資格がなく先の見通しが立てにくい「家族滞在」の子どもたちは誰よりもこうした過酷な環境下に置かれている。そのうえ、彼ら・彼女らはそもそも「在留資格」という問題に関心も知識もないであろう数多くの教員たちや同級生に囲まれながら、多くはその事実を語ることもなく鬱屈した日々を送ることになる。かつて私が出会った一例を挙げてみたい。

　小学校二年で来日した「家族滞在」のＡさんは、高校入学時点で母語をほとんど失い、私が出会ったときには日本語が実質的な「母語」になっていた。高校生ともなれば、自分に就労資格がないことはわかる。日本的な価値観を内面化させていたＡさんは、祖国ではなく日本で生きていくことを強く望んでいた。にもかかわらず、学校は将来への進路を保障してくれるわけではない。自分の置かれた立ち位置を他の誰にも話せないＡさんは〔自分をこのような閉塞状況に置いた〕両親にやり場のない怒りをぶつける以外にないようであった。居場所もなく、不登校気味に陥っていたＡさんに、私はとにかく卒業し、進学するように語り掛ける以外の術を知らなかった。無力というほかない。

　では、彼ら・彼女らにとって学校とは価値のない否定的な場でしかないのか。そうではないのだと思う。学校は両義的なのである。一方では、学校は明日への確かな希望をもたらしはしない。しかし、何とも皮肉なことだが、先の私の応答ならぬ「対応」が示すように、「非正規滞在」や「家族滞在」

の生徒達にとってはその学校を卒業し、進学する事が、未来を切り拓くための残されたほとんど唯一の道でもあるのだ。だからこそ、過酷な生存条件に置かれながらも、信じられぬほど真面目に勉学に勤しむ者たちがいるのだろう。この、身を引き裂くような場、それが彼ら・彼女らにとっての学校空間なのではなかろうか（今年＝2018年2月27日、法務省は「家族滞在」の高校生に関し、在留の取り扱いについて一定の変更を行った。詳細は省くが、小学校4年から又は中学校3年から義務教育を受け修了の上、高等学校卒業後に就職が決定（内定）している「家族滞在」者に「定住者」又は「特定活動」の在留資格による在留が認められるようにした。高校からの進学者や高校進学をしなかった者の問題等々、まだ課題は残るが、長年の懸案の一つに解決への一歩が踏み出されたと言えよう）。

## 4．学校と退去強制

### (1)「多文化共生（教育）」理念の変質

　グローバル化の進展を背景に登場してきた「多文化共生（教育）」という用語は、めずらしく日本生まれの概念だという。以下、主として山根俊彦の研究に依拠して「多文化共生」ならびに「多文化共生教育」という二つの概念の歴史的形成と意味の変容について概略を描くことから始めたい（山根2017a. b）。

　山根によれば、いずれの概念も1990年代前半から、それまで主として在日コリアンの差別問題に取り組んできた市民たち＝在日外国人と日本人との共闘によって、いわば「下」からの運動を通して形成されてきたのである。しかし両概念とも2000年代に入るとともに次第に内包する意味内容が変容する事態に陥ることになる。

　90年代の「多文化共生」理念の一典型として山根自身も引用する、市民運動の一成果ともいえる「川崎市外国人教育基本方針——多文化共生社会をめざして」（1986年制定、1998年改定）は次のように指摘している。

　「在日外国人教育は、多文化共生の社会をめざす教育の営みでもあり、日本人と外国人の双方の豊かさを育み、違いが、豊かさとして響き合う人間関係や社会をつくりだしていくことをめざさなければならない。そのためには、日本社会に根強い同化と排除意識からの脱却をはかり、過去の歴史的経緯をしっかり認識することが、偏見と差別意識を取り除く上で欠かせない視点となる。」（『かわさき外国人教育推進資料Q&A ともに生きる』所収: p. 5）

ここには、在日コリアンを含む外国人問題が外国人「の」問題ではなく、第一義的に日本人自身の問題であることの自覚、つまり当事者意識を持って歴史に、特に植民地支配の歴史に向き合い、今に至る日本人の意識の問題性（同化と排外、偏見と差別の意識）を直視する姿勢が貫かれている。その上でマジョリティとしての日本人とマイノリティたる外国人の双方の変革の必要性が説かれているのだった。

　ところが、2001年、ニューカマーの多い自治体が集まって開催された「外国人集住都市会議」を契機に、2006年、総務省による『地域における多文化共生推進プラン』が策定され、このプランに沿って作成された多くの地方自治体の「多文化共生」施策では上記したような問題意識と視点がスッポリと抜け落ちてしまうのだ。そこでは「多文化共生」とは日本人の問題性を問うことのない一方的な「外国人支援」、要するに、日本語学習や日本の生活習慣を身に着けること＝日本社会への「適応」へと変質してしまうのである。山根はこの変容ぶりを主に「群馬県多文化共生推進指針」（2007年10月策定 2012年7月改定）を取り上げて示している。そして「多文化共生教育」概念もほぼ同様の経過をたどってきていることを指摘している。

## (2)　学校教育と退去強制

　誤解のないように言っておくが、日本語指導や生活習慣の習得が不必要と考えているのではない。日本社会で暮らしていく以上、それらが必要であることは言うまでもない。問題は、「共生」という以上、双方の変革が必要であり、特にマジョリティである日本人の側の歴史を踏まえた自己変革が不可欠だ、という点にある。

　次の新聞記事を読んでみよう。それは「外国人集住都市」の一つである埼玉県川口市が2019年4月に新たに夜間中学を開校する方針を伝えるものである。その中で、同市長は市議会の席上で以下のように開校理由を語った、と記事は報告している。

　「大勢の外国人が何十年も暮らす以上、日本語の習得を助けて生活に適応できるよう支援することは、多文化共生から大切だ」（朝日新聞2017.6.21夕刊）。

　この発言は、「川口市多文化共生指針」（2012年策定、2014年改訂）を踏まえてのものであろう。同指針は「第1章　1　改訂の目的」の註2（同指針p.1）に記されているように、「多文化共生とは、国籍や民族などの異なる人々が、互いの文化的な違いを認め合い、対等な関係を築こうとしながら、地域社会の構成員として共に生きていくこと」、という総務省の「多文化共生の推進

に関する研究会報告書」(2006年3月) の定義を受け継ぎ、策定された (群馬県のそれと類似した) 施策である。夜間中学は必要であるし、開校しようとする市長の「善意」に疑問の余地はないだろう。しかし、そのとき市長の念頭に果たして、かつて大日本帝国が国の内外で推し進めてきた植民地政策、その一環としての同化政策がもたらした過酷な差別と排除と抑圧の歴史に対する反省が踏まえられていたであろうか。しかも、その同化とは「皇民化」という言葉が象徴するように、「自由・平等・友愛」といった「普遍的」価値への同化ではなく、「特殊日本的」な価値への同化主義であったことを忘れてはならないだろう。そうした歴史への視線を欠いたまま、日本語の習得を助け、生活への適応を支援する「多文化共生」が——確固たる制度として母語・母国語保障をしている学校の存在を、私は寡聞にして知らない——結果として新たな「同化」のすすめとして機能する一面を持つことは否めない。

　「地獄への道は善意で敷き詰められている」という警句(アフォリズム)がある。「多文化共生 (教育)」の名のもとに日本社会に「同化−適応」させられながら社会への参入を拒まれる「家族滞在」の若者たち、そうして何よりも在留資格がないために ―― その中には日本で生まれ育った者も少なくない ―― 同じく「同化−適応」の果てに退去強制＝追放を命ぜられる非正規滞在者の絶望的なまでの不条理に、私達ニッポン人は真正面から応答する責任 (responsibility) を負っているのではなかろうか。私の眼にはAPFSで出会った若者たちの形姿が浮かんでくる (付言すれば、法務省入国管理局の「在留特別許可に係るガイドライン」が示す方向性もかかる「多文化共生 (教育)」理念と同様であろう)。

### (3) 「親子の分断」をめぐって

　退去強制について、親の退去と引き換えのようにして子どものみに在留特別許可を出すという親子分断のケースが出てきている。この問題について一言触れておきたい。

　国連開発計画 (UNDP) において、「人間開発」(「経済開発 (成長)」に留まるものではない) の指標に採用されるなど、今や国際的に認知された厚生経済学や政治哲学の考え方の一つにケイパビリティ・アプローチがある。A・センとならぶその代表的な論者の一人であるM・ヌスバウムが考案した「人間の中心的ケイパビリティ」リストを参照してみたい。正確さを欠くことは百も承知の上で、あえて乱暴な要約を許していただくならば、このリストは人間が「人並みの幸せ」を得て、豊かで多様なよき生を送るうえで必要不可

欠と思われる人間的で・普遍的な枠組み、「福祉（welfare＝よい暮らし）のエキス」ともいうべき前提条件を示すものと言って大過ないだろう。

　彼女の掲げる10項目から成るそのリストを眺めていると、非正規滞在者がいかに多くのケイパビリティ（capability＝潜在能力・可能力）を奪われているかに、改めて驚かされる。リストから主だった事項を、これまた圧縮・簡略化し、掲げてみよう。「通常の長さの人生の終局まで生きられること」「健康でありうること」「場所から場所へと自由に移動できること」「適切な教育によって感覚を用い、想像し、思考し、論理的判断を下すことができること」「自らの感情的発達が恐怖と不安によって妨げられないこと」「善の構想を形成できること」「さまざまな形態の社会的交流に携わりうること」「自尊と屈辱を受けないことの社会的基盤（＝差別がないことの整備）を持つこと」「動植物と関わりをもって生きうること」「笑い、遊ぶことができること」「政治参加の権利」「他者と平等な間柄で職を探す権利」etc.……（ヌスバウム2012：pp. 90〜92参照）。これらの多くを非正規滞在者は奪われているか、喪失の危機にさらされていることが分かる。

　ここでAPFSのメンバーである高校生Ｊ君の声に耳を傾けてみよう。日本で生育しながら在留資格のない彼は医療保険制度の埒外に放置されている。そのために、サッカー部所属のＪ君は「家族に迷惑がかかる」のを憚り、怪我を「隠したりして」きたのだ。その彼が言う。「サッカーでも思いっきり自由にプレーできません。本当に保険が必要です」、と（APFS2018：p. 4）。Ｊ君にはサッカーをする運動能力が備わっている。けれども医療保険がないばかりに、サッカーをするという「機能」<sub>functioning</sub>を十全に実現するための前提条件である「思いっきり」プレーするという“選択の自由＝ケイパビリティ”が事実上奪われているのである（セン1992：pp. 59〜60参照）。

　この国はこれらのケイパビリティの剥奪という暴力を「在留資格がない」という一片の理由で正当化しようとしている。こうした社会生活上の大きな制限に加えて、「親子が一緒に生活しうること」という日常のささやかな願いすら許されないのか。既に多くが日本社会に生活基盤を持つ彼ら・彼女らに「幸福追求権」（日本国憲法13条）はないというのだろうか。

　この義憤にも似た想念が、近代の黎明期、福沢諭吉が日常生活に密着した「私権」の大切さを力説していたことを鮮やかに蘇らせてくれる。「国会開設」を三年後に控え、反政府活動が再び活発となる情勢の下、徳川期の「士尊民卑の変形」として、相も変らず官に媚びへつらう「官尊民卑の宿弊」の真只中でのことである。福沢は、尊大な「官吏」が担う「政権（公権）」への参

第19章　学校空間と「非正規滞在」・「家族滞在」の現状　**255**

与に血道をあげる民権派「壮士」たちを念頭に、いわば冷水を浴びせかけるかのように、権利に「前後緩急の別ある」を説き、「第二の要」たる「政権（公権）」に対する「私権」の優先性を強調するのであった（福沢 1887：p. 519）。

日本の精神風土の根深い病理の一つをものの見事に衝いた国民国家の思想家の指摘から既に130年を超える時が過ぎている。では、この間の歴史の経験を通して、私たちの人権感覚つまり「国民（nation）」以前の、普遍的な「人の権利（human rights）」の感覚は果たしてどれほどの成熟を遂げたと言えるだろうか。ただでさえ社会的制約の多い非正規滞在の「親子や家族が共に生きうること」は、ケイパビリティの構成要素の一つであり、日常生活の上で最優先されるべき「其身に属する私権」（福沢 p. 521）と見て何ら不都合はないと思えるのだ。翻って、文字通り「Justice」を背負って日々国境管理の任に当たる「官吏」である入管職員諸氏は、この「私権」の重みをどう理解しているのだろうか。

だが、問われるべきはひとり入管職員ばかりではなかろう。最後に、いま一つの問いかけをして締めくくるとしよう。それはJ・ウォルドロンが先に参照した著書の冒頭あたりで、直接には移民国家アメリカ合衆国の市民に向けて語り掛けた次の言葉である。

「各々の集団は、社会が彼らだけのためのものではないことを受け入れなければならい。しかし社会は、他のすべての集団と一緒に、彼らのためのものでもある」（ウォルドロン p. 5 傍点著者）。

今なお、同質性神話を疑うこともなく生きるマジョリティとしての我々いわゆる「日本人」に果たしてこのような精神の構えができていると自信を持って言えるであろうか。

## 【参考文献】

・2011『英文対訳　日本国憲法』ちくま学芸文庫。
・APFS.ニュースレター2018「THIS LAND IS─」Vol. 55p. 4。
・福沢諭吉「私権論」1887　石田雄編集解説『近代日本思想体系2　福沢諭吉集』1975所収pp. 512〜523.筑摩書房。
・Honneth, Axel (2003) "KAMPF UM ANERKENNUNG" Zur moralischen Grammatik sozialer Konflikte (=2014 山本啓、直江清隆訳『承認をめぐる闘争　増補版』法政大学出版局)。
・神島裕子2015『ポスト・ロールズの正義論──ポッゲ・セン・ヌスバウム』ミネルヴァ書房。

- 川口市 2014「川口市多文化共生指針　改訂版」(htts://www.city.kawaguchi.lg.jp/material/files/group/26/shishinn_kaitei_1-27.pdf2018.3.19最終アクセス。
- 川崎市総合教育センター編 2017『かわさき外国人教育推進資料Q＆A ともに生きる〜多文化共生の社会をめざして〜 (18版)』川崎市教育委員会（http://www.keins.city.kawasaki.jp/1/ke1026/kikoku_gaikoku/tomoniikiru/tomoniikiru.pdf2018.3.19最終アクセス。
- 桐生いじめ裁判を支える会 2017『私たちは明子さんを忘れない——桐生いじめ裁判の記録』
- Laing, R. D（1969）"SELF AND OTHERS", Second Edition（＝1975 志賀春彦、笠原嘉訳『自己と他者』みすず書房）。
- 馬渕浩二 2015『貧困の倫理学』平凡社新書。
- MacKINNON, CATHARINE・A (1994) "ONLY WORDS"（＝1995柿木和代訳『ポルノグラフィ——「平等権」と「表現の自由」の間で』明石書店）。
- 松本三之介1966『近代日本の政治と人間——その思想史的考察』創文社。
- 師岡康子 2013『ヘイト・スピーチとは何か』岩波新書。
- Nussbaum, Martha C (2006)" Frontiers of Justice : Disability, Nationality, Species Membership"（＝2012　神島裕子訳『正義のフロンティア　障碍者・外国人・動物という境界を超えて』法政大学出版局）。
- Sen, Amartya (1992) "INEQUALITY REEXAKINED"（＝1999　池本幸生、野上裕生、佐藤仁訳『不平等の再検討』岩波書店）。
- Taylor, Chales (1994) "The Politics of Recognition" in Multiculturalism : Examining the Politics of Recognition(=1996「承認をめぐる政治」佐々木毅、辻康夫、向山恭一訳『マルチカルチュラリズム』所収pp.37〜110. 岩波書店）。
———1996インタヴュー「多文化主義・承認・ヘーゲル」岩崎稔・辻内鏡人訳雑誌『思想』NO.865　1996年 7月号所収 pp.4〜27.岩波書店。
- Waldron, Jeremy (2012) "THE HARM IN HATE SPEECH"（=2015 谷澤正嗣、川岸令和訳『ヘイト・スピーチという危害』みすず書房）。
- 山根俊彦 2017a「『多文化共生』という言葉の生成と意味の変容——『多文化共生』を問い直す手がかりとして」『常盤台人間文化論叢』第 3 巻第 1 号pp.135〜160。
———2017b「『多文化共生教育』の歴史と位置づけ」『現代社会における差別に関する〈学び〉活動の実態と課題の歴史的解明——セクシュアル・マイノリティ、ハンセン病、在日コリアンの分析を通して——』2016〜2017年度 東京学芸大学大学院連合学校教育学研究科 研究プロジェクト 第1年次研究報告書pp.13〜24。

（ふくもと・おさむ）

# イラン人母子の支援をしてみて

渡辺明子

## ●何をどうしたらよいのか……

　非正規滞在者を知っていますか？　私は息子の同級生イラン人母子に「困っていることがあるから助けて欲しい」と言われ同じ年の子を持つ親として何かしてあげたい、そんな思いから支援をすることになりました。しかし何をどうしたらよいのかもわからず悩んでいた時にイラン人母子がNPO法人APFSを知り、そこで初めて支援の会が立ち上がりました。集まった人たちは区議の先生、母子が日頃お世話になっていた近所の社長さん、同級生の母達、同郷の友達の15人程で始まりました。

## ●多くの人の支援の輪

　毎月1回会議を行いみんなで非正規滞在者がどうしていくことが良いのか真剣に話し合い「親子でVISAを！」を目標に街頭署名や入管へ出向いて陳情、それでも足りず国会議員の方々へ手紙を書き訪問。活動の中で一番たいへんだったのは都立高校受験が非正規滞在者はできないということを知ったときです。みんなで落胆したことを思い出します。それでもなんとか同級生たちと一緒に高校に行かせてあげたいとの支援者の熱い思いから必死に調べ校長先生や区議の先生の力を借り受験することができました。この時ばかりは支援者一丸となっていたように思います。しかし、支援をしていくというのは難しいもので、意見の食い違いから言い争いになり最後に残った支援者は4人程。どうにかしてあげたいからこその想いもなかなか伝えることの難しさを知りました。そんな中でも新聞記者やWebの編集長に記事を書いていただいたりと多くの人の力を借りて支援をして来たのですが、いい結果は出ませんでした。

　3年半の活動の中で入管法も改善すべき点があるのではないかと感じましたし、支援を通してたくさんの人と出会い、ほんの少し法律を知り、疑問を持ち勉強することができました。今後も人のために役に立つような活動をしたいと思っています。

（わたなべ・あきこ）

**第20章**

# 就労支援講座から見る
# 日本における外国人労働者の実態

荒　久美子

特定社会保険労務士

## 1. はじめに

　私が、APFSが主催する就労支援講座の講師を担当したのは、当時の代表理事をしていた加藤丈太郎氏より「労働基準法や労働契約法等の働く上で関係する法律知識を、社会保険労務士として、実際に現場で起こりがちな事例を交えて伝えてくれないか。」と依頼されたことが始まりである。加藤氏からの依頼を受け、2015年に「外国人住民のための就労支援講座」（全5回）、2016年に「外国出身コミュニティリーダー育成事業」（全14回のうち第3回目）の講師を務めた。

　「外国人住民のための就労支援講座」では毎回10名前後、「外国出身コミュニティリーダー育成事業」では20名前後の日本で暮らす外国人が受講した中で、いずれの回も講義以上に質疑応答が活発に行われた。質問内容は外国人労働者が日本で働く上で抱く違和感についての切実な訴えが多く、現在の日本の就労現場の実態を表していた。

　本稿では、私が就労支援講座を通じて感じた外国人労働者の実態を述べていきたい。以下の**2.**では、まず日本における外国人労働者の人数と、実際にどのような産業で働いているのかの実態を把握する。**3.**では、私が講師を担当した就労支援講座の各回の具体的な内容を紹介し、受講した外国人労働者の反応を紹介する。**4.**では、外国人労働者に対する日本と日本企業の今後の対応方法のあり方について検討する。**5.**では、本稿での内容を要約するとともに、私が就労支援講座での講師の経験を通じて感じたことを述べていきたい。

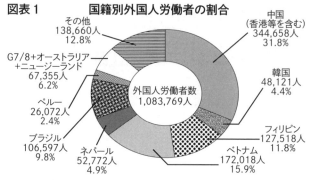

図表1　国籍別外国人労働者の割合

厚生労働省（2017.12.14）「『外国人雇用状況』の届出状況まとめ（平成28年10月末現在）〜外国人労働者数は約108万人。届出義務化以来、過去最高を更新〜」
http://www.mhlw.go.jp/file/04-Houdouhappyou-11655000-Shokugyouanteikyokuhakenyukiroudoutaisakubu-Gaikokujinkoyoutaisakuka/546174.pdf

## ２．数字に見る日本の外国人労働者

　まず始めに、現在の日本における外国人労働者の人数を見ていきたい。

　**図表1**は、厚生労働省の「『外国人雇用状況』の届出状況まとめ」で、平成28年（2016年）10月末現在の外国人労働者の人数と、その国籍別の内訳を表している。このデータによると、外国人労働者は約108万人である。この「約108万人」とは、厚生労働省によると、「外国人雇用状況」の届出が義務化されて以来、過去最高の人数である（外国人雇用状況の届出制度は、雇用対策法に基づき、外国人労働者の雇用管理の改善や再就職支援などを目的とし、すべての事業主に、外国人労働者の雇入れ・離職時に、氏名、在留資格、在留期間などを確認し、厚生労働大臣〔ハローワーク〕へ届け出ることを義務付けている。届出の対象は、事業主に雇用される外国人労働者であり、（特別永住者、在留資格「外交」・「公用」の者を除く。）事業主から提出のあった届出件数を集計したものであり。外国人労働者全数とは必ずしも一致しない）。

　また、その国籍別の内訳を見てみると、中国が一番多く外国人労働者全体の31.8％を占める。次いで、ベトナム、フィリピンとアジア諸国からの労働者が多いことがわかる。

　**図表2**で産業別の割合を見てみると、「製造業」が多く31.2％を占め、「卸売業・小売業」、「宿泊業・飲食サービス業」と続く。

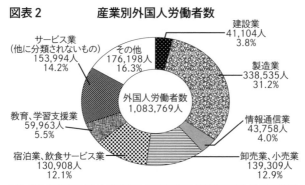

図表2　産業別外国人労働者数

厚生労働省(2017.12.14)「「外国人雇用状況」の届出状況まとめ(平成28年10月末現在)～外国人労働者数は約108万人。届出義務化以来、過去最高を更新～」
http://www.mhlw.go.jp/file/04-Houdouhappyou-11655000-Shokugyouanteikyokuhakenyukiroudoutaisakubu-Gaikokujinkoyoutaisakuka/546174.pdf

　実際に私が講師を行った際にも、「外国人住民のための就労支援講座」・「外国出身コミュニティリーダー育成事業」いずれにもアジア出身の受講生が多く、また、受講生の多くが工場や介護施設で働いていた。

　今後この外国人労働者の人数がどのようになっていくかということを、現在の日本の人口を見ていき、今後の傾向を検討してみたい。
　図表3（次頁）は、総務省が平成26年度版として出している「我が国の労働力人口と非労働力人口」である。少々古いものになるが、平成25年（2013年）以降人口が減っていき、特に「15～64歳」（生産年齢人口に当たる年齢）の人口の減り方は大きく、平成25年には7,883万人いた数が、推計値ではあるが平成72年（2060年）には4,418万人まで減少していくのがわかる。
　上記に示した「15歳～64歳」の全ての人口が労働をするわけではないため、実際に労働する人口はもっと少なくなると言える。この人口の減少の原因としては少子高齢化が挙げられるが、労働力人口が減少をすると、経済と社会保障の担い手が減少し、そのため経済成長率が低下する可能性がある。また、国際競争力の低下や税収の減少の恐れもあり、高齢者が増えることで社会保障費の増大といった問題が発生する可能性も出てくる。
　この問題は現代日本の喫緊の課題であり、女性や高齢者の就労の促進や労働生産性の向上に努め、社会保障制度を改革する等して対応していく必要が

**図表3** 我が国の高齢化の推移と将来推計

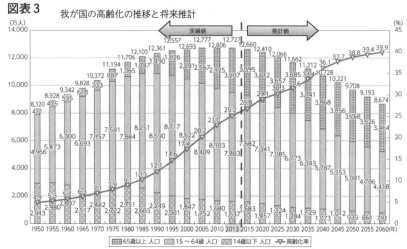

(出典) 2010年までは国勢調査、2013年は人口推計12月1日確定値、2015年以降は国立社会保障・人口問題研究所「日本の将来推計人口 (平成24年1月推計)」の出生中位・死亡中位仮定による推計結果
総務省 (2017.12.15)「我が国の労働力人口と非労働力人口」
http://www.soumu.go.jp/johotsusintokei/whitepaper/ja/h26/html/nc141210.html

あるが、それだけでは追いつかず、更なる外国人労働者の受入れも視野に入れていく必要がある。

## 3. 就労支援講座の内容

　外国人労働者の受入れについて、日本や日本企業がどのように検討し、どのように対応していくべきであるかは後述するとして、ここでは、私が講師をした就労支援講座の内容をご紹介したい。

### (1) 外国人住民のための就労支援講座

　この講座は、外国人労働者が、終身雇用、ジョブローテーションなど、諸外国と日本との違いを理解すること、また、労働基準法を知り就労機会の拡大を図ることで、社会の一員として自立することを目的として開催された。

　月1回1時間で全5回のシリーズの講座であるが、受講生は毎回申込制のため、興味がある回のみに参加ということも可能であった。

　講座の各回の具体的な内容は次のとおりである。

> **第1回目　概要**
> ・日本の雇用制度について
> ・外国の雇用制度について
> ・いま気をつけておきたいこと

　第1回目のため、労働基準法や労働契約法の具体的な内容ではなく、日本と外国の雇用制度の違いを中心に講義を行った。

　受講生には、既に日本企業で働いている、これから働く予定等さまざまな立場の受講生が混在していたため、日本で働いてみて、または生活してみて驚いたことをそれぞれ挙げてもらい、そこから「違い」について話を広げていった。

> **第2回目　これだけは知っておきたい働くための法律①**
> ・労働条件の明示
> ・雇用形態
> ・労働時間
> ・休憩時間
> ・休日
> ・休暇
> ・賃金

　この回では、厚生労働省がモデルとして公表している「労働条件通知書」を使いながら、労働条件に関する具体的な法律の決まりについて講義を行った。

　実際1日何時間働いているのか、1週間働くと労働時間はどれくらいになるのか、1カ月に何日休みがあるか等、働いている受講生には現在の状況を話してもらい、法律上との比較をしてもらった。

　実際働いている受講生にとっては自身に密接した内容であるため、講義中も講義後も多数の質問が挙がった。受講生の中でも特に働いている方は、日本の労働基準法の内容についてよく理解をしている方が多く、より実態に即した内容の講義となった。

第20章　就労支援講座から見る日本における外国人労働者の実態　**263**

> **第3回目　これだけは知っておきたい働くための法律②**
> ・労働保険
> ・社会保険
> ・労働に関する法律

　この回では、労働保険（労働者災害補償保険・雇用保険）と社会保険（健康保険・介護保険・厚生年金保険）を中心に講義を行った。

　それぞれの保険の役割を説明した後に、会社がどのような条件に当てはまった場合は労働保険や社会保険に加入しなければならないのか、また、労働者がどのような条件に当てはまった場合は上記保険に加入することになるのか、それぞれを具体的に説明した。

　労働者災害補償保険以外は保険料が給与から控除されることがほとんどである。そのため、自身が保険に加入しているかどうかは給与明細書を見ることで確認できる旨を話したところ、サンプルを見て確認したいという要望が多く出た。これらの要望を受け、第4回目には給与明細書のサンプルを配布し、より具体的に説明を行った。

　労働保険や社会保険は加入条件が複雑であるために説明に多くの時間を要したが、それ以上に受講生からの質疑応答に時間が必要になった。特に雇用保険の失業給付については多くの受講生が強い興味を示したため、離職票のサンプルと失業給付の給付日数をまとめた紙を補足資料として、これら資料も第4回目に配布し、再度詳細な説明を行った。

> **第4回目　履歴書を書いてキャリアを整理しよう**
> ・履歴書とは
> ・職務経歴書とは
> ・履歴書の書き方

　この回では、今後就職を予定されている受講生を対象に、履歴書の書き方について説明を行った。

　履歴書と職務経歴書の違いや、それぞれの書き方のポイント、採用担当者はどのようなところを気にしているか等の話をした。

　既に働いている受講生も多くいたため、履歴書を実際に書いてみてどうで

あったか、どのようなポイントに注意をしたか等を参考意見として聞きながら講義を進めていった。

---

**第5回目　面接方法　Q&A（まとめ）**

・面接方法

・今までのまとめ

---

　最終回のこの回では、前回の履歴書や職務経歴書の続きとして面接方法について説明を行った。

　また、面接の時だけでなく、今後会社に入って求められるビジネスマナーのいくつかの例も併せて紹介した。

　最後に、第1回目からの内容の復習の前に、今までの講義で触れていなかった「解雇」についても説明も行った。

　日本の解雇の種類やその内容について具体的に説明をした後に、第1回目からの内容を要約して説明をし、全5回の講義を締めくくった。


　「外国人住民のための就労支援講座」の講義を通じての感想として、最も驚いたことは受講生の熱心さである。

　労働条件や労働保険、社会保険の内容は、日本人でも複雑でわかりにくいと思われる中で、特に労働条件については、とても詳しい受講生が多くいた。実際に自分がどのような状況で働いているのか、また、どのような状況が「あるべき姿」なのかをよく理解している受講生が多く、その知識の深さに驚いた。

　また、労働保険や社会保険の金額や給付等については、受講生から多くの質問が挙がり、講義の時間のほとんど質疑応答で終わってしまう回もあった。やはり、これらの内容は自分の生活に直結しているためか、「しっかり理解をしておきたい」という強い想いが伝わってきた。

　この講義では、月に1回1時間、全5回という内容だったが、5時間では足りないということがこの講義の全体を通じて感じたことである。せっかく日本に来て、日本の文化や言葉を学び、日々努力をしながら日本で働こうとしている、または働いているより多くの外国人に、日本で働くルールをもっと良く理解してもらい、その上で心地よく働き、より日本を好きになってほしいと心から感じた。

第20章　就労支援講座から見る日本における外国人労働者の実態　**265**

## ⑵ **外国出身コミュニティリーダー育成事業**

この講座は、「外国人が外国人を支援する」ために、必要な知識を伝えることを目的として開催された。

主催者が在住外国人と接する中で、彼／彼女らが抱えている問題が複雑化・多様化しており、「日本人が支援する、外国人が支援される」という従来の関係性の中の支援に限界を感じ、今後は日本において生活を確立した在住外国人が、外国人を支援する側に回る必要があるのではと考え、できた講座である。

多くの外国出身者はコミュニティを形成しているため、そのコミュニティ内での問題解決能力を上げていくことで、今後より多くの問題が解決されることを目的としている。

この講座のカリキュラムは次のとおりである。

---

第1回目　法律①——在留資格（ビザ）

第2回目　法律②——国際家事・トラブル対応

第3回目　法律③——労働（労働基準法を中心に）

第4回目　医療（外国人が病気にかかったら）

第5回目　多文化間カウンセリング

第6回目　社会福祉制度(外国人を守るセイフティーネット)

第7回目　学校での教育——現場で教師は何を考えているか

第8回目　外国人相談で押さえておきたい日本語——行政・学校現場とのやり取りから

第9回目　通訳者に学ぶ通訳のコツ

第10回目　開発教育（ワークショップ）——縦ではなく横の関係を作ろう

第11回目　多文化ソーシャルネットワーク——相談の際に使うべき社会資源

第12回目　新聞記者に学ぶ情報の集め方・広げ方

第13回目　キャリア掲載——日本でのあなたのこれからを考える

第14回目　相談を受けるときに守るべきこと

---

私はこの育成講座の第3回目「法律③——労働（労働基準法を中心に）」の講師を担当した。

講義は2時間で行った。受講生は約20人ほどであった。

講義の具体的な内容な次のとおりである。

- ・雇用形態
- ・労働時間・休憩時間
- ・休日・休暇
- ・賃金
- ・労働保険
- ・社会保険

　全体的な内容としては前述した「外国人住民のための就労支援講座」の内容をコンパクトにしたものである。

　ただ、講座自体が「外国出身コミュニティリーダー育成事業」であり、「外国人を支援できる外国人を育成する」ことが目的であるだけに、日本で10年前後生活している受講生がほとんどであった。そのため、「外国人住民のための就労支援講座」で行った講義の内容をより掘り下げて行った。

　この講座においても多くの質問が挙がり、質疑応答に時間を要した。質問の具体的内容としては、雇用形態についてのものが多く、有期契約社員や派遣社員、パート等の受講生が自身の雇用の継続に不安を抱いていることが感じられた。

　上記のように、私は在日の外国人を相手に2つの講座の講師を担当し、多くの外国人労働者と話をしたが、その中で「自分は外国人だから」と仕事の面、生活の面等色々な面であらゆることに躊躇をしてしまっている方々が多いのではないかと感じた。

　外国人であることが、日本での生活のあらゆる行動を躊躇させてしまう理由としては、日本社会で少なからずそのような想いを抱かせる経験があったからなのではないかと思われる。それは特に日本人の悪意によるものとは言えず、どのように対応をして良いかわからないゆえの行動であることも多いのではと考えられる。

　今後の日本において、日本人と外国人が共に心地よく生活できる、または働ける社会を築いていくことが必要となっていくであろうと、この2つの講座を終えて強く考えるようになった。

第20章　就労支援講座から見る日本における外国人労働者の実態　**267**

図表4

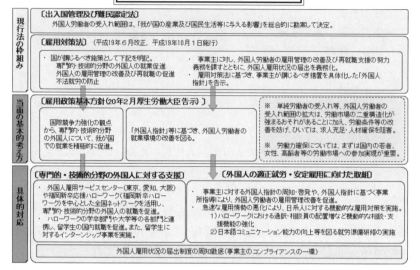

厚生労働省(2014.12.14)「外国人雇用対策の基本的な考え方」
http://www.mhlw.go.jp/bunya/koyou/gaikokujin17/index.html

## 4．外国人労働者への日本と日本企業の今後のあり方

### (1) 日本の外国人の雇用対策の現状

上記2.にて、今後労働力が不足していく中で、外国人労働者の受入れが必要になってくると述べたが、日本の外国人の雇用対策はどのようになっているのだろうか。

**図表4**は、厚生労働省のHPに示されている「外国人雇用対策の基本的な考え方」である。この表によると、平成20年2月の厚生労働大臣の告示として、雇用政策基本方針を次の2点としている。①国際競争力強化の観点から、専門的・技術的分野の外国人について、我が国での就業を積極的に促進。②「外国人指針」等に基づき、外国人労働者の就業環境の改善を図る。

具体的な対応としては，外国人雇用サービスセンター等を中心とした全国ネットワークを活用することによる専門的・技術的分野の外国人の就職の促進や、ハローワークの学卒部門や大学等の各部門と連携することによる、留学生の国内就職の促進、留学生に対するインターンシップ事業の実施である。

また、受入企業に対する取組みとしては、外国人指針の周知・啓発や、外国人指針に基づく事業所指導による外国人労働者の雇用管理改善の促進、急速な雇用情勢の悪化による日系人に対する機動的な雇用対策の実施が挙げられている。

　ここで注目をしたいのが、日本が外国人労働者の受入れとしては、専門的・技術的分野に限り、単純労働者の受入れ等の受入れ範囲の拡大については述べられていないことである。労働力確保については、まずは国内の若者、女性、高齢者等の労働市場への参加実現が重要であるとされているためであると思われるが、先の図表3に示した労働力人口の減少から見ると、外国人労働者の受入れについては専門的・技術的分野以外の分野でも必要となる状態が遠からず発生するように思われる。

　また、これまでの外国人労働者の活用の方法としては「短期的な労働力の補てん」という発想にもとづくものが多かったのではないかと思われるが、今後はあらゆる分野での長期的な活用方法を考えることで、企業の発展につなげることができると考える。

　**2.**で紹介した厚生労働省の「『外国人雇用状況』の届出状況まとめ」（平成28年（2016年）10月末現在）では、外国人労働者の数だけでなく、外国人労働者を雇う事業所数も示している。**図表5**（次頁）はそこで示されていた数字をグラフ化したものだが、この表によると、平成24年（2012年）から毎年事業所数が増えていき、平成28年（2016年）では17万社を超えた。厚生労働省によると、この数字は外国人労働者数同様、「外国人雇用状況」の届出が義務化されて以来、過去最高の数である。

　今後の日本において、外国人労働者数が増えていくことが予想される中で、外国人労働者を雇う会社の数も増えていくことが考えられる。

### ⑵　外国人雇用にあたっての日本企業の留意点

　ここで、今後日本企業が外国人を雇用していく中で、気をつけていくべきポイントだと私が思う点を、大きく2つ述べていきたい。

　1点目は、やはり言語サポートである。日本語ができないと働く上でコミュニケーションがとれないため、思わぬ損害や損失につながる可能性がある。また、労務上の災害が発生してしまう可能性も否定できない。そのために、言語サポートは外国人を雇う上では会社としては必須事項である。

　業務上においては、日本人社員をサポート役としてつけて教育を行う、指

図表5

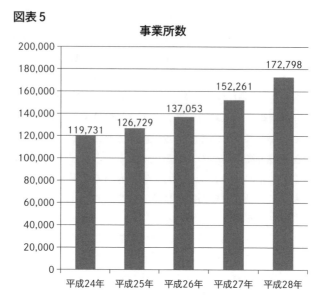

「外国人雇用状況」の届出状況まとめ(平成28年10月末現在)を基に筆者作成。

揮命令時には口頭だけでなく必ず文面で示す等の配慮が必要だと思われる。会社内でのサポートが困難な場合は、行政やNPOと連携する、社外での日本語学習の際の費用負担を行う等が考えられる。その他にも、外国語の通じる医療機関などの情報提供をする等の生活面でのサポートも考えられる。

　2点目は、精神面のサポート体制の整備である。外国人は日本人とは異なる価値観や習慣を持つことが多い。その違いを日本人と外国人のお互いが理解をし、働く上で共に意識をしていく必要がある。そのような中でも、外国人労働者が働く上で不快な思いや不便に感じることがある際にはすぐに相談ができるよう、社内や社外に相談窓口を設ける等の配慮が必要だと思われる。

　日本企業がこれらの2点を意識し、配慮をすることで、外国人労働者に心地よく働ける職場環境を提供できるのではないかと考える。

## 5. おわりに

　以上が、私が外国人就労支援講座の講師を担当していた中で感じたこと、考えてきたことである。

　本稿で述べたとおり、少子高齢化が進む日本において、今後外国人労働者

の数は増えていくことが見込まれ、外国人労働者を雇う日本企業が増えていくことが考えられる。その際に、どのように対応し、どのように働いてもらうか、今から考え始めても決して早すぎることはないと思われる。

最後に、APFSでの外国人就労支援講座の講師を担当することで、今まで机上でしか見ていなかった外国人労働者の働き方の実態や、働く上で抱いている思いを肌で感じることができたことは社会保険労務士として非常に貴重な経験であった。この経験を、今後外国人労働者を雇う企業に対し、また日本企業に雇われる外国人労働者に対し活かしていきたい。

外国人就労支援の講師という機会を与えてくれたAPFSに感謝すると同時に、今後外国人労働者が日本企業でより良い環境で働き続けられることを心より願い、本稿を締めくくりたい。

（2017〔平29〕年12月末脱稿）

（あら・くみこ）

## 第21章

# 移民、難民、そしてビザなし人の医療

## 山村淳平
### 港町診療所医師


## 1. 国際保健の国内適応

　日本において、移民・難民の増加がいちじるしい。それは、グローバル化、すなわち世界の一体化によっておきている現象のひとつである。それにともない、労働や教育などのありかたに変化がみられる。医療もまた、あらたにやってくる移民・難民に対応せざるをえない。ところが、うけいれ態勢が不十分なため、さまざまな問題が発生している。

　具体的に、高額医療費・言葉の壁・医療情報不足などである。それらによって、医療従事者と患者との信頼関係が成立しないことがおきている。注意しなければならない病気としては、感染症・精神疾患・重症疾患（脳血管障害・心臓疾患・ガン末期）・労働災害・母子健康などがあげられる。これら社会的かつ医療的な問題にたいして、どのような手法をもちいて解決にみちびけるだろうか。

　医療には、病気をなおすための治療的医療のほかに、予防的医療というのがある。病気を予防し、人びとの健康をまもる公衆衛生のことである。先進国が途上国に公衆衛生をおしすすめるのが、国際保健（International Health）である。最近では、グローバルヘルス（Global Health）といいあらわされている。国際保健を日本国内の移民・難民に応用する。それが、日本国内の移民・難民への医療対応となる。

　国際保健には、おおきな柱として感染症対策と母子保健がある。ここでは、そのふたつにしぼってのべる。

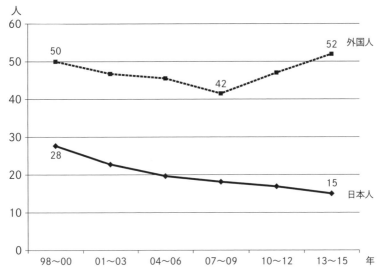

図1 結核罹患率（人口10万対）3年区切り

厚生労働省「日本における人口動態」、結核予防会「結核統計」、法務省「在留外国人統計」をもとに筆者作成

## 2．潜在化する感染症

　日本における結核患者およびHIV感染者／エイズ患者のしめる割合をみると、外国人（移民・難民）は、日本人よりもたかい（図1、2）。
　わたしがつとめる診療所では、外国人無料健診をおこなっている。おもに健康保険に加入できないビザ（在留資格）なし人を対象としている。医療機関にかかれない人びとの病気をはやい段階でみつけ、治療するためである。
　この外国人無料健診を実施するなかで、結核にかんしていえば、対象者2191人のうち、「結核陰影あり」210名（9.6%）、「排菌可能性」17名（0.78%）がみつかった。同時におこなわれた血液検査では、ときに肝障害の患者が発見され、くわしい検査をすると、ウィルス性肝炎と診断された。感染症の予防対策をおこなううえで、外国人健診は重要なのである。
　ところが、日本での移民・難民にたいする感染症対策はまったく不十分である。厚生労働省は、感染症の早期発見・治療・予防などに消極的で、実態調査さえ実施していない。

第21章　移民、難民、そしてビザなし人の医療　273

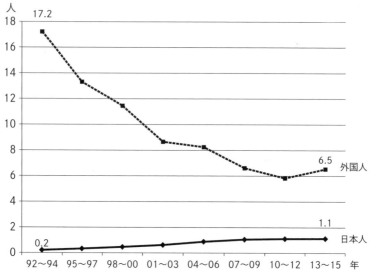

図2　HIV感染者／エイズ患者の割合（人口10万対）3年区切り

厚生労働省「日本における人口動態」および「エイズ発生動向報告」、法務省「在留外国人統計」をもとに筆者作成

　しかも、法務省入国管理局（入管）は、ビザなし人にたいしてきびしく取りしまっている。2004年からはじまった'不法滞在者'半減政策によって、ビザなし人は容易に外出できなくなり、支援団体が実施する外国人無料健診をうける人がへってしまったのである（図3）。
　入管によるきびしい取りしまりは、患者の医療へのつながりを絶ち、むしろ感染症を潜在化させ、病気の悪化をうながす。重症化すれば、病院の診療拒否もおきてくる（コラム「タイ人の涙とほほえみ」参照）。
　取りしまりは支援団体の活動にも影響をおよぼし、労働や住居などの生活相談件数も激減した。本来であれば受けられるはずの医療や労働者としての権利が、うばわれてしまったのである。
　SARSや新型インフルエンザの経験でもわかるとおり、いちどひろがった感染症を水際でくいとめることは容易ではない。細菌やウィルスなどの病原体に国境はなく、感染ルートを完全にたちきることは不可能である。その認識にたち、感染症対策を十分たてることで、感染症の蔓延をある程度までふせげる。

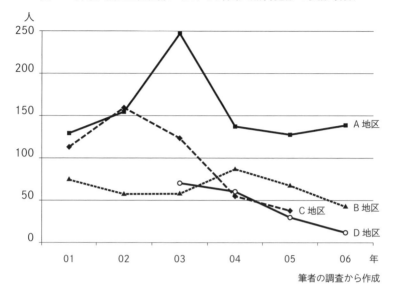

図3 神奈川県と東京都における外国人無料健診の受診者数

筆者の調査から作成

　そのためには、ビザのあるなしにかかわらず、移民・難民に無料健診や無料医療相談を積極的におしすすめることである。それによって、病気の早期発見および早期治療が可能となる。そして早期治療は医療費の抑制につながる。並行して、医療情報をつたえる場をもうけ、移民・難民に正確な医療情報をながすことである。
　なにより重要なのは、厚生労働省が実態調査をおこない、患者の分布のみならず、病状の進行や治療効果などをつかむことである。それによって、感染症対策の基本方針がきめられ、社会防衛がはかられる。

## 3．無権利状態の母と子

　ビザのないことで、もうひとつ問題となるのは、母と子の健康への影響である。
　日本で妊娠すれば、だれでもひとしく母子健康手帳があたえられる。ビザがなくても、もらえる。そして、妊婦検診・乳児検診・予防接種などが無料でうけられることになっている。
　わたしは、2011年にビザなし母子の実態調査をおこなった。結果は、全員

**表1 妊婦検診・新生児検診 対象21人**

| 無料 | 有料 |
|---|---|
| 11人 | 10人 |

有料の場合、1回につき6千〜1万円

**表2 子どもの予防接種 対象11人**

| 無料 | 有料 |
|---|---|
| 4人 | 7人 |

有料の場合、1回につき3千〜7千円

筆者の調査から作成

が母子健康手帳をもっていたものの、妊婦・新生児検診では有料の人が5割（**表1**）、子どもの予防接種では有料の人が6割以上をしめていた（**表2**）。母子健康手帳には、検診や予防接種を無料でうけられる無料医療券がついている。ところが、ビザなし妊婦さんにたいして、その無料医療券がぬきとられていたのである。

　上記の調査は、在留カード導入前に実施した。2012年の在留カード導入後の調査をおこなっていないが、ほとんどは無料医療券をあたえられず、有料で検診や予防接種をうけているだろう。それとも、検診や予防接種をうけず、そのままにしているかもしれない。となると、母体および乳幼児の健康がそこなわれる。ビザなし妊婦さんは、検診のみならず、出産育児助成金制度からもはじきだされ、胎児とともに容赦なく無権利状態におかれている。

　おどろくことに、こんな出来事があった。母子健康手帳をもらうため、ビザなし妊婦さんが横浜市の区役所にでむくと、区役所の職員は

**「母子健康手帳をだすが、その際には、あなたが入管に出頭するか、わたしたちが入管に通報する」**

とこたえたのである。実際に2015年6月、「神奈川県民のいのちとくらしを守る共同行動委員会」の質問にたいして、横浜市は

**「入管法に違反していると思料する外国人を知った場合には、その旨を通報する」**

と役所的文書で回答している。

　母子健康手帳さえもあたえられなければ、妊産婦検診・乳幼児検診・予防接種などの記録ができない。すると医療機関は、妊婦・胎児・乳児の状態を正確につかめなくなる。かりに妊娠・出産の過程で問題が生じても、医療従事者は迅速かつ適切に対応できない。

　また、入管に収容されれば、流産の危険性がたかまる。実際に、妊娠6週目のビルマ（ミャンマー）難民申請者が東京入管に収容され、1週間後に流

産してしまった。

　横浜市による入管への通報は、間接的に母子の健康をそこねる。在留カード導入は、このように負の影響をおよぼしている。ただし、ほかの自治体では、横浜市のような非情な言動はみられない（コラム「不寛容な中央政府、寛大な地方自治体」参照）。

　母子の健康をたもつには、ビザの有無にかかわらず、母子健康手帳や無料医療券をあたえ、検診や予防接種を積極的にすすめなければならない。入管への通報をやめるのは、いうまでもない。

## 4．開拓者の子ども、その生と死

　母子の実態調査と並行して、「人口動態統計」から移民・難民の乳児死亡率および死産率をしらべてみた（図4、5）。

　注目に値するのは、1995年以降のフィリピン国籍とタイ国籍における乳児死亡率および死産率の急激な低下である。1994年以前、死亡した乳児や胎児は母親の国籍としてかぞえられていた。1995年以降、父親が日本人であれば、

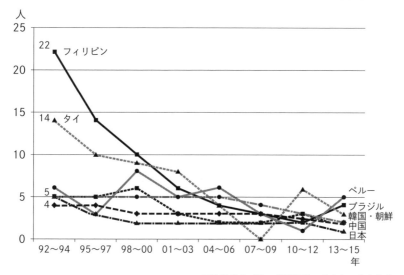

図4　日本における国籍別の乳児死亡率（出生1000対）3年区切り

厚生労働省「人口動態統計」をもとに筆者作成

第21章　移民、難民、そしてビザなし人の医療　277

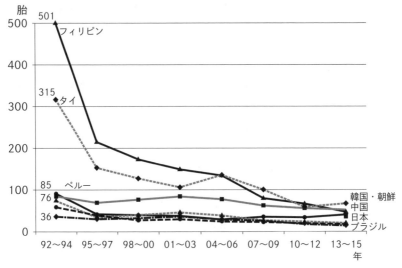

図5　日本における国籍別の死産率（出産1000対）3年区切り

厚生労働省「人口動態統計」をもとに筆者作成

外国籍の母親からうまれた子どもでも日本国籍にいれられるようになった。この変更によって、みかけ上それぞれの率がひくくなったのである。

　1990年代初期のフィリピン人やタイ人は、ビザなし人が比較的おおかった。医療情報は圧倒的に不足し、情報源も情報網もほとんど存在しなかった。日本人による支援も、わずかだった。彼／彼女らは高額医療費を心配し、しかも言葉の壁もあつかった。とりわけビザなし人は病院による入管への通報をおそれていたため、医療機関へのつながりは無きにひとしかった。

　1990年代の死産率がたかいのは、上記の負の要因以外に、おそらくのぞまない妊娠、つまり人工妊娠中絶がおおくをしめていたからだろう。その背景に、離婚や生活苦などがあげられる。当時の家庭環境・労働環境・ビザなし状態・医療情報不足などが、胎児を死においやった、とみてよい。

　現在では、キリスト教関係者を中心にフィリピン人団体が形成され、フィリピンやタイの大使館も積極的にうごき、支援団体もふえてきた。医療関係者や支援者の努力によって、医療情報の共有がなされたこともおおきな前進である。1990年代とくらべると、医療機関による診療拒否もすくなくなった。現在、乳児死亡率や死産率は、日本人なみにひくくなっている。

だからといって、社会的な負の要因がなくなったわけではない。高額医療費や医療情報不足など、移民・難民にたいする医療保障はととのっていない。通訳制度がひろがりはじめているものの、まだ不十分である。移民・難民にたいする偏見や差別は、いまだ根づよい。

　とくにビザなし人は、医療へのつながりをとざされている。ビザなし子どもは、先にのべたように、乳児検診や予防接種からしめだされている。ある難民申請者はなげいていた。

**「先進国の日本でわたしの子どもが治療をうけられず、予防接種できないなんて」**

　先進国の日本において、途上国出身者にたいする医療環境のまずしさは、途上国のそれとかわらない。途上国においても犠牲となるのは、子どもに集中している。子どものいのちの値段は、出身国によって相場がきまっているかのようだ。

　1990年代初期のフィリピンやタイからの女性たちは、日本社会を切りひらいた開拓者といってよいだろう。どの時代でも、どの国においても、移民の開拓者というものは悲惨をきわめ、犠牲をともなう。移民・難民として日本社会の開拓をおしすすめきた犠牲者は、この世に生をうけずに亡くなった赤ちゃんたちである。

　なによりも、この状況を放置すれば、いずれ日本社会にはねかえる。感染症対策では、すべての人たちを予防することで、はじめて効果があがる。検診や予防接種が有料となれば、うけられない人たちがふえる。そのぶん予防効果がうすれ、感染症がひろがるかもしれない。おなじ社会にくらす人びとの医療が保障されなければ、その社会は不安定化するのである。

　これからも移民・難民の女性がたくさんやってくる。彼／彼女らはあらたな開拓者として移住し、子どもをそだてながら、日本社会の一員として参加する。そして、日本を活力ある社会へとみちびくだろう。

　そうならば、1990年代のフィリピン人やタイ人の女性と子どもの悲劇をくりかえさないためにも、母子健康をはばむ要因の医療保障未整備・不十分な言語対応・情報不足などをあらためなければならない。

第21章　移民、難民、そしてビザなし人の医療　**279**

# 5．世界的標準化医療

　冒頭でのべたように、世界は一体化しつつある。国境をこえる人びとの移動によって、おおくの国々ではアツレキやマサツがおきている。移民・難民の排除である。そのいっぽうで、それを緩和するうごきもみられる。

　世界各国は、移民・難民の移動になやみながらも、なんとかそれに対応する努力をつづけている。国際保健からグローバルヘルス（世界保健）という言葉におきかわったのも、そのあらわれだろう。

　いうまでもないが、国際保健というのは、あくまで国家を前提にしたうえでの、国家間（international）の人びとの健康という概念である。ところが、感染症にしても、妊娠・出産・子そだてにしても、国境はない。国家という制度の枠では、もはや対応しきれなくなってきた。いまや、国家保健（公衆衛生）でもなく、国際保健でもない。世界保健の時代になってきたのである。

　移民・難民の医療にかんして、日本はあまりにも経験にとぼしい。そうであれば、世界的視野にたち、国外でも、国内でも、移民・難民であろうとなかろうと、ビザがあろうがなかろうが、すこしずつ経験をつみかさねながら、だれにでもひとしく医療をうけられる世界的標準化医療をめざさなければならない。移民・難民の医療が未熟のままだと、日本は世界のすう勢からとりのこされる運命となるだろう。

　それでは、なぜビザなし移民・難民は十分な医療をうけられないのだろうか。そぼくな疑問がわいてくる。同時に、わたしたち「日本国民」はどうして医療をうけられるのか、という問題意識もめばえる。それらを追求すると、母子健康手帳・公衆衛生・国際保健、ひいては現代医療にたいして、おおきな疑問をなげかけるようになる。その根源的な問いの議論については、べつの機会にゆずりたい。

（やまむら・じゅんぺい）

# 東京入国管理局前「座り込み行動」

### 三浦萌華

　2013年5月20日から24日の5日間、17家族3個人34名の非正規滞在外国人と支援者が、東京入国管理局前で、在留特別許可を求めて座り込み行動を決行した。このデモは、2013年2月当時、非正規滞在状態にある36名の当事者らが自ら発案したものである。かれらがこのようなデモの立ち上げを決意したのには、大きな理由があった。

　2012年11月、かれらは「銀座・有楽町パレード」という在留特別許可を求め定期的におこなっているパレードに参加し、一貫して在留特別許可の必要性を訴え続けてきた。この時までに、APFSが支援するこの34名に関しては誰一人として送還されることなく、日本に留まることができていた。一方で、まだかれらの中で在留特別許可を獲得できた者が一人もいないというのも事実だった。2013年4月に入り、国費送還された者が出た。このまま黙って在留特別許可が認められるのを待っていては自分たちも送還されかねないとして、かれら17家族3個人34名はこのようなアクションを起こすことを決意したのである。

　座り込み行動初日の5月20日、参加者は五反田にて決起集会を行った後、品川の東京入国管理局へと移動した。参加者全員がAPFSのテーマカラーであるオレンジのTシャツを身に着けての座り込みとなった。座り込み行動自体は午前10時前から、入国管理局の受付が閉まる午後4時までおこなわれた。

　当日は、入管前でバスを降りる人たちや通行人にデモの概要と非正規滞在者の現状などを記したチラシを配りながら、実際に当事者数名と一緒に入管前に段ボールを敷き、座り込みをおこなった。当事者の隣に座りながら聞くかれらのスピーチは、チラシを配りながら聞いていたものよりもはるかに重く感じられ、筆者自身もマイクを手に、「かれらに一刻も早く在留特別許可をください」といった旨を伝えた。

　1時間ほどかれらとともに座り込みをしている間、ガラス張りの入管

の階段からは、職員らしき人たちが書類を片手に、時折、階段の踊り場で足を止めてこちらを見下ろしていた。途中、休憩の際に入管の建物内に入ったが、マイクを通したスピーチの声は館内までしっかり聞こえていた。おそらく上階の階段にいた職員の耳にも届いていたのであろう。

　また、入管に手続に訪れていた外国人の方からもあたたかい支援の言葉をたくさんかけてもらった。さまざまな声掛けの中で最も印象に残ったのは、オランダ国籍の若い女性の言葉だった。「なんで日本はこんなに（在留許可に）厳しいと思う？　それはね、日本は『美しい国ニッポン』だからだよ。だから私たち外国人は汚いから、だから日本に居させたくないんだよ」というものであった。ほかにも慣れない日本語で、一生懸命、「なにやってるの？」と声をかけてくれた欧米系の男性や、マウンテンバイクで颯爽と現れたアフリカ系の男性からも「がんばって！」などと激励の言葉をかけてもらった。また、座り込み行動２日目、たまたま入管にビザの更新に来た際に座り込み行動を見ていたインド人夫婦が、当時ちらとともに座り込みをし、飲み物の差し入れもしてくれたという。

　最終日の24日午後、その日の座り込み行動に参加した当事者とAPFSスタッフは法務省に移動し、対応にあたった青柳審判課係長他３名に要望書の提出をおこなった。要望書の内容は以下のとおりである。

１．日本で生まれた子どもを持つ非正規滞在外国人家族に在留を認めてください。
２．日本人・永住者の配偶者の非正規滞在外国人に在留を認めてください。
３．単身者の非正規滞在外国人に在留を認めてください。
４．日本社会への定着性を評価してください。
５．17家族３個人34名を再収容・送還しないでください。

（APFS HP「活動レポート」より）

　今回のデモ活動は、当事者自らが発案し、主体となって実行したこともあり、『TBS』、『朝日新聞』、『Japan Times』など様々なメディアによって報道された。これまで筆者が参加したデモ活動では見られなかった取材の多さだった。こうした報道により、非正規滞在者の存在が世間一般に広く知れわたり、支援の輪が広がっていくことに期待したい。（みうら・もえか）

# 第22章

**多文化家族の自立に向けた包括的支援事業に参加して①**
# 日本社会で信頼される介護士とは

後藤ジエニイ

(訳＝小野晴香)

## 1. 介護職員初任者研修への参加をとおして

### (1) 日本語の壁にもめげず満足感を得た研修

　私は、高島平ACTが実施した「介護職員初任者研修」に参加し、2014年9月から2015年2月まで埼玉県川口駅近くにあるアイヘルパースクールに通いました。ホテルでの仕事と研修を両立するのはたいへんであり、また同時にワクワクするものでもありました。実際両立は難しいものでしたが、学びたいという意欲と支援が必要な人たちを支えたいという気持ちがたいへんな生活の中にも満足感もあり、私の背中を押し続けました。というのも、私はずっと、ホテルの仕事以外の何か他のことをしてみたいと感じていたからです。

　研修中もっとも苦労したのは、日本語の授業でした。私は日本語になじみが薄く、どんなに上手く先生たちが説明をしてくれても、どうしても意味が理解できない単語がありました。漢字や日本語独特の言い回しに頭を悩まされ、単語や意味の暗記、書き方の練習に本当に多くの時間を費やしました。たとえ何年日本語を勉強しても、何年日本に住んでも、未だに日本語でのコミュニケーションはたいへんです。時には、流暢に日本語で会話ができたとしても、外国人であるということで批判や誤解されることもあるかもしれません。

### (2) OJTトレーニング

　OJTトレーニングもまた、とてもたいへんでした。私ともう一人のクラスメートは、タイプの異なる3つの施設に派遣され、4日間のトレーニングを受けました。初日は介護老人保健施設プリムローズ（デイサービス施設）で、

2・3日目は愛グループホーム豊島池袋（グループホーム）で、そして最終日はアイヘルパーステーション（ホームサービス）で行われました。研修生として、私たちは各施設のルールや規則に従わなければなりません。実際の介護より、入浴、着替え、食事の準備、洗濯、ベッドや椅子からの移動の際の介助など利用者の身体に触れることはできませんが、食事の介助や娯楽の時間に参加しました。見学を通した学習は、4日間にわたって行われました。

### (3) 達成感が大きくストレスも多い介護の仕事

研修を通して、どのようにしたらより良い人間になれるのか、またなぜ介護がとても重要な仕事なのかという理解が深まったと感じます。介護は、とても可能性のある分野ですがまた同時に、世界で最もたいへんな仕事だと思います。

介護に従事することは私に大きな達成感を与えてくれますが、精神的、身体的疲れのたまる仕事でもあります。介護に従事することで、そうしたストレスを慢性的に経験する人も多くいます。私自身、2015年2月に学校を卒業してから、自分自身を見つめなおす時間をとって、個人的なストレスや制限などについて考え、介護士としての道に進むことはできないかもしれないと考えたりもしています。

## 2. フィリピン人にとっての介護

### (1) フィリピン人が持つ特有な技術や資質

世界中で、介護士として多くのフィリピン人が活躍しています。

介護分野におけるフィリピン人の活躍の背景には、フィリピン人が持ち合わせる特有な技術や資質と密接に関わっています。フィリピン人は、高齢者に深い敬意を持って接することで知られています。また、家族との強い絆、温かく迎え入れる心、柔軟性、創造性、勤労、親近感、適応性、忍耐性、早い学習能力、高い英語力、そして心のこもった仕事などといったことが特性として挙げられます。これらすべてがフィリピン人を優れた人材とするのです。多くの日本人雇用者が、その英語力、適用性やスキルの高さを理由に多国籍な労働環境においてフィリピン人を好んで採用しています。フィリピン人看護師や介護士は、他国においては、患者、若者、高齢者のケア能力の高さが認められており人気があります。

介護とは、専門的スキルだけでは不十分であり、フィリピン人はこの点において並外れた力があると認められており、それゆえ良い報酬も得られます。介護とは、高齢者、そして治療や手当が必要な人に、深い愛情と敬意を持って接することが基本となるのです。

### (2) 親の介護が根付いているフィリピン文化

フィリピン人は、他の何よりも家族の存在を大事にします。植民地時代にスペイン、アメリカ、そして日本に影響を受けながらも、家族は常に社会の基礎単位として残り続けました。この特徴は、ホームシックや厳しい仕事に苦しみながらも、フィリピンに住む家族を支えるため海外で頑張るフィリピン人にもはっきりと見られます。

伝統的なフィリピン人家庭では、父親は長として家族を養い、母親は家庭や子どもの精神的成長、価値観の形成を預かります。両親は異なった役割を果たし、子どもたちからも別々の役割を持つ存在として認識されています。子どもたちは母親を優しく暖かく包み込む存在として、父親を家族の中で最も強く立派な存在として見ています。家族の絆がとても強いため、親の子離れが時に難しく、その結果、子どもたちが好きなだけ親元にいるということもフィリピンの家庭ではよく見られます。そのような理由もあってフィリピンでは、祖父母がその子どもたち家族と一緒に住んでいることが多いとも言えるでしょう。

介護が家庭の外で行われる国々と違い、フィリピンの高齢者は、自分が生活してきた家で子どもや孫たちに世話をしてもらいながら残された人生を楽しく生きていくことを望んでいます。フィリピンでは、3世代同居はいたって一般的であり、親を子どもや孫から離すことは恥だと考えられています。介護に関するこの文化は、大多数のフィリピン家族において一般的なことであり、成長した子どもたちは、たとえ自分たちの家族がいても、高齢の親の世話をすることが期待されています。フィリピンの文化には、家族が敬意を持って高齢の親の介護を行うことが強く根付いています。

## 3. キャリアアップへの期待と現実

### (1) 日本は世界で最も安全な国の一つ

フィリピン人介護士は、日本でのキャリアに高い期待を抱いています。良

い報酬、医療サービス制度について学ぶ機会、そして彼らが既に持っている専門性を活かせる可能性などがフィリピン人介護士にとっての魅力です。日本で働くことができたら、より高い専門的技術を学び身に付けることができると思います。

　日本は世界で最も安全な国の一つであるということも、フィリピン人が日本で働きたいと思う理由の一つです。日本人は規律をよく守ります。フィリピン人は独特な日本の文化に高い興味があります。加えて、フィリピン人は、自分たちが日本社会に価値を提供できる力があると信じています。

### (2)　日本語学習は難題

　フィリピン人にとっての難題の一つは、前述しましたが、日本語学習だということも認識しています。日本語は、フィリピン語とも英語とも全く異なる言語です。日本語を身に付けるのは簡単なことではありませんが、毎日学習を続けたら、読み書きやコミュニケーションもなんとか日本語でできるようになると思います。言語の壁に加えて、フィリピン人介護士は、集中力やプロ精神を求められる、時には厳しいとさえ感じる日本の職場環境に慣れる必要があります。大きな責任の伴う厳しい仕事ではありますが、他の病院や医療機関で働くといったステップアップを将来考えている人にとっては、とても有益な経験になると信じられているのです。

### (3)　介護士をめぐる環境

　介護士は、障害や病気を抱えた人の介助をします。介護にあたっては、支援と細心の注意が必要です。医師や看護師、ソーシャルワーカーは、病気や障害の特定や予防、治療を行います。家族や保護者は、子どもまたは大人の世話をする責任を負っています。また、配偶者、パートナー、成人した子どもたち、両親、その他親戚（兄弟、叔母、姪、甥、義理の両親、孫）、友人、隣人が介護者となることもあります。介護が必要な人とどのような関係であれ、「介護」を行う対象者のリストに追加することは重要です。介護者としての自分自身を認識しない限り、介護という新たな役割をこなすために必要な情報の入手はできないでしょう。

　しかしながら、介護者は生活の中で他の役割も担っています。フルタイム、またはパートタイムで働いているかもしれません。子どもを育てていたり、ボランティア活動を行なっていたり、妻や夫であったり、またはそれ以外の

286　第3部　外国人住民の福祉・教育・自立支援事業

責任を家族に負っているかもしれません。これらの生活に必要なリストに介護を加えることは、簡単にフラストレーションや疲労へと繋がる可能性もあります。仕事中に病院に電話をする必要が出てくることや、自分自身や家族のための日々の仕事をこなしながら、必要な介護を同時に行わなければならないこともあるでしょう。

幅広い介護の仕事について、訓練を受けている人は多くありません。その結果、例えば、ベッドから椅子、車椅子から車への移動の介助の際に、理学療法士から適切な訓練を受けていないために背中を痛めてしまうこともあるかもしれません。または、認知機能障害を抱えている方とのコミュニケーション方法を知らないがゆえに、認知症を患っている母親に四苦八苦する結果となることもあるでしょう。

### (4) 求められる信頼できる介護者

患者にとって介護者の重要性は、患者の健康に複雑に影響します。どんな患者であれ、最も大切なことは、質の高い介護を提供することです。質の高さとは、介護の質の基準を高めるという意味ではなく、介護者が患者の個性にしっかりと気づき、心の込もった介護を提供するということです。患者の生活における介護者の存在はリスクも伴います。ですから介護者は、患者の支援において、身体、感情、精神、スピリチュアル面、その他患者にとってよい結果になること全てにおいて最善を尽くさなければなりません。

患者は、質の良い介護とどんな時でも信頼できる介護者を求めています。患者が人生を楽しみ続けられるよう、この先にある障害にも負けることなく立ち向かえるよう励まします。患者が本当の意味で治療を信じ、人生を続けられるよう励ますのです。介護とは、究極の愛の形です。私心のない寛容な行為です。最も弱い状態にいる人々を支援する介護には、忍耐と共感が必要です。良き介護とは、患者のこれまでの人生に敬意を払い、患者の日々の経験をできる限り豊かにする努力をすることだと思います。

## 4. さいごに

私は介護が良い収入源になると考えていた人たちに、もう一度よく考えて欲しいと思います。介護は簡単な仕事ではありませんが、収入が良いわけでもありません。みなさんのやる気を削ぎたいわけではありませんが、介護と

いう仕事に心から興味があり、またその資格がある人にお薦めできる仕事だと思います。誠実さとやる気があれば自ら成長するでしょう。

　日本は素晴らしい国です。一生懸命働く人にはたくさんのチャンスがある国です。言語、書き方、文化、信仰など、日々学ばなければなりません。多くの日本人は英語でのコミュニケーションがとれません。コミュニケーションは介護職において最も重要な部分です。私は希望、信念、バランス、癒し、強さが介護における5つのキーポイントであると考えています。

　あらゆる点において全力で患者の支援を行ってください。心から患者のためになると思ってやることは、介護者としてではなく人生を理解する一人の人間として心からやりがいを感じるでしょう。そして私にとって介護とは、生と死の間の問題なのです。

（ごとう・じえにい）

＊訳者＝小野晴香（おの・はるか／APFSボランティア）

**第23章**

多文化家族の自立に向けた包括的支援事業に参加して②

# 介護士としてのスキルアップを
# 目指して

## 高田・シンシア・カルバイ

(訳=真弥　健)

## 1. 就職、そして家族の看病

　私はフィリピンで生まれ育ちました。1989年から2年間、大学のコンピューター事務のコースで学び、卒業後は保険会社で事務員として働きました。そこでの仕事は書類作成、顧客のスケジュール管理や会計で、ストレスの多いものでした。1年後、繊維会社に変わり、そこでも事務員として働き、伝票整理、従業員の給料計算、機械の故障や人員に関するトラブル対応、従業員の勤怠管理などをしました。

　次に義理の兄弟がC社の仕事を紹介してくれました。私は副社長の秘書アシスタントとして働き、電話対応、上司のスケジュール調整、エージェントの相談対応、上司の顧客に宛てた手紙のタイピング、自動車のプレート番号のチェック、顧客対応といった事務を担当しました。ストレスはかかりましたが、親切な同僚に恵まれ、楽しく仕事ができました。

　しかし、祖母が亡くなり、父が入院すると、世話をするために仕事が終わってから病院に向かい、朝の8時に兄弟たちが交替にやってくるまで、一晩中看病しなくてはならなくなりました。すぐにまた仕事に赴き、治療費等を支払うために稼がなければなりませんでした。とてもつらかったですが、家族を心配させたり困らせたりしたくなかったので、そうする他ありませんでした。私は、私と家族のために物事がうまくいくように神様のお恵みを願い、自分が健康で強くいられるよう祈り続けました。

## ２．来日、そして服部美果さんとの出会い

　1997年、私は日本に初めて行きました。友人も親類もおらず、一人ぼっちでしたが、ある友人に出会って内職を紹介してもらい、それが私の日本での最初の仕事となりました。

　３人の子どもの面倒を見ながら、紙袋を作る内職をしました。毎朝できあがった紙袋を手渡し、その日の分の100束を受け取りました。子どもと遊びながら貼り付け作業ができるので、私は内職の仕事を楽しんでいました。フィリピンにいる家族に仕送りをするのに十分なお金を稼いでいました。家族とは遠く離れていましたが、家族を支え幸せにできているため、私は満足していました。しかしそのうち子どもたちは大きくなりました。

　2001年、私はＦ電機で働き始めました。私の仕事は、パチンコの部品、その他の電子部品を作ることでした。上司は他の従業員と同様、私をかわいがってくれました。彼の娘によく似ていて、年も同じだと言っていました。ほかにも多くのフィリピン女性が働いていました。６年後、転職を決意し、Ｓ社で働き始めました。そこでは自動車のライトを作り、仕事は難しいですが楽しみました。その職場で、服部美果さんと出会いました。私たちは同じラインで働いていました。働きながら、Ｎアカデミーで介護士の勉強をしました。私たちはグループ38で、2008年に卒業しました。

## ３．介護士として働く

　2008年に卒業した後、私は介護士として働き始めました。

　初めは介護のことはなにもわかっておらず、何をすればいいかもわかりませんでした。何もわからないところからスタートしましたが、時間が経つにつれて、介護の仕事が大好きになりました。日本語の読み書きができないたいへんさもありましたが、介護の仕事を楽しんでいました。夫は私が介護者として働いているなんて信じられないと言っていました。

　同じ年、私はＤ社のもと、Ｍデイサービスセンターで毎日８時間働きました。初めは全く経験がなく、仕事をしながら学ぶために注意深く指示を聞いていました。毎朝８時45分にミーティングをした後、レクリエーションのために紙を用意しました。私は待っている時間に利用者さんや同僚の名前を紙

290　第３部　外国人住民の福祉・教育・自立支援事業

に書き、日本語の読み書きを勉強しました。待ち時間に私に教育してくれる同僚がいましたが、いじめもありました。その人は、自分も何も知らないが、教えられなくてもやらなければならないことは分かっていると言いました。毎日彼女からは悪口を言われましたが、同僚たちは気にしなくていいと言ってくれました。

　初めのうちはいつも、お風呂を任されました。高齢者が来所するとお茶を出し、短い休憩の後、血圧と体温を測ります。看護師のOKが出ると、彼らをトイレに連れて行き、入浴の準備を始めます。しかし、みんながお風呂好きとは限らず、なかなか入浴に行ってくれず、浴室に入ると怒り出したり騒いだりします。そして物を投げたりつねったり罵ったりします。しかし、だんだん心地好くなり体が軽くなると、ありがとうと言ってくれます。

　入浴の後は昼食の時間です。一部の方は自分で食べられますが、食べられない人もいます。そのため、食べている間はしっかりと喉に詰まったりしないよう見守ります。食べた後は、トイレ介助をし、手洗いと歯磨きをします。その後、ゲームやレクリエーション、機能訓練をし、お茶の時間のあと、帰宅の準備をします。これが一日の流れです。

　当時は東京都板橋区に住んでいましたが、埼玉に引越しました。そのため、家の近くの事業所を探しました。2008年から2012年まではMデイサービスセンターと自宅に近いOケアライフを兼業していました。なぜならMデイサービスセンターが私にやめて欲しくなかったからです。そのため、Mデイサービスセンターで週4日、Oケアライフでは週3日、すなわち週7日働くことになり、休みはありませんでした。その内私は非常に疲れてしまいました。Oケアライフでの仕事は一日中お風呂だけでした。お風呂では、高齢者の手が届かない場所、例えば背中や足を洗うのを手伝います。一部の人は自分で洗えますが、安全のために手助けが必要です。この仕事は常に暑い浴室に入っていなければならないし、いつも体が痛い状態です。仕事がきつすぎるため、またリーダーも威圧的だったため、転職することにしました。

## 4．高齢者ホームで働く

　2012年、高齢者ホームで働き始めました。高齢者は10人だけで一日5人のスタッフです。ここで初めてシフト勤務をしました。

　早番が、午前6時30分から午後3時30分、日勤が午前9時から午後6時、

遅番が午前11時から午後8時です。早番はまず、入所者を起こし、タオルで顔を拭き、おむつの取り替え、陰洗ボトルによる洗浄、着替えをしてから、下の階に連れて行き、ダイニングルームで朝ごはんを出します。それから関連会社が持ってくる食事をテーブルに運び、ミルクとお茶を出します。食事後はテーブルを拭き、食器を洗い、掃除をします。そして、利用者の血圧と体温を測定し、お風呂の着替えを準備します。午前9時に来る日勤スタッフがお風呂を入れます。私たち早番は、シャワーを浴びさせ、シャンプーし、体を洗い、体を拭いて着替えをするのを手伝います。お風呂の後は自室に連れていき、休憩してもらいます。休憩の間、お風呂の掃除や洗濯をし、お昼ごはんのために下の階へ降りてくるよう声掛けをします。昼食を食べている間、部屋の掃除と片づけをします。ベッドのシーツを取り替えてから、洗濯物を乾かします。これが毎日のルーティーンです。

## 5．職場でのいじめ

しかしどこへ行っても、同僚による高齢者へのいじめがあります。私はできるだけ高齢者の気持ちを理解しようと努力していました。そんな中、服部さんがFacebookに、介護士の勉強に興味がある人を募集していました。彼女に連絡し、勉強したいと伝えると、「もうすでに介護士として働いているのに、どうして？」と言われました。私はスキルアップのために学習したいと言いました。彼女は吉成さんに面接を頼んでくれました。私は高島平へ行って面接を受け、吉成さんは介護について学び直すことにOKしてくれました。私はとても喜んで、2015年、アイ・ヘルパースクールに入り、介護の勉強をはじめました。介護について理解を深め、漢字の読み書きも学びました。いろんな状況について知識を得ることができました。私は現在も介護で働き、この仕事を楽しんでおり、この仕事が大好きです。助けを必要としている人を愛し、世話をするのは幸せです。

2016年に、いじめにより私は勤めていた会社をやめました。そして新しい介護の職場を見つけましたが、そこでもリーダーのいじめがつらく、心身ともに疲れてしまったため1年しか働けませんでした。友人の一人が彼女の働く職場を紹介してくれ、そこで2017年11月1日から働いています。今は病院での仕事で、病院で働くのは初めてです。同僚たちは優しく、とてもうれしいです。

## ６．介護士としてのスキルアップ支援に感謝

　介護士は高齢者の毎日の生活を支えています。私たちが最も多く取り扱うのは、高齢に関連する障害、疾患や精神障害です。介護士のよくある仕事としては、慢性疾患へのケア、服薬管理、弱っている人を医師や看護師のところで診察させること、食事や雑用など独りでできない人の身の回りの管理です。

　先進国社会で高齢化が急速に進む中、機能的にも経済的にも介護士の役割は重要なものとして認識されてきており、障害を持った人の支援機関の多くが、いろいろな形のキャリア支援の仕組みを作り出しています。改めて、吉成さんと服部さんに、私のために仕事のスキルアップを支援してくださったことを感謝したいと思います。彼らの支援がなければ、今の私はありませんでした。アイ・ヘルパースクールで学ばせていただきありがとうございました。

　神様が、人を支援するすべての人たちを祝福してくださいますように。

（たかだ・しんしあ・かるばい）

＊訳者＝真弥健（まや・けん／APFSボランティア）

# 日本での介護研修の経験

クリスティーナ・アシア
（訳＝三浦萌華）

### ●日本が第二の故郷

　私は32年間の滞日生活で、日本文化だけでなく、日常会話や昔から現在まで受け継がれてきた文化遺産などについても学びました。そして心身ともに日本の生活様式に馴染み、生まれ故郷であるフィリピンの次に、日本が第二の故郷と考えるようになりました。

　ある機会が訪れ、アジアンコミュニティ高島平（ACT）とAsian People's Friendship Society（APFS）の支援を受けて、私は介護資格取得を目指すチャンスを得ました。

　高齢者介護研修では、人びとに対する愛を大切にしなければならないことを認識しました。この研修を経て、私たちは高齢者介護の方法を全面的に尊重するようになりました。

　その研修を受けてから、多くの日本の方々の良いところがわかり、かれらがお年寄りに対してどのように愛情を注いでいるのかということを日々の生活から学びました。

　正直に言って、このような機会を得られたことは、私が将来介護の仕事をするためには本当に大きなメリットとなりました。だから、研修をとおして日本のお年寄りの方々が私にくださった"洞察力"という贈り物を、私が学んできた"介護サービス"として、誠心誠意お返ししなければならないと思っています。

### ●私らしい方法で恩返しを

　私は今、母国であるフィリピンで高齢者への介護を続けたいと思っています。そして、まずは身近なきょうだいに対して、日本の研修で学んだ方法で介護してあげたいとも思っています。高水準にある日本の介護

のノウハウや本質をフィリピンの仲間たちとシェアし、自分自身の能力を最大限に引き出しながら、介護を続けたいのです。

　私の未来のために介護研修の機会を与えてくださった方々には、本当に感謝しています。みなさんには、私らしい方法で恩返しができればと思っています。

　日本で高齢者介護研修を受けられたこと、そして、そのすばらしい事例となったことは、私の特権だと思っています。その言葉の本当の意味で、今後の人生に変化を生むことができると願っています。ありがとうございました。

（Christina Asia／くりすてぃーな・あしあ）

# 第24章

# 私が日本の国籍を取得するまで

服部美果
APFS理事

## 1. 私の生い立ちと幼少時代

　私は1965年にフィリピンのパンガシナンで生まれた。4人兄弟の末っ子で、父は農作物の収穫により私たちを育ててくれた。当時は常に新鮮な野菜と果物がテーブルにあった。私は自然に囲まれて育ったことにとても感謝していた。

　私たちの学費は父が作物の収穫後に支払っていた。周囲の親たちも皆そうしていた。彼らは多くの土地を所有していた。ひとたび、進学等のために大金が必要になると、彼らは土地の一部を売っていた。当時はそれが普通だった。

　父は、私が9歳の時に亡くなった。父の他界後、畑はしばらくの間私の兄達が管理していたが、その後私の叔父が管理することになった。収穫の時期になると、叔父たちは新鮮な野菜や果物を送ってくれた。

## 2. Jalandoniさんとの出会いと初めての訪日

　それから年月が過ぎ、私たちの畑はもうなくなってしまった。兄達は働きながら私の学業をサポートしてくれた。母は私のために外で働いていたので、毎日両親が不在の生活だった。とても寂しかった。やがて私は学業を断念する決意をした。そのことが良かったのかどうかはわからない。周囲の知人が、Jalandoniさんに私のことを紹介してくれた。

　その後、私はマニラにある、そのJalandoniさんの家に行くことになった。彼はそこでシーフードレストランを経営しており、夜はフィリピンの伝統舞

踊であるバンブーダンス（地域によってはティニックリンと呼ぶ）ショーをやっていた。私は彼に雇われてそこに住み込みで働き始めた。休みの日には、家事を手伝ったり、家の子どもの世話をしたりした。

　1980年代、フィリピン経済は好調だった。観光業で多くを稼いでいたからだ。大勢の外国人観光客が食事や伝統舞踊を観賞するために訪れた。レストランでは一晩に４回のダンスショーを開催していた。有名店だったのでダンサー達も忙しくたいへんだった。Jalandoniさんから誘われて、私もダンスチームに加入することになった。私はダンサーになったのだ。

　彼はビジネスマンで、世界中を飛び回っていた。ある時、彼はこのフィリピンの伝統舞踊を日本に紹介しようと思い立ち、日本に向かった。彼は鹿児島に大きな温泉ホテルを見つけると、そこにフィリピンの舞踊ダンサーを呼んで伝統舞踊を紹介し始めた。

　当時私たちはフィリピンで、地元客向けと同様に外国人客向けのショーもやっていた。最初の日本への派遣団員は25人のダンサーで構成され、６カ月契約で日本に派遣されることになった。海外で就労するには、渡航する前にダンサー・歌手・バンドグループなど多くのカテゴリーから、自分の技能を選択してPOEA（Philippine Overseas Employment Administration）の許可証を取得することが必要だった。

　第１期生から第10期生まで派遣は続いた。私は第４期生で、1986年12月から６カ月契約でダンサーとして鹿児島に渡った。22人のメンバーがおり、竹、わらでできたスカート、衣装なども持参した。私たちはフィリピン伝統舞踊を日に２回踊った。ショーの後や午前中には、アルバイトとしてホテルの従業員と一緒に喫茶店のサービス、ドアマン、台所で朝食の準備等もやった。

　実は、私は親類や兄弟、母にも内緒で来日していた。私は来日後すぐに、自分が日本にいることを手紙で母に知らせたが、兄弟たちはひどく怒っていた。なぜなら第二次世界大戦での日本のイメージが悪かったからだ。でも今さらどうしようもなかった。

　日本のクリスマスは、私にとってはじめて家族と離れて迎えることになった。寂しかったが、私には自立した生活が必要だった。私は母と兄弟にクリスマスプレゼントを贈った。この冬はとても寒く、初めて雪を見た。雪を見て遊んだり味わったりしてとても楽しかった。かなり雪が積もったので、同僚のダンサーたちと一緒に外へ出て、子どものように走ったり、寝転んだりして遊んだ。周りが一面真っ白になっているのを見て驚いた。記念写真もた

第24章　私が日本の国籍を取得するまで　**297**

くさん撮った。

　日中にショッピングに出かけ、夜はショーに出演するという毎日の繰り返しだった。やがて6カ月がすぐに経ち、次のグループが来て私たちと交代した。私たちは6月にフィリピンに帰り、地元に帰って少し休んだ。母と兄弟たちに会いたくてたまらなかった。

## 3．夫との出会いそして結婚

　1週間後、私はマニラに戻り、再び同じレストランで働き始めた。大勢の観光客でレストランは大忙しだった。そこで私は今の夫と出会うことになった。彼はお客さんの一人だったが、まめに電話や手紙を送ってくれるような人だった。彼は帰国後、私が観光で日本に来られないかと聞いてきた。私はすぐに承諾した。

　そして私は2度目の来日をした。観光ビザで入国し、彼の家に3カ月間滞在した。3カ月間、私は何もやることがなく働きたかったが、仕事が見つからなかった。私の日本語力が十分でなかったこと、私に務まる仕事がなかなかなかったことが理由だった。大変苦しい状況だったが、やがてビザの有効期限の3カ月が経ち、涙ながらに彼と別れの挨拶をした。

　私がフィリピンに帰国して間もなく、今度は彼が再びフィリピンに来てくれた。そして驚いたことに、私にプロポーズしてきたのだ。私は涙があふれた。私たちは地元に帰り、彼を母、親戚、兄弟たち、そして店のオーナー家族に紹介した。オーナー一家は私たちの結婚の準備を、手厚くサポートしてくれた。

　そして結婚の日がやってきた。親戚、家族、友達、オーナー一家、そして夫の家族が祝福のため集まってくれた。すべてがうまく進んだ。結婚後に私は配偶者ビザの申請をし、1カ月後にビザが認可された。

　そして、アンパロ・セグンド・ハットリとして、配偶者ビザで3度目の来日をした。ただ今回は私の気持ちは2分していた。なぜなら母とは長期間会えないし、一人で日本に住むのは簡単ではなかったからだ。私は時々孤独を感じて母に電話をした。

　1カ月後、私は長男を妊娠した。私は出産時の手助けをしてもらうために日本に母が呼んだ。母と3カ月間一緒に暮らして、男の赤ちゃんの面倒を見てくれて、私はとても嬉しかった。子どもの3カ月健診のために保健所に

**298**　第3部　外国人住民の福祉・教育・自立支援事業

竹まつりで演じられたバンブーダンス（2012年、千葉にて）

行った。保健所のスタッフは私たち外国人をサポートしてくれた。彼らは私たちが日本語や日本料理、生け花を習うための会を催してくれた。そこで初めて会ったフィリピン人女性が、私をフィリピン人母の会にも紹介してくれた。

ある日市役所でイベントがあった。そこで私たちはフィリピンのティニックリン（Tinikling）を踊った。自分がFMG（Filipina Mother Group）の一人であることを嬉しく思った。

その後長女を妊娠し、さらに次男も授かった。再び母を日本に呼んで助けてもらった。私は自分の幸せな人生を実感した。3人の子どもを持ち、家族のために時間をささげた。

それでもまだ日本語をうまく話せるようにはならなかった。いつもTVを見て学習していたが、大変難しい言語だった。

第24章　私が日本の国籍を取得するまで　299

## 4．子育てと日本語の勉強

　子どもたちも成長し、幼稚園に入る時期が来た。この時、日本の文化を知るようになった。私は自分が育てられたように、子どもたちを育てたかったが、それは困難だった。私は普段子どもたちとタガログ語と英語で話していたが、日本語で話す必要があった。その理由は、幼稚園から渡される手紙について理解する必要があったことと、私の夫が忙しすぎること、また日本語の読み方を覚えるためである。

　私は他のお母さんたちと交流する必要があったが、彼女たちは外国人に対して、なかなか打ち解けてくれなかった。幼稚園からの手紙の内容を聞ける人が誰もいなかった。しかも時々、私の子どもがクラスメートと遊びたいというのでその子のお母さんたちと話したが、彼らは私の子どもと遊ぼうとしなかった。当時日本は、まだまだ国際的ではなかった。

　あるとき一人のフィリピン人のお母さんと出会った。私たちの子どもが同じ学校に通っていたので、幼稚園の手紙などについてお互いに聞きあうようになった。夫は仕事で大変忙しかったので私が子どもたちの学校行事に参加した。

　長男が幼稚園を卒業する時、私は毎日の準備が大変だったことを思い出し、感傷的になり卒園式の間涙をこらえることができなかった。その後娘も次男も幼稚園に入学した。私は近くでパートタイムの仕事を見つけて、働き始めた。夫からは子どもたちが孤独になるとの理由で反対されたが、私は母にお金を送るために働きたかった。私は働きながら、母としての義務を果たした。私は子どもたちと一緒にビザの延長をした。長い間待ったが、3回目で私は3年のビザを取得することができた。その後私は永住権の申請をした。私はビザの問題で苦労したが、自分が持っているもの全てがありがたいと感じた。

　子どもたちは順調に成長し3人とも小学生になった。さらに多くの困難が私に降りかかってきたが、FMG（Filipina Mother Group）に入っていたし、多くのフィリピン人の知り合いや友だちがいたので何とかしのぐことができた。

## 5．APFSとの出会いと帰化申請、そして日本国籍の取得

　そんな時APFSのことを知った。当時APFSはアジアの展示イベントを開催していたが、FMGもそのイベントに招待されて、そこでフィリピンダンス、ティニックリンを披露した。これがAPFSを知ることになった最初のきっかけだった。子どもたちはまだ小学生だったが、私はボランティアスタッフの一人となった。また私の抱える問題（学校からの手紙に関する）を吉成勝男さんに相談する機会を得た。彼は、校長先生に対して、手紙を英文にしてもらうよう交渉したが、実行されなかった。長男が中学生になったとき、私は日本語学校に入ることを決心した。私は子どもたちを学校に送り出したあとで、日本語学校へ急いだ。子どもたちのために本当に、漢字の読み書きを勉強したかった。

　私は日本語学校の授業後はパートタイムの仕事へと急いだ。忙しい毎日だった。2年間それを続けた。学校の2年目が終わる前に私は帰化を申請した。吉成勝男さんに書類作成を手伝ってもらった。

　当時APFSスタッフはフィリピンでのスタディツアーを実施していた。私はそこでDAWNやKAPATIRANなどいくつかのNGO団体を案内した。その後私たちは私の地元へ行き、Street Children in DAGUPANのようなNGO団体も訪問した。このスタディツアーは何度も開催された。

　私は少しずつ帰化申請書を作り上げていった。申請書を法務省に提出する際、担当官からいくつか質問を受けた。私は日本語学校に通っていたので、丁寧に答えた。結果を待っている間に、私は日本語JLPT2級の試験を受験した。嬉しいことに合格することができた。今までのすべての忙しさ、大変な日々や疲労が一瞬にして吹っ飛んだ。

　私は日本語のクラスでたったひとりのフィリピン人お母さんだった。他の生徒は全員韓国、中国、ミャンマー、ロシア人だった。卒業が近づき、校長先生は私を生徒代表に指名した。私はスピーチに、先生たちは感動のあまり涙を流していた。スピーチ後、校長先生から「君を生徒代表に選んだのは間違っていなかったよ」と言われた。私はとても嬉しかった。

　それから3カ月後、2回目の法務省での面談は、夫婦一緒の面談だった。そこで多くの質問を受けた。例えば暴力団との関係や、フィリピンのレストランについて、また私のいなかの家のことなど、いくつか質問を受けた。

第24章　私が日本の国籍を取得するまで　**301**

その面談から３カ月後、法務省からハガキが届いた。６カ月間待った結果、やっと私の帰化（国籍取得）が認められた。APFSの吉成勝男さんにはたくさんの恩をいただいた。

　私は帰化の授与式にとても期待していた。子どもたちにも式に参加して見守ってほしいと頼み、吉成さんにもお願いした。私たちは帰化の書類を受け取り、簡単な説明を受けたが、それだけだった。私は、日本国民になるための何か厳粛な特別なものがあると思っていたが、その予想は裏切られた。

　私は自分の名前を登録し、在留外国人カードを返納するために区役所へ行った。その後私は日本人パスポートを申請した。名前は服部美果。でもミドルネームが何もないので少し残念である。私はフィリピンが好きではないから帰化を申請したのではない。心の中では常にフィリピン人であり、それは決して変わることはない。私が経験してきた孤独のため、私は大きく変わったのかもしれない。私は自分の家族のために心と生活を捧げてきた。フィリピンと日本に住む私の家族は多国籍だ。どこの国に住んでいても、言語の障壁を乗り越えなければならない。

　ある日、街を歩いていると入国管理官に呼び止められて在留カードの提示を求められた。私は持っていないと言うと、彼は一緒に入国管理局までついてくるように言った。私は理由を尋ねた。彼は「君は在留カードを持っていないから不法長期滞在者だろう」と言った。私は腹が立ったので再度彼に尋ねた。そして私は住基カードを提示した。それでやっと彼は私を放してくれた。私はこのような経験が何度もある。特に、駅の中や商店街においてである。

　私は帰化できたのでラッキーだった。そうでなければ私は入管収容施設へ連れていかれたかもしれない。日本だけでなく、フィリピンでも同様だ。フィリピンの入国管理官も、私がタガログ語を話せると言えば、なぜ私が日本に帰化したのか疑うだろう。管理官は、特に日本に帰化することは大変難しいことを知っているからだ。

　また別の経験であるが、私は有名な会社のパートタイマーを申し込んだ際に断られたことがある。会社は私の代わりに日本人を雇った。ところが数日後その会社から電話があり、私に就労が可能な在留資格を持っているかどうか尋ねた。私は日本人だというと、また面談をするのでパスポートを持ってきてほしいと言われた。おかしな経験だったが、その後私はその会社で働き、一般の従業員になった。

## 6．周りの方への感謝と私の気持ち

　私が求めてきた一番重要なことは、これからずっと子どもたちと、将来の孫たちと一緒に住むことができる、ということだ。それから、私が海外旅行をするときにビザを申請したり長期間待つ必要がないこと。そして、誰か外国人が重要なIDを保留中にしている期間、私がその保証人になれること。私はJalandoniさんの孫が来た時にも彼の保証人になった。彼は日本の有名な大学の入学試験に合格した。私は十分にサポートし、契約手続もスムーズにいった。私は彼らにお返しをしたかったからだ。ここ日本にもフィリピン人家族がいるようだった。

　今は、将来の孫を見るために、日々格闘している。いつまで続けられるかわからないが、勝利するためにベストを尽くそうと思う。私、服部美果は、日本在住15年目で帰化（国籍取得）し、現在はただ一人の夫と結婚して28年になる。

　私は全ての恵みについて神に感謝している。もちろん、当時浮き沈みがあった私を支援していただいた人たちやAPFS、私を信頼して頂き、私の経験をシェアする機会を頂いた立教大学の水上徹男教授にもこころより感謝している。

（はっとり・みか）

●解題

# 日本で外国人が国籍を取得するまでに立ちふさがる壁

吉成勝男

APFS理事・相談役

## 1．はじめに

　最近、街なかで多くの「外国人」を見かけるようになった。日本で就労す

る外国人労働者は2017年10月の時点で約128万人となっている（厚生労働省）

　従来の日本人と思われない姿の人を見かけたときにどうして私たちは、この人を「外国人」と断定してしまうのだろうか。

　長い間「単一民族神話」が日本社会を支配してきた。「日本民族」は同一性の高い血統のもと、１つの文化を共有して暮らしてきた、と信じている人はいまもいる。それが理由で冒頭の「外国人」らしい姿をした人を見かけると、即座にこの人は日本人ではない、と判断をしてしまうのだろうか。

　現実はどうだろうか。「帰化」による方法で、毎年1万近くの人々が日本人となっている。ここ10年くらい前からは、帰化する人の半数が在日コリアンであるが、いま街にはアフリカ系、バングラデシュ系、フィリピン系などなど多くの「外国人」が「日本人」になっている。APFSにもさまざまな経歴を持った新「日本人」が会員として登録をしている。あなたがよくみかける「外国人」も、もしかしたら「日本人」なのかもしれない。

## 2. 「外国人」が日本人になるには

　日本人になる、ということは日本の国籍を取得することである。それでは国籍とはなんだろうか。国籍について解説をしている書籍は山ほどある。領土や国民概念など、ここでは立ち入った説明は省く。簡単に、法務省のサイト（http://www.moj.go.jp/MINJI/minji78.htm1#a01）に掲載されている「国籍Q&A」から見てみよう。

　国籍とは「人が特定の国の構成員であるための資格」と述べられている。国籍を取得すると国政、地方に係らず参政権が認められ、退去強制されない「居住権」が権利として獲得できる。国籍を取得することで、その国のメンバーとなり、国の「運営」や税金の使い道などに意見が反映されるということだろうか。

　それでは「外国人」はどのようにして「日本人」になっていくのだろか。憲法では「日本国民たる要件は、法律でこれを定める」とだけ書かれている。具体的に「日本国民たる要件」を定めているのが国籍法である。

　国籍法では日本国籍の取得および喪失の原因を定めている。それでは日本国籍を取得する原因として何があるのだろうか。国籍法では日本国籍を取得する原因として①出生②届出③帰化の３つがある。この３つはともに「外国人」が日本国籍を取得するときに関係している。

## (1) 出生

周知のように日本は「父母両系血統主義」である。子が生まれた時に父または母のどちらかが日本国籍を有していれば、子は日本国籍を取得する。また「父母両系血統主義」から外れるものの、子が生まれ、父母ともに行方が不明の時や無国籍の時も日本国籍が認められる。これは子の無国籍化を防ぐ例外的な措置といえる。ある意味で出生地主義ともいえる。

ここでは父または母が日本国籍であれば、子は「外国人」とはならずに、「日本人」となる。

## (2) 届出

届出は一定の要件を満たす外国人に対して届出によって国籍を認める制度である。これも３つのケースがあるが、「外国人」にとっては「認知された子の国籍取得」が主となる。婚姻前に日本人父と外国人母の間に生まれた子は原則として国籍を取得できない。子が母親のおなかの中にいるときに「胎児認知」をしたときのみ国籍を取得できる。これはあまりに不合理である、ということで2009年に国籍法が改正され、出生後認知でも一定の要件を満たしていることを条件に届出により国籍を取得できるようになった。

このケースはAPFSに寄せられる相談の中でも比較的多い。出生後10年余りしてから日本人父に認知され、届出を経て日本国籍を取得する。その後、日本で生活基盤を形成している母親のもとに呼び寄せられる。小学校高学年で、来日して日本の生活に順応するのにたくさんの苦労を強いられることになる。もう少し早く制度が変わっていれば、と悔やまれる。

## (3) 帰化

「外国人」が「日本人」になるケースで一番多いのが帰化であろう。普通の人はあまりなじみのない言葉である。誤解を恐れずに言えば、その国の文化や習慣にひれ伏して帰するということであろうか。かつて歴史書などで「帰化人」という言葉が使われていた。大陸や朝鮮半島から渡ってきて文化や言語、進んだ技術などをもたらした人々である。当時、日本の国づくりに大きな影響を与えた。いまは「渡来人」などとして使用されている。

それはともかく、帰化は国籍の取得を希望する「外国人」がその旨を意思表示することによって法務大臣が許可、不許可を決定するものである。APFSにも帰化を希望する「外国人」からの相談が多い。帰化により国籍を

解題　日本で外国人が国籍を取得するまでに立ちふさがる壁　**305**

得たいという動機はいろいろである。家族との国籍を通した絆の形成、ビジネスを拡大していくうえで日本のパスポートを保持することが有利になる、などである。

　帰化の要件は多岐にわたっている。成人年齢に達していること、素行が善良であること、経済的など生活に困っていないこと（一定の所得がある）、重国籍にならないこと、そして憲法順守である。住所要件は永住許可申請の際に求められる年数よりも短い。これに加えて日本語能力についても審査されることがある。

　これらが審査の要件となり、膨大な身分関係や親族関係の書類の提出を求められる。服部さんも述べているが、書類提出後は、本人に対するインタビューや夫を同席させて事情を聴かれる。内容は多岐に渡ることが多い。海外の渡航歴を含めた経歴や家族関係、今後の生活設計などである。なぜか服部さんのように暴力団との関連を聴かれることもある。当然、服部さんは暴力団も含めて犯罪とは無縁な世界で生きてきた。法務局の窓口を訪れてから6カ月から1年程度で結論が出される。法務省の統計を見ると帰化許可申請者数に対して許可者数が高い割合で推移している。これは窓口での申請の段階で、要件を明らかに満たしていない「外国人」の申請を受け付けないからである。審査の前に振り分けているのだ。

## 3．帰化をする「外国人」の思い

　服部さんは、日本で生活する中で、言葉の壁、子育て、子の教育、就労など様々な場面で多くの困難に直面している。ほとんどは自力で解決しているが、保健所を中心とした同国人コミュニティやボランティア団体の助言や支援を受けることもあった。

　服部さんの家庭は夫も子もすべて「日本人」で構成されていた。「外国人」に住民基本台帳法が適用される前は、1人だけ住民票に氏名の記載がなかった。日本で生まれ育った子どもたちは日本語を自由に駆使している。母国の言語や文化、伝統を思うように子どもたちに伝えられない。その孤立感を克服する「手段」として「日本人」になることを選んだのではないだろうか。「日本人」になることによって、すべてではないにしても夫や子どもたちとの関係をもっと良いものにできる、子育て中に、なかなか受け入れてもらえなかった「日本人」コミュニティの中に入ることができるかもしれない、そし

**306**　第3部　外国人住民の福祉・教育・自立支援事業

て住民票に服部さんも入れて家族全員の名前が記載される。「日本人」になることに大きな期待をもったと推測できる。

　幾多の困難を経て、服部さんに帰化が認められる日が来た。しかし服部さんは、その入り口で深く失望する。身分証明書が手渡される「儀式」に子どもたちと出席した服部さんは、あまりにも事務的な担当官の説明と証明書の授与に「予想を裏切られ」、これからの「日本人」としての生活に不安すら覚えたようである。日本の国籍を取得することはこれまで自らが属していた国家の国籍を放棄することである。こうした「外国人」の心理を法務省や担当官は理解する必要があるだろう。

## 4．帰化後の生活

　「日本人」になった服部さんは、より深い失望と怒りを抱くことになる。姿や見た目で「日本人」か「外国人」であるか判断する日本社会で日本のパスポートや戸籍に名前が乗ることなどあまり大きな意味はなかったのだ。街中で警察官や入国管理局の警備官と思われる人物から何度も職務質問を受けている。

　この話はAPFSを訪れる人からもよく聞く。駅や買い物をしている最中に見知らぬ人から声をかけられる、しかもパスポートや在留カード（以前は外国人登録証明証）の提示を求められる。理由は「外国人」のような顔をしているから。当事者は、このまま連行されるのではないかと恐怖すら感じることもあるという。姿や顔で「日本人」か「外国人」を瞬時に判断し、いわれのない圧力を加える。残念だがグローバル化しつつある日本の現実である。

　日本国籍を取得した「日本人」を待ち受けている困難は、それだけではない。十分な日本語教育を受けていない人もいる。帰化をした「日本人」だけでなく定住する「外国人」に対する言語支援は不十分である。自治体で多少の取組みはあるものの、ほとんどは日本語支援ボランティアに任せている。さらに子どもたちに対する母語支援や父または母の国の文化や伝統などを伝えていく活動に対する援助は少ない。

　定住するバングラデシュ人たちは手作りで母語教室や母国の行事など（例えば新年のお祭りであるボイシャキ・メラや音楽や舞踊を通して子どもたちに文化や伝統を伝えるプロバシ・プロジョンモ）を日本で再現し、２世や３世に伝えている。「日本人」になることとは「日本人化」することではない。

解題　日本で外国人が国籍を取得するまでに立ちふさがる壁　**307**

# 5. さいごに

　APFSでは30年間にわたる活動の中で、「外国人」であることによってくわえられる差別や迫害に、「外国人」自身と行動を共にして闘ってきた。「日本人」になるか「外国人」のまま日本で生活を続けていくかは、個々人が自らの意思に基づいて決定すべきである。偏見やいわれのない差別、参政権、住宅入居に関する問題、就労における不当な取扱い、そして教育現場での外国人子弟の突き当たる多くの困難などを解決していかなければ、「日本人」となっても同じような困難が形を変えて降りかかってくるだけである。

　「日本人」となった服部さんは本文の最後で「今は、将来の孫を見るために、日々格闘している。いつまで続けられるかわからないが、勝利するためにベストを尽くそうと思う」と結んでいる。

　この言葉は非常に重たい。もちろん日々格闘している本来の「日本人」も多くいるだろう。服部さんはフィリピンで4人兄弟の末っ子として生まれた時から「自然に囲まれて生まれたことに感謝」しながら歩んできた。来日後も日本の閉鎖的なコミュニティや「外国人」を見た目で判断する日本社会と格闘しながら生きている。服部さんの闘いは、まだまだ続くのだろう。

（よしなり・かつお）

# APFS30年のあゆみ（年表）

| 年月日 | 事業名等 | 場所 | 備考 |
|---|---|---|---|
| **1987年** | | | |
| 5月 | 板橋区民とバングラデシュ青年とのカレーパーティー | 区立集会場 | APFS設立準備会(30名が参加)。 |
| 12月25日 | バングラデシュ・ジャパン・フレンドシップ・ソサエティ設立 | 区立産文会館 | 40名が参加。 |
| 12月26日 | 在留、生活、医療など相談事業開始 | | |
| **1988年** | | | |
| 2月 | ASIAN PEOPLE'S FRIENDSHIP SOCIETYに改称<br>板橋区国際交流協会（現文化・国際交流財団）と共催で留学生との交流会開催 | | アジア各国からの相談実態を受け、名称変更。団体の目的等は変わらず。<br>アジア9カ国250人、日本人200人が参加。<br>サッカー大会、カレー交流パーティ。 |
| 7月 | 第1回無料健康診断（済生会中央病院協力） | 済生会中央病院 | 1回につき10人をめどに以降毎月実施。 |
| 8月 | 八ヶ岳サマーキャンプ | 八ヶ岳 | アジア人60人、日本人55人が参加。 |
| **1989年** | | | |
| 8月 | 日光バスツアー | 日光 | バス2台で100名が参加。 |
| 10月 | 移住労働者と豊島区民交流会 | 豊島区民館 | |
| **1990年** | | | |
| 3月4日 | 第19回豊島青年フェスティバルに参加 | 豊島公会堂前 | スパイスを販売。 |
| 4月 | 飛鳥山お花見大会 | | |
| 4月10日 | 入管法の改定に伴う移住労働者のための情報交換 | 区立産文会館 | 150名が参加。 |
| 4月29日 | 第1回移住労働者のメーデー | 区立産文会館 | 300名が参加。 |
| 7月 | 板橋区氷川町に事務所移転 | | |
| 8月5日 | 三浦半島海水浴 | 三浦半島 | |
| 11月11日 | アジアの青年たちと板橋区の障害者たちとの交流バスハイク | 富士山五合目、河口湖 | 112人が参加。 |
| 12月30日 | もちつき大会 | 大山公園 | 60名が参加。 |

APFS30年のあゆみ（年表） **309**

| 年月日 | 事業名等 | 場所 | 備考 |
|---|---|---|---|
| **1991年** | | | |
| 1月20日 | 91年度第1回運営委員会 | 氷川図書館視聴覚室 | 50名が参加。 |
| 3月24日 | ふれあいコンサート（出演：ウットロン＆若松若太夫） | 区立産文会館 | 50名が参加。 |
| 4月29日 | 第2回移住労働者のメーデー | 区立産文会館 | 200名が参加。 |
| 8月3～4日 | 広島ピースツアー | 広島、宮島 | 52名が参加。 |
| 8月25日 | バングラデシュの人々を救援するためのコンサート（都内で募金活動) | 板橋区立産文ホール | 収支差額の約13万円をバングラのサイクロンカンパに充てる。 |
| **1992年** | | | |
| 2月16日 | バングラデシュを紹介するファッショショー＆コンサート | 仲宿地域センター | バングラデシュの文化や習慣を紹介。 |
| 3月15日 | 在留特別許可取得の懇談会 | 板橋区立産文ホール | 50名が参加。 |
| 4月29日 | 第3回移住労働者のメーデー | 滝野川区民センター | 200名が参加。 |
| 6月～ | APFS日本語教室開始 | 氷川図書館視聴覚室 | イラン人など3名が受講。 |
| 8月29～9月4日 | バングラデシュ・スタディーツアー | バングラデシュ | サイクロン寄付金の記者会見や日系企業見学、K氏結婚披露宴への参加など。 |
| 12月21日 | 日本移住労働者人権宣言を発表 | 労働省、法務省 | 在日外国人866人の署名を添えて各省に提出。 |
| 12月27日 | もちつき大会 | 都税事務所前 | 50名が参加。 |
| **1993年** | | | |
| 4月29日 | 第4回移住労働者のメーデー | 区立産文会館 | 250名が参加。 |
| 6月3日 | バングラデシュ学生運動リーダー来日歓迎会 | APFS事務所 | 国民党活動家や学生統一全党の前リーダー、バングラデシュ学生リーグのメンバーら4人が来日。 |
| 7月3～5日 | 沖縄ピース・ツアー | 沖縄 | 30名が参加。 |
| 7月28～29日 | シャプラニール　夏合宿 | 長野 | バングラについてのディスカッションやクロストークセッション等。 |
| 11月28日 | バスツアー | 埼玉県・長瀞 | 60名が参加。 |

| 年月日 | 事業名等 | 場所 | 備考 |
|---|---|---|---|
| 12月5日 | シンポジウム「いま地域における共生を考える」 | 板橋区立産文ホール | 基調講演：渡戸一郎(明星大学教授)。100名が参加。 |

**1994年**

| 年月日 | 事業名等 | 場所 | 備考 |
|---|---|---|---|
| ― | HAPPY HOUSE 設立 | | APFS会員で国際結婚したカップルによって発足。 |
| 4月29日 | 第5回移住労働者のメーデー | 北区立滝野川会館 | 200名が参加。 |
| 9月3〜4日 | 伊豆バスツアー | 伊豆 | 46名が参加。 |
| 12月9日 | 第9回東弁人権賞受賞 | 司法記者クラブ | |
| 12月17日 | バングラデシュ・スタディーツアー | | クルナ市長に板橋区長の親書を手渡す。 |
| 12月24日 | バングラデシュ・ノルシンディ・ソサエティから社会貢献賞授与 | 曳舟文化センター | |

**1995年**

| 年月日 | 事業名等 | 場所 | 備考 |
|---|---|---|---|
| 1月22日 | 外国人スタッフ研修会 | 板橋区立文化会館 | 外国人相談員育成のため。20名が参加。 |
| 3月22日 | バングラデシュNGO活動報告会 | 板橋区立文化会館 | 20名が参加。 |
| 4月29日 | 第6回移住労働者のメーデー | 板橋区立産文ホール | 200名が参加。 |
| 5月28日 | 無料医療診断開始 | APFS事務所 | バングラ人医師2名により実施。相談は毎月第4日曜日の午後4時〜6時まで。 |
| 6月 | 国際結婚ホットライン(HAPPY HOUSEと共催) | APFS事務所 | |
| 8月12〜13日 | 研修バスツアー | 八ヶ岳 | 71名が参加。基調講演：渡戸一郎(明星大学教授)。 |

**1996年**

| 年月日 | 事業名等 | 場所 | 備考 |
|---|---|---|---|
| 3月 | 『国際結婚ハンドブック』出版 | | 英語版ガイド。A6判80ページ、1,000円。 |
| 4月29日 | 第7回移住労働者のメーデー | 板橋区立文化会館 | 160名が参加。 |
| 8月16〜18日 | 神津島ツアー | 神津島 | 参加者が30名。 |
| 9月〜12月 | 連続講座「いま地域における共生を考える」 | 板橋区立産文ホール | 板橋区国際交流課長、遊座大山商店会長などが登壇。 |
| 10月13日 | 第3回あなたの知らないアジアフェア | 板橋都税事務所前 | |
| 11月10日 | APFS杯争奪 三か国対抗サッカー大会 | 板橋区立加賀小学校校庭 | 日、韓、バングラデシュチームが参加。 |

APFS30年のあゆみ（年表）　**311**

| 年月日 | 事業名等 | 場所 | 備考 |
|---|---|---|---|
| 12月27日 | ショウコット・アリ労災裁判終結報告会 | 文化会館地下レストランまき | 報告者：松下明弁護士。 |

## 1997年

| 年月日 | 事業名等 | 場所 | 備考 |
|---|---|---|---|
| 1月5日 | APFS NEW YEAR PARTY | 板橋区立産文ホール | 100名が参加。 |
| 3月1〜2日 | APFSリーダー合宿 | 熱海ビレッジ | 前年度報告、財政報告、今後の課題等についての報告・討論。 |
| 4月29日 | 第8回移住労働者のメーデー | 北区立滝野川区民センター | 180名が参加。 |
| 6月21〜9月27日 | 外国人ボランティア養成研修講座 | 板橋区立文化会館 | 社会保障制度や労働関係法を専門家から学ぶ。延べ参加人数100名。 |
| 8月9日 | 遊座大山盆踊り大会 | 都税事務所前 | カレー、タンドリーチキン出店。 |
| 10月 | 第4回あなたの知らないアジアフェア | 都税事務所前 | |
| 11月29日 | 外国人ボランティア合宿研修会 | | 25名が参加。 |
| 12月6日 | 10周年記念シンポジウム&パーティー『国際移住労働者と21世紀日本—移住労働者との共生は可能か』 | 板橋区立文化会館 | 約150名が参加。基調講演：駒井洋(筑波大学教授)。 |

## 1998年

| 年月日 | 事業名等 | 場所 | 備考 |
|---|---|---|---|
| 1月 | イスラエル大使館前抗議・申し入れ行動 | イスラエル大使館前 | パレスチナ虐殺抗議。30名が参加。 |
| 1月7日 | 外国人住民の処遇について板橋区長と懇談 | 板橋区役所 | |
| 2月28〜29日 | APFSリーダー合宿 | 府中青年の家 | 22名が参加。 |
| 4月29日 | 第9回移住労働者のメーデー | 板橋区立産文ホール | 160名が参加。 |
| 5月1〜2日 | 働く外国人のための人権ホットライン | APFS事務所 | |
| 6月 | 非正規滞在外国人の医療を拒否する掲示板について東京女子医大に申し入れ | 東京女子医大病院 | |
| 8月14〜15日 | 伊豆バスツアー | 伊豆白浜 | 50名が参加。 |
| 9月 | 第5回あなたの知らないアジアフェア | 都税事務所前 | |

| 年月日 | 事業名等 | 場所 | 備考 |
|---|---|---|---|
| 11月3日 | シンポジウム「激変するアジアの経済情勢と移住労働者の雇用・生活」 | 板橋区立文化会館 | 基調講演：伊豫谷登士翁。 |

### 1999年

| 年月日 | 事業名等 | 場所 | 備考 |
|---|---|---|---|
| 3月14日 | ビルマ人グループとの懇談会 | 板橋区立文化会館 | 日本人、ビルマ人30名が参加。 |
| 3月19〜23日 | バングラデシュ・クルナ市スタディツアー（女性の自立支援プロジェクト立ち上げ） | バングラデシュ | 帰還バングラデシュ人との支援活動議論、クルナ市長表敬訪問、専門病院建設視察等。 |
| 4月29日 | 第10回移住労働者のメーデー | 板橋区立文化会館 | 180名が参加。 |
| 6月5〜6日 | 第3回 移住労働者と連帯する全国フォーラム・東京'99 | 労働スクエア東京 | 一斉出頭予定者ら80人が参加。 |
| 7月18日 | APFSビルマ人グループ会議 | APFS事務所 | 13名が参加。 |
| 7月30日 | バングラデシュ市長と板橋区長及び板橋区議会との懇談会 | 板橋区役所 | |
| 8月22日 | APFSとHAPPY HOUSEの合同会議 | 都税事務所前 | |
| 8月29日 | 在特一斉行動当事者を励ます集い | 板橋区立産文ホール | 100名が参加。 |
| 9月1日 | 在留特別許可取得第一次一斉出頭行動 | 東京入国管理局第二庁舎 | 出頭者21人。 |
| 10月10日 | 第6回あなたの知らないアジアフェア | 都税事務所前 | 100名が参加。 |
| 10月22日 | 許さん家族収容 | 東京入国管理局 | その後、家族に在留特別許可。 |
| 11月27日 | 財団法人板橋区国際交流協会設立10周年記念シンポジウム「外交の窓in板橋」 | 成増アクトホール | 第二部：パネルディスカッション『21世紀の「共生のまち いたばし」を考える—今までの10年、これからの10年』。 |
| 12月11日 | 国際シンポジウム「岐路に立つ外国人政策」 | 板橋区産文ホール一階大ホール | 基調講演：駒井洋(筑波大学教授)150名が参加。 |
| 12月27日 | 在留特別許可取得第二次一斉出頭行動 | 東京入国管理局 | 出頭者17名。 |

### 2000年

| 年月日 | 事業名等 | 場所 | 備考 |
|---|---|---|---|
| 3月4〜5日 | 集中合宿 | 水元青年の家 | 20名が参加。 |
| 4月30日 | 第11回移住労働者のメーデー＆銀座大パレード | 星陵会館 | 250名が銀座でデモ行進。 |
| 5月18日 | 法務省前及び東日本入国者収容所前で座り込み | | 30名が参加。 |

APFS30年のあゆみ（年表）　313

| 年月日 | 事業名等 | 場所 | 備考 |
|---|---|---|---|
| 5月28日 | APFS千葉グループ設立準備会 | | |
| 6月25日 | 板橋 在日外国人結核検診・健康相談会 | APFS事務所、板橋都税事務所前広場 | 受診者138人。 |
| 7月12〜13日 | 在留特別許可取得第三次一斉出頭行動 | 東京入国管理局 | 出頭者26名。半数は18歳以下の未成年。 |
| 8月27日 | 超過滞在外国人子どもたちの集い | 板橋区立産文ホール | 外国籍の子ども18名が参加。 |
| 10月 | 第7回あなたの知らないアジアフェア | 都税事務所前 | |
| 10月29日 | 在日外国人のための法律知識講座 | 板橋区立産文ホール | 講師：児玉晃一弁護士。 |
| 11月27〜29日 | 韓国在住のバングラデシュ人グループとの懇談会 | ソウル | ソウル在住のバングラデシュ・パトリオットグループの150名が参加。 |

## 2001年

| 年月日 | 事業名等 | 場所 | 備考 |
|---|---|---|---|
| 3月3〜4日 | ボランティア相談員のための実践集中講座 | 板橋区立産文ホール | 20名が参加。 |
| 4月29日 | 第12回移住労働者のメーデー | 板橋区立産文ホール | 150名が参加。 |
| 5月5〜5日 | 留学生・就学生なんでもホットライン | APFS事務所 | |
| 6月22日 | 在特弁護団とAPFSの交流会 | 都ホテル | 30名が参加。 |
| 6月23日 | 無料検診（SHARE）との共催 | 板橋区立産文ホール | |
| 8月10日 | 非正規滞在外国人のための労働災害に関する討論会 | 板橋区立産文ホール | 50名が参加。 |
| 8月10日 | 厚生労働省前座り込み行動と申し入れ | 厚生労働省 | 外国人労災被災者の補償等を申し入れ。40名が参加。 |
| 9月8〜9日 | 静岡みと浜バスツアー | | |
| 10月14日 | 第8回あなたの知らないアジアフェア | 都税事務所前広場 | |
| 11月11日 | シンポジウム「イスラムの歴史と現在を考える」 | 目白カルチャービル | 基調講演：山岸智子(明治大学教員)。 |
| 12月23日 | APFSとFMG共催のクリスマスパーティー | 板橋区立産文ホール | 120名が参加。 |

## 2002年

| 年月日 | 事業名等 | 場所 | 備考 |
|---|---|---|---|
| 1月8〜12日 | バングラデシュ・スタディ・ツアー | バングラデシュ | 日本人スタッフ3名がバングラ訪問。 |

| 年月日 | 事業名等 | 場所 | 備考 |
|---|---|---|---|
| 1月12日 | シンポジウム「多文化社会とまちづくり」 | 板橋区立グリーンホール | 遊座大山商店会の協力により開催。 |
| 4月～ | 市民政調「移民政策プロジェクト」 | | 日本における本格的な移民・外国人労働者政策の在り方について、段階別・課題別にそれぞれの現状と問題点を整理し、法改正を含めた提案を行った。 |
| 4月29日 | 第12回 移住労働者の集い | 東京芸術劇場 | 約150人が参加。 |
| 6月24日 | 板橋 在日外国人結核検診・健康相談会 | 板橋区立産文ホール | 受診者113人。 |
| 5月19日 | 第13回 移住労働者のメーデー 平和・平等・人権！国会周辺デモ | 星稜会館前 | 200名が参加。 |
| 6月27日 | 法務省 入国管理局申し入れ | 法務省会議室 | APFS側は吉成勝男代表、津川勤運営委員、植田至紀（元衆議院議員）ら5名、入管側は川上入国審査課長、西山警備課長ら5名が出席。 |
| 6月～11月 | 連続講座「多文化共生社会に向けたまちづくり・パート3」 | | 全6回の連続講座で最終回はシンポジウムとして開講。 |
| 7月14日 | 板橋 在日外国人結核検診・健康相談会 | APFS事務所、板橋都税事務所前広場 | 受診者158人。 |
| 9月14～15日 | 富士山、河口湖周辺バスツアー | | 50名が参加。 |
| 11月3日 | 第9回 あなたの知らないアジアフェア | 板橋都税事務所前広場 | |
| 11月6日 | 多文化共生社会・市民会議 | 東京都王子労政会館 | |
| 11月7日 | 法務省、厚生労働省申し入れ | | 在留特別許可、労災問題など |
| 12月22日 | 設立15周年記念の集い | 板橋区文化会館 | 150名が参加。 |

## 2003年

| 年月日 | 事業名等 | 場所 | 備考 |
|---|---|---|---|
| 2月2日 | ワークショップ「外国籍の子どもたちの人権を考える―調査活動を通して見えてきたもの」 | 板橋区産文ホール | |
| 3月 | 『子どもたちにアムネスティを』発刊 | 現代人文社刊 | |
| 5月4日 | 第14回 移住労働者のメーデー | 板橋区立グリーンホール | 100名が参加。 |

| 年月日 | 事業名等 | 場所 | 備考 |
|---|---|---|---|
| 7月12日 | シンポジウム「東京発 東アジアにおける外国人・移民問題の最前線から」 | 板橋区立文化会館 | 基調講演：駒井洋(筑波大学教授)。 |
| 7月13日 | 非正規滞在外国人の在留を求める渋谷デモ | 渋谷区内 | 移住労働者に自由と権利を要求。100名が参加。 |
| 8月11日 | 無料検診（SHARE）との共催 | 板橋区立産文ホール | 受診者123人。 |
| 9月19日 | イラン国籍のアミネ家族の退去強制について東京地方裁判所が取り消し判決 | 東京地方裁判所 | 藤山雅行裁判長による判決。 |
| 10月1～翌3月31日 | 留学生・就学生に対する相談事業 | | 2006年まで助成受ける。 |
| 11月5～8日 | フィリピン・スタディツアー | マニラ、パンガシナン県 | NGOなどを訪問。 |
| 12月15日 | 東京入国管理局申し入れ行動 | 東京入国管理局 | 60名が参加。 |
| 12月15日 | 石原慎太郎都知事に「三国人発言」に抗議し、外国人政策の転換を求める要請書 | 東京都庁 | 非正規滞在外国人40名が都庁ロビーに座り込み行動、その後記者会見。 |

## 2004年

| 年月日 | 事業名等 | 場所 | 備考 |
|---|---|---|---|
| 3月5～6日 | 2004年度の方針討議のための集中合宿 | | 20名が参加。 |
| 3月30日～ | 在留を家族に！キャンペーンスタート | 日本弁護士会館 | |
| 4月17日 | 外国籍の子どもたちによるリレートーク | 目白カルチャービル | 外国籍の子どもたち20名が参加。 |
| 4月19日 | アミネ家族の処遇について野沢太三法務大臣に要請 | 法務省 | |
| 7月25日 | 東京入国管理局包囲移住労働者のデモ | 東京入国管理局 | 非正規滞在家族、単身者の在特を要求。150名が参加 |
| 8月22日 | 板橋 在日外国人結核検診・健康相談会 | ハイライフプラザ板橋 | 受診者55人。 |
| 9月19日 | 第11回あなたの知らないアジアフェア | 都税事務所前 | |
| 9月21日 | 長期滞在するバングラデシュ人8名が入国管理局に在留を求めて集団出頭 | 東京入国管理局 | |
| 10月3日 | 緊急シンポジウム 在留特別許可―過去・現在・未来 | ペアーレ新宿 | 基調講演：山口元一弁護士。 |
| 12月18日 | 在留特別許可を求める長期滞在者に関する緊急経過報告会 | 板橋区立グリーンホール | 出頭者の収容に抗議。 |

| 年月日 | 事業名等 | 場所 | 備考 |
|---|---|---|---|
| **2005年** | | | |
| 1月26日 | 在留特別許可を求めて出頭した長期滞在者の国費送還に対する要請 | 法務省 | 国費送還に抗議し要請書提出。 |
| 5月1日 | 第15回移住労働者のメーデー | 板橋区立グリーンホール | 移住労働者に働くものとしての権利を要求。 |
| 7月30日 | 緊急シンポジウム「日本の入管政策を問う」－なぜ長期滞在者に在特が認められなかったのか | 板橋区立グリーンホール | 基調講演：近藤敦(名城大学教授)。 |
| 10月2日 | 無料検診（SHARE）との共催 | ハイライフプラザ | |
| 11月4日 | 国費送還された長期滞在7名の国賠訴訟で東京地裁に証拠保全申し立て | 東京地裁 | |
| 12月18日 | アジアの料理教室 | 成増教育会館 | ミャンマー料理の講習会。 |
| **2006年** | | | |
| 1月9日 | フィリピン・ウォンさん家族在留特別許可取得報告祝賀会＆新年会 | 板橋区立グリーンホール | 特別報告：児玉晃一弁護士。 |
| 4月30日 | 第16回移住労働者のメーデー代表者、吉成勝男から山口智之へ | 板橋区立グリーンホール | 移住労働者に雇用の機会を！など要求。 |
| 5月19日 | 法務省入国管理局交渉 | 法務省 | 家族を分離させないよう要求。 |
| 7月30日 | シンポジウム「在留特別許可の可能性と可能性としての在留特別許可」在留特別許可を求める5カ国19家族で「在特家族会」を結成 | 板橋区立グリーンホール | 基調講演：山口元一弁護士。半減化政策に抗議。 |
| 9月24日 | APFSと「在特家族会」が共同で東京入管包囲デモ | | 80名が参加。 |
| 11月 | フィリピンスタディツアー（NGO訪問） | | DAWN,KAKAMMPIなどを訪問。 |
| 11月4日 | 緊急シンポジウム「最高裁決定を検証する！－アミネさん家族は、本当に帰らなければいけないの」 | 板橋区立グリーンホール | 基調講演：児玉晃一弁護士。 |
| 12月1日 | フィリピンスタディツアー報告会 | | 報告者：吉田真由美事務局次長。 |
| 12月8日 | アミネ家族に再審を認めないことに対してAPFSと弁護団が緊急声明 | | |

| 年月日 | 事業名等 | 場所 | 備考 |
|---|---|---|---|
| **2007年** | | | |
| 3月2日 | 東日本入国管理センター所長にガルシア家族の仮放免を求める要請行動 | 東日本入国者管理センター | |
| 4月5日 | 『すべての子どもたちに未来を！―真の「多文化共生」社会の実現を目指して』 | 大久保地域センター | 「在留特別許可を求めて～2006.9.24東京入管へ」ビデオ上映、トーク、ディスカッション。 |
| 4月29日 | 第17回移住労働者のメーデー | 板橋区立グリーンホール | |
| 7月29日 | APFS20周年記念シンポジウム「日本の移民政策と移住労働者の現在」 | 板橋区立グリーンホール | 基調講演：井口泰（一橋大学教授）。 |
| 7月30日 | 「在留特別許可を求める非正規滞在家族連絡会（在特家族会）」について―連続行動で全員に在特を | 板橋区立グリーンホール | 19家族50名の在特を求める家族が集い、在特家族会を設立。 |
| 9月30日 | 無料検診（SHARE）との共催 | | |
| 12月16日 | APFS設立20周年記念パーティー | 板橋区立文化会館 | 子どもたちによるパネルトーク等。 |
| **2008年** | | | |
| 1月20日 | APFS自立支援講座 「子どもの発達する権利とことば」 | | 講師：山田泉（法政大学教授）。 |
| 2月24日 | フィリピン・ガルシア家族の在留を求める集い | カトリック松戸教会 | 50名が参加。 |
| 4月11日 | 17家族54名再審情願一斉行動 | 板橋区文化会館 | すでに退去強制令書が発布されていた家族らによる一斉行動。 |
| 4月29日 | 第18回移住労働者のメーデー | 板橋区立グリーンホール | 非正規滞在外国人の正規化を要求。 |
| 5月4日 | DAWN AKEBONOミュージカル板橋公演 | 板橋区立グリーンホール | 子どもたち(JFC)によるパフォーマンス。 |
| 7月20～21日 | バスツアー | 那須塩原 | 40名が参加。 |
| 8月10日 | 無料検診（SHARE）との共催 | 板橋区立グリーンホール | |
| 12月25日 | 法務省前キャンドル行動 | | 子どもたちを中心に実施。 |
| ― | 在住外国人家族の自立・地域社会への参加に向けた相談事業 | | |

| 年月日 | 事業名等 | 場所 | 備考 |
|---|---|---|---|
| — | 第14回 あなたの知らないアジアフェア | | |
| — | APFS国際シンポジウム「外国人住民の暮らしを支える―アジアから―」 | グリーンカレッジホール | 日本、韓国、フィリピン、バングラ出身の４カ国のパネリスト、発表者が中心となり議論を深める。 |

## 2009年

| 年月日 | 事業名等 | 場所 | 備考 |
|---|---|---|---|
| 2月1日 | 子どもたちに在留を！100日間行動開始 | | 行動参加者は延べ人数で200名。 |
| 3月8日 | 子どもたちに在留を！100日間行動 中間報告集会 | 板橋区立グリーンホール | 署名、法務省前行動等。 |
| 4月3日 | APFSと共に在留特別許可を求める17家族で法務省申し入れ | | |
| 6月13日 | 外国につながる子どもたちを応援するコンサート | | |
| 6月17日 | 非正規滞在外国人に対する帰国を迫る「説得」に抗議する申し入れ | 法務省入国管理局 | 50名が参加。 |
| 8月30日 | 無料検診（SHARE）との共催 | ハイライフプラザ | 受診者42名。 |
| — | 多言語によるホームページの作成 | | |
| — | 外国籍ボランティアのためのリーダーシップトレーニング | | 20名が参加。 |
| — | 第15回 あなたの知らないアジアフェア | | |
| — | 在住外国人家族の自立・地域社会への参加に向けた相談事業開始 | | |
| — | 外国に文化的背景を持つ人々の支援に関わる人材の育成と組織の強化事業発足 | | |

## 2010年

| 年月日 | 事業名等 | 場所 | 備考 |
|---|---|---|---|
| 1月17日 | 在留特別許可を求める22家族緊急報告集会 | 板橋区立リーンホール | 今後の課題と方向について。 |
| 2月25日 | 在留特別許可に係るガイドラインの運用について千葉景子法務大臣に申し入れ | | |
| 3月22日 | APFSメンバー ガーナ国籍男性が強制送還中に死亡 その後事件真相解明支援活動開始 | | |

| 年月日 | 事業名等 | 場所 | 備考 |
|---|---|---|---|
| 3月30日 | 東日本入国管理センター所長に4家族の仮放免を求める要望 | | |
| 4月 | 代表者、山口智之から加藤丈太郎へ | | |
| 6月11日 | 法務大臣に要望書提出 | | |
| 7月 | 特定非営利活動法人「ASIAN PEOPLE'S FRIENDSHIP SOCIETY」として都より法人格取得 | | |
| 10月〜翌3月 | 親子で学ぶ日本語／母語教室 | | |
| 12月 | 在留特別許可申し入れ行動 | 法務省等 | |
| 12月19日 | 日本で学ぶ全ての子どもに安定した在留を！―16家族1個人41名 在留特別許可一斉行動決起集会 | 板橋区グリーンホール | 法務省交渉などの報告を含め、今後の短期・長期的な目標を再度確認。 |
| ― | 在住外国人家族の自立に向けた相談及び当事者リーダー育成事業 | | |

## 2011年

| 年月日 | 事業名等 | 場所 | 備考 |
|---|---|---|---|
| 4月 | 災害ボランティア | | |
| 6月22日 | 法務大臣に要望書提出 | | |
| 6月12日 | 在留特別許可申し入れ行動 | 法務省前 | |
| 8月 | 多文化講座事業 | | |
| 8月5日 | ガーナ国籍男性送還死亡事件国賠訴訟提訴 | | |
| ― | 災害に強い在住外国人の育成及び災害ネットワーク構築事業 | | |
| ― | 外国人住民による岩手県のための緊急救援活動 | | |

## 2012年

| 年月日 | 事業名等 | 場所 | 備考 |
|---|---|---|---|
| 1月〜3月 | 災害に詳しいNPOとの災害ネットワークの構築 | | |
| 4月 | 改正入管法シンポジウム | | 60名が参加。 |
| 8月〜10月 | 地域社会の多文化共生促進プロジェクト | | |
| 10月 | 日本からの移住帰国者とのネットワーク構築 | バングラデシュ | |

| 年月日 | 事業名等 | 場所 | 備考 |
|---|---|---|---|
| 12月 | 在留特別許可の申し入れ行動及び『人間の鎖』行動 | 法務省前 | 80名が参加。 |

**2013年**

| 年月日 | 事業名等 | 場所 | 備考 |
|---|---|---|---|
| 2月 | シンポジウム「多文化を活かした商店街づくり―遊座大山商店街振興組合、新大久保、いちょう団地の事例から」 | 板橋区立グリーンホール | 60名が参加。 |
| 5月 | 在住外国人の人権擁護のための座り込み行動 | 入国管理局前 | 30名が参加。 |
| 7月 | 非正規滞在フィリピン人、チャーター機で国費一斉送還チャーター機で強制送還された元在住外国人の現地調査 | フィリピン | 男性54人、女性13人、子ども8人が強制送還される。 |
| 8月20日 | 超過滞在者の柔軟対応を国に求めるよう都議会に陳情 | 都庁 | 希望への道プロジェクトの一環。 |
| 11月 | フィリピン台風災害募金行動 | 千葉県松戸駅前、神奈川県海老名駅前 | 海外フィリピン人委員会と連携して行う。翌2014年1月にも実施。 |

**2014年**

| 年月日 | 事業名等 | 場所 | 備考 |
|---|---|---|---|
| 3月 | ガーナ国籍男性送還死亡事件国賠訴訟地裁判決 | | 入管職員の制圧行為は「違法性」ありとされる 「窒息死」したと認定。 |
| 8月～9月 | 希望への道プロジェクト | 関東圏内 | 多文化家族の女性を対象としたキャリア形成のための職業訓練、多文化家族対象の日本語教育等。 |
| 9月14～18日 | バングラデシュ帰還移民へのヒアリング調査 | バングラデシュ | 立教大学社会学研究科プロジェクトとの連携により現地調査を実施。 |
| 12月14日 | 「希望への道」プロジェクト中間報告 | 板橋区立グリーンホール | 50名が参加。 |

**2015年**

| 年月日 | 事業名等 | 場所 | 備考 |
|---|---|---|---|
| 2月7日 | 介護職員初任者研修修了式 | | 4名の外国人女性が研修を修了。 |
| 2月22日 | 外国人住民の自立に向けた包括的支援事業　公開報告会 | 立教大学 | 基調講演：井上文二(アイヘルパースクール長・当時)。 |
| 3月25日 | 在特求める要望書提出 | 法務省 | 法務省前で当事者らが訴え。 |
| 4月、11月、翌1月 | 在住外国人の人権擁護のための裁判支援活動 | 東京高裁 | |

| 年月日 | 事業名等 | 場所 | 備考 |
|---|---|---|---|
| 5月 | 5年後の日本を考えるワークショップ「外国にルーツを持つ女子高生の願い」 | 板橋区内施設 | 20名が参加。 |
| 5月 | 「家族みんなで日本に住みたい！」パレード | 銀座 | 60名が参加。 |
| 5月20日 | 『市民が提案するこれからの移民政策——NPO法人APFSの活動と世界の動向から』現代人文社刊 | | |
| 6月〜翌3月 | 外国人住民が安全・安心に生活できるための"生活"・"福祉"・"医療"相談 | APFS事務所 | |
| 8月〜12月 | APFS子どもの夢を育む100日間行動 | 関東圏内議員事務所、東京入管 | 延べ参加人数100名。 |
| 9月 | 日本からの帰還移民へのヒアリング調査 | バングラデシュ | 立教大学大学院プロジェクト。 |
| 10月23日 | 非正規滞在の子どもたちによる要請行動 | 東京入管前 | イラン、フィリピンにルーツのある中高生・専門学校生9人が街頭で訴え。 |
| 12月20日 | 非正規滞在の子どもたちによる在特を求めるデモ | 渋谷 | 当事者・支援者ら約50人が参加。 |

## 2016年

| 年月日 | 事業名等 | 場所 | 備考 |
|---|---|---|---|
| 1月12日 | APFS子どもの夢を育む100日間行動　決議文提出 | 法務省 | 22名の研究者の賛同を得て法務省へ送付。 |
| 1月18日 | ガーナ国籍男性送還死亡事件国賠訴訟高裁判決　棄却 | | |
| 3月1日 | 法務省交渉 | 法務省前 | 非正規滞在の子どもたちによる要望書提出。 |
| 3月5日 | 国際シンポジウム「介護人材送り出しにおける課題と外国人住民支援・フィリピンとインドネシアに学ぶ」 | 立教大学 | フィリピン、インドネシアから講師を招く。 |
| 9月1日 | 第1回在留特別許可に係る意見交換会 | 板橋区立グリーンホール | |
| 9月〜翌3月 | 外国出身コミュニティリーダー育成講座 | | 全14回実施。 |
| 10月5日 | 第2回在留特別許可に係る意見交換会 | 法務省 | |
| 11月9日 | ガーナ国籍男性送還死亡事件国賠訴訟最高裁判決　敗訴 | | |
| 12月9日 | 第3回在留特別許可に係る意見交換会 | | |

| 年月日 | 事業名等 | 場所 | 備考 |
|---|---|---|---|
| 12月10〜11日 | 外国人相談ホットライン | APFS事務所 | 2日間で42件の相談を受ける。 |

**2017年**

| 年月日 | 事業名等 | 場所 | 備考 |
|---|---|---|---|
| 1月10日 | 「在留特別許可に係る市民懇談会」発足 | | |
| 1月22日 | 非正規滞在者ミーティング | 板橋区立グリーンホール | 約30名が参加。 |
| 4月1日 | 代表者、加藤丈太郎から吉田真由美（代表代理）へ | | |
| 4月30日 | 第18回移住労働者のメーデー | 板橋区立グリーンホール | 約100人が参加。 |
| 8月13日 | 無料検診（SHARE）との共催 | 板橋区立グリーンホール | 41名が受診。 |
| 9月10日 | 「家族一緒に！」キャンペーン | 板橋区立文化会館 | 約30名が参加。基調講演：児玉晃一弁護士。 |
| 10月28日 | 「家族一緒に！」キャンペーン「子どもだけミーティング」 | 板橋区立文化会館 | 在留特別許可を求める子どもたちと支援者ら11名が参加。 |
| 12月10日 | APFS設立30周年記念パーティー | イタリアンレストラン パドマ | 120名超が参加。 |

**2018年**

| 年月日 | 事業名等 | 場所 | 備考 |
|---|---|---|---|
| 2月19日 | 村上連合総長への施策提言提出 | 連合本部 | 在留特別許可に係る市民懇談会の成果として政策提言をおこなう。 |
| 3月16日 | 市民懇の政策提言を法務省に提出 | 石橋議員事務所にて | |
| 3月23日 | ノーベル平和賞受賞者のモハメド・ユヌス氏と面会 | 国連大学で | 吉成勝男相談役、MD S.ISLAMが出席。 |
| 3月23日 | 渡戸一郎さん退官記念パーティ | 高社郷 | 20名が参加。 |
| 4月19日 | 大村収容所に収容されているバングラデシュ国籍のN氏の支援活動開始 | 大村収容所 | 長崎弁護士会の永田雅英弁護士が協力。 |
| 5月6日 | プロバシ・プロジョンモより社会貢献賞授与される | 北区立滝野川会館 | 同団体はバングラデシュの子どもたちの支援活動を行っている。 |
| 5月25日 | 在特市民懇談会報告会 | 立教大学 | 基調講演：児玉晃一弁護士。 |
| 6月3日 | 2018年度総会。第19回移住労働者の集い | 板橋区立グリーンホール | 代理理事に吉田真由美を選出80名が参加。 |
| 7月10日 | 東京入国管理局申し入れ | 東京入国管理局 | 吉田代表らが出席。 |

作成：三浦萌華＋吉成勝男

## ◎むすびにかえて

　バングラデシュでの継続的なインタビューに関しては、2012年10月4日から7日にかけて、ダッカで行った調査に遡る。この時はAPFS代表吉田真由美と水上徹男が、帰還移民のインタビューを実施した。現地のコーディネーターのマスド・カリム氏がアレンジをして、その後も調査協力をお願いしている。

　立教大学社会学研究科の授業がAPFSとの連携を開始したのは2014年度プロジェクト研究「グローバルな人の移動と交流——日本とバングラデシュ間の事例——」であり、立教大学の生井英考、木下康仁、水上徹男、野呂芳明が担当、兼任講師として吉成勝男が参加した。この時受講した大学院生は1名だった。フィールド調査のため2014年9月14日〜9月18日までダッカ市を訪問、ビクラムプール地方出身の帰還移民10名にインタビュー調査を実施した。また、国際移住機関（International Organization for Migration）のダッカ事務所を訪問し、バングラデシュにおける移住の現状や課題等についてヒアリング行っただけでなく、本プロジェクト研究の遂行に関して記者会見を行い、翌日のバングラデシュの新聞数紙に写真入りで紹介された。

　2015年度も同じメンバー（生井英考は後期）が担当、3名の大学院生が履修した。2015年9月7日から11日にダッカ及びビクラムプールでの調査を行い、中山由佳も参加した。また現地のコンサルタント、マスド・カリム氏に委託してのアンケート調査の打ち合わせをした（その後50人を対象に実施）。現地での記者会見がテレビのニュースで取り上げられ、幅広く本プロジェクトを紹介する機会に恵まれた。現代人文社社長成澤壽信氏のご尽力で、この間に本授業とかかわる書籍『市民が提案するこれからの移民政策——NPO法人APFSの活動と世界の動向から』（現代人文社、2015年）を上梓できた。

　2016年度は木下、野呂、中山、吉成が担当して、水上が適宜参加して進めた。9名の大学院生が履修している。この時は現地調査が実施できなかったため、ダッカと東京を繋いだスカイプ・インタビューや国内の合宿を行った。2017年度は本プロジェクトも4年目となり、水上、野呂、吉成の他、太田麻希子が加わり、フィリピンでの現地調査を実施した。大学院生は10名が履修、

現地調査には中山も参加した。フィリピンにおいてもAPFSのネットワーク
があり、吉成が事前調査を行い、いくつかのアポイントをアレンジした。帰
還移民のインタビュー以外に、日本から帰還した女性たちを支援するNGO、
DAWN（The Development Action for Women Network）やフィリピン人の海外
移住全般を所轄しているPOEA（Philippine Overseas Employment Administra-
tion）の事務所で情報収集をした。プロジェクトは2018年度も継続しており、
2016年度にできなかった現地調査をダッカで行う予定である。これまで集め
てきたデータの解析が完結していないため、調査を進めながら、次回のアウ
トプットに向けてデータの整理を行っている。

　バングラデシュやフィリピンでの体験そのものが大学院生だけでなく、教
員として関わってきたわれわれにとって非常に意義深いものであった。現地
で協力していただいた方々なくしては、調査のインタビューどころか現地で
の活動そのものが不可能であった。この場をお借りして、心からお礼申し上
げたい。とくにダッカではカリム氏、マニラでは日里美優（マリア・カルメン）
氏に大変お世話になった。記してお礼を申し上げたい。

　最後に、本書はAPFS設立30周年を記念して発刊した。この30年間の活動
を通して実に多くの人々との出会いと別れがあった。初代事務局長であった
カリム氏のコラムにもたくさんの名前が挙がっているが、まだまだ書き切れ
ない。20代前半で来日したバングラデシュの青年たちは50代になり、APFS
を財政的に支える重要なサポーターとなっている。フィリピンのメンバーた
ちもAPFSのイベントに積極的に参加し、ボランティアとして活躍をしてい
る。今後のAPFSの活動を一緒に支えてくれることを期待している。APFS
の活動を献身的に支えてくれた人たちに心から感謝をしたい。

　本書出版に関しても、前著同様成澤壽信氏のご厚情、情熱があってはじめ
て刊行するに至った。あらためてお礼を申し上げたい。

2018年9月

吉成勝男・水上徹男

## 移民政策と多文化コミュニティへの道のり
APFSの外国人住民支援活動の軌跡

2018 年 9 月 20 日　第 1 版第 1 刷発行

編　著　者　吉成勝男・水上徹男
編　集　協　力　NPO 法人 APFS
発　行　人　成澤壽信
発　行　所　株式会社 現代人文社
　　　　　　〒 160-0004　東京都新宿区四谷 2-10 八ッ橋ビル 7 階
　　　　　　振替　00130-3-52366
　　　　　　電話　03-5379-0307（代表）
　　　　　　FAX　03-5379-5388
　　　　　　E-Mail　henshu@genjin.jp（代表）／ hanbai@genjin.jp（販売）
　　　　　　Web　http://www.genjin.jp
発　売　所　株式会社 大学図書
印　刷　所　株式会社 ミツワ
ブックデザイン　Malp Design（清水良洋 + 陳湘婷）

検印省略　PRINTED IN JAPAN　ISBN978-4-87798-710-7　C0036
Ⓒ 2018　Yoshinari Katsuo Mizukami Tetsuo

本書の一部あるいは全部を無断で複写・転載・転訳載などをすること、または磁気媒体等に入力すること
は、法律で認められた場合を除き、著作者および出版者の権利の侵害となりますので、これらの行為をす
る場合には、あらかじめ小社また編集者宛に承諾を求めてください。